KB042132

기후담판

기후변화대사 정내권의
대한민국 탈탄소 미래전략

기후담판

정내권 지음

메디치

"저자는 기후변화협상의 분수령이었던 2009년도 코펜하겐 기후총회를 앞두고 우리나라가 '선진국 의무 수락'의 압력을 받는 힘든 와중에 '온실가스 감축 국제등록부'라는 독창적인 아이디어를 제안하여 우리의 외교 협상력을 제고시켰던 자랑스러운 외교관이다. 이뿐만 아니라 '녹색성장'을 기후변화의 해법이자 새로운 성장 패러다임으로 제안하여 글로벌 어젠다로 정착시키는 데도 크게 기여하였다. 기후위기 해결을 위해 오랫동안 노력해온 저자의 경험과 탈탄소 비전이 잘 정리된 이 저서가 우리나라의 '2050 탄소중립' 전략 수립에 유용하게 활용될 수 있기를 기대한다."

_ 한승수 전 국무총리, 제56차 유엔총회 의장

"정내권 대사는 한국 지구환경외교 개척의 산증인이며, 정 대사가 제시하는 탈탄소 발전전략은 우리가 추구해야 할 지속가능개발과 탈탄소 미래 구축을 위한 소중한 통찰과 지혜를 담고 있다."

_ 반기문 전 유엔 사무총장

"주저 없이 말하겠다. 정내권 대사는 한국 최고의 지구환경 외교관, 지속가능개발 이론가, 기후변화 정책 수립자이자 탄소중립 대한민국의 미래 설계자다. 탈탄소 발전전략을 고민하는 모든 지식인들의 필독을 권한다."

_ 김진현 제13대 과학기술처 장관, 서울시립대 총장

"일찍이 지구환경외교 일선에서 한국을 대표해 분투해온 정내권 대사의 경험은 기후위기에 대처하는 대한민국의 소중한 자산이다."

_ 이부영 자유언론실천재단 이사장, 장준하선생 기념사업회 명예회장

"정내권 대사가 아니었으면 1992년 리우 환경회의에 40여 명의 NGO 활동가들이 갈 수 없었을 것이다. 리우 환경회의 참가를 계기로 국제연대의 길을 열게 되었다. 기후·환경문제 해결을 향한 30년 열정을 담은 책을 추천한다."

_ 최열 기후재단 이사장

"정내권 대사가 주창하는 '탄소가격을 지불하는 지속가능한 시장'이야말로 기후위기 해결과 성장동력을 양립시킬 새로운 지구환경 패러다임이며 우리가 추구해야 할 비전이다. ESG 실천전략을 고민하는 경제인들의 필독을 권한다."

_ 문국현 뉴패러다임연구소 이사장

"2021년, 베트남 정부는 향후 10년의 정책을 담은 2차 녹색성장 전략을 채택했고, 일본 정부도 탄소중립 달성을 위한 녹색성장 전략을 발표했다. 북한은 유엔에 제출한 지속가능발전목표 국가 보고서에 녹색성장 전략을 만드는 계획을 포함했다. 이외에도 많은 국가들이 환경보전과 경제성장의 조화, 기후변화 대응을 위한 전략으로 녹색성장 개념을 채택하고 있다.

하지만 2005년, 5차 아태지역 환경·개발 각료회의에서 아시아태평양 경제사회위원회(ESCAP) 정내권 환경개발국장이 녹색성장 개념을 지속가능발전의 구체적 수단으로 제시했을 때 부정적 입장을 보인 국가 대표들이 적지 않았다. 기존 환경 전문가들과 경제학자 및 관료들의 사고는 '녹색'과 '성장'의 상호대립적 관계에 얽매여 있었다. 이러한 대립구도를 해소하는 방안으로 정내권 국장은 경제체제의 생태효율성을 통한 녹색성장 개념을 구체적으로 제시하고, 회원국 대표단을 열정적으로 설득했다. 그에 앞서 이 개념에 생소한 내부 직원들을 이해시키고 설득하는 것은 또 다른 난관이었지만 그의 명료한 논리는 녹색성장을 ESCAP의 대표적 지역협력 의제로 만들어냈다.

　2012년에 발표한 〈아태 저탄소 녹색성장 로드맵〉 작성을 위해 정내권 국장은 경제의 질적 성장, 생태세제개혁, 생태효율적 인프라구축 등 핵심 수단을 제시했고, 다양한 전문가들을 참여시켜 구체적 실행방안과 사례를 담아냈다. 유엔이 새로운 개념을 제시하여 국제적 의제로 만들고, 국가들의 정책수단으로 채택하도록 하는 과정에 필요한 역할을 그는 그렇게 주도적, 성공적으로 수행했다."

_ 남상민 유엔 아시아태평양 경제사회위원회(ESCAP) 환경개발국장

"사법시험에 합격하고 사법연수원에 들어가기 직전인 2007년 말 우연한 기회에 인도네시아 발리에서 개최된 유엔 기후회의에 일주일 동안 참석하였다. 마지막 날 늦은 오후에 작은 이벤트에 참여했는데, 끝나갈 무렵 행사장 뒤편에서 큰 목소리로 무엇인가를 질문하는 분이 있었다. 보통 아시아인들은 이런 자리에서 질문하지 않고 조용히 있는데, 뭔가 남다른 포스를 가진 분이 뒤에서 중요한 질문을 하고 있었다. 사실 그 몇 해 전에 석

사학위 논문을 쓰면서 한국의 기후변화정책을 들여다보았고 그 과정에서 여러 번 정내권 대사님의 이름이 등장해 어떤 분인지 대강은 알고 있었다. 그런데 마침 뒤에서 질문하는 분의 얼굴을 자세히 보니 대사님이었다. 얼른 가서 인사를 드렸고, 대사님은 발리까지 자비로 온 두 예비 사법연수생을 크게 칭찬하셨다.

이렇게 시작된 인연으로 2009년 12월 코펜하겐 유엔 기후총회에 참여했고, 국제기후회의에서 어떻게 일이 돌아가는지 경험할 수 있었다. 당시 대사님은 제한된 환경과 자원 속에서 우리나라의 의제를 국제회의 협상 내용에 반영되도록 하고, 그 협상에서 우리나라가 리드 국가가 될 수 있도록 크게 애쓰셨다. 우리나라가 협상장에서 가지고 있는 중요한 역할 때문에 대사님과 이야기하려는 미국과 유럽의 NGO들이 많았고, 대사님은 그러한 논의에 나를 많이 참여토록 해주었다. 그러한 경험을 통해 미국과 유럽의 NGO에 대해 알게 되었고, 직접 참석해 눈앞에서 NGO를 만드는 것으로까지 이어졌다. 무엇보다도 당시 주요국 정상들이 작은 회의실에 모여 기후변화에 대해 논의하는 모습을 내가 직접 볼 수 있게 하는, 인생의 가장 귀중한 경험 중 하나를 갖게 해주었다.

이렇게 정 대사님은 나의 기후변화 커리어의 중요한 순간에 결정적인 경험을 하게 해주었고, 그 경험들은 나에게 큰 디딤돌이 되었다. 늘 열린 마음으로 20대 청년의 고민과 열정을 받아주고, 좋은 기회를 제공해주셨던 대사님께 정말 크게 감사드린다. 이 《기후담판》 책을 통해 대사님의 경험과 노력이 기후변화문제 해결에 관심과 열정을 가지고 있는 후배분들에게 귀감이 될 수 있길 기원한다."

_ 김주진 기후솔루션 대표

| 차례 |

2부 우리가 제안한 미래

3부 기후변화체제의 결정적 장면들

4부 새로운 지구환경 패러다임:
탈탄소를 넘어 지속가능 경제-사회-환경 선순환
발전 모델을 향하여

나의 기후담판 분투기:
격동의 지구환경외교

오존층에 구멍이 뚫리다

"미래의 외교는 환경외교가 될 것이다."

독일 헬무트 콜 총리의 내각에서 환경부 장관을 맡았던 클라우스 퇴퍼Klaus Töpfer가 1980년대 말에 한 말이다. 마치 지금의 기후위기를 염두에 둔 말처럼 들린다. 이후 퇴퍼는 1998년부터 2006년까지 유엔환경계획UNEP 사무총장을 맡는 등 오랜 시간 지구환경을 고민하는 지도자로 살았다.

기존의 전통 외교는 제한된 영토, 자원, 시장을 보다 많이 확보하기 위한 국가 간 경쟁이 중심이었다. 이와 달리 환경외교는 제한된 지구의 환경용량을 놓고 각국이 국가별 이해관계에 따라 이합집산하면서 (특히 선진국과 개도국 진영으로 대립하면서) 자국의 경제와 산업이익을 보호하고 장래의 개발 여지를 확보하기 위해 경쟁하는 것이다.

퇴퍼의 예언으로부터 수십 년이 지난 지금 기후변화, 생물다양성, 삼림, 수자원 등 제한된 지구환경용량의 사용권한과 책임분담을 두고 세계 각국이 경쟁하는 것이 새로운 일상, 이른바 'New Normal'이 되었다. 퇴퍼의 예언처럼 '환경외교'가 중요한 시대의 흐름이 된 것이다.

환경외교가 처음으로 국제사회에서 논의되기 시작한 것은 1980년대부터다. 그 시작은 1985년 오스트리아 비엔나에서 합의된 〈오존층 보호를 위한 비엔나협약〉과 1987년 캐나다 몬트리올에서 채택된 〈오존층 파괴물질에 관한 몬트리올 의정서〉다.

오존은 산소 원자(O) 3개가 결합된 분자(O_3)로, 특히 지상으로부터 약 10~50킬로미터 상공의 성층권에 전체의 90%에 해당하는 오존이 몰려 있는데 이를 오존층이라 부른다. 오존층은 태양광에 포함되어 있는 유해한 자외선 대부분을 흡수함으로써 지구상의 생물을 보호한다. 동식물 등 육상생물의 진화와 생존은 오존층 덕분에 가능했다. 그런데 1970년대부터 오존층에 구멍이 뚫리고 있다는 것이 알려지면서 서구의 과학자들은 그 원인으로 프레온가스 등을 지목

했다. 정식명칭으로 염화불화탄소인 프레온가스는 무색, 무취, 불연성의 성질을 가진 소재로 화학적으로 안정된 특성 때문에 에어컨과 냉장고의 냉매, 전자부품이나 반도체의 세정제, 스티로폼 발포제, 스프레이 등 폭넓은 용도로 사용됐다. 인간의 편의를 위해 사용되던 소재가 이제 인간의 생존을 위협하게 된 것이다.

인류 활동이 오존층에 미치는 영향, 그리고 오존층 파괴로 인해 인간의 건강과 환경이 받게 될 부정적인 영향을 면밀히 따지고 대안으로 마련된 것이 비엔나협약과 몬트리올 의정서였다. 먼저 1985년 3월 유엔환경계획을 중심으로 전 세계 122개국이 가입, 서명한 비엔나협약은 오존층 파괴라는 지구적 차원의 환경문제 해결을 위해 국제사회가 실질적인 조치를 취하기로 합의한 최초의 노력이었다.

운명의 몬트리올 의정서

우리에게 있어 보다 중요한 것은 몬트리올 의정서였다. 비엔나협약이 선언적인 의미를 가지는 원칙을 천명하였다면, 몬트리올 의정서는 보다 실질적이고 구체적인 조치에 합의한 것으로, '오존층 파괴물질'로 불리는 100여 개의 인공 화학물질의 생산과 소비를 규제하는 획기적인 다자간 환경협약이다. 1987년 9월 15일에 채택, 1989년 1월 발효된 몬트리올 의정서는 지금까지 지구상의 모든 나라, 즉 198개 유엔 회원국[1] 모두가 비준한 유일한 유엔 조약이기도 하다.

몬트리올 의정서의 내용 중 중요한 것은 선진국의 경우 프레온가스 사용의 단계적 감축, 개도국의 경우 1인당 사용량을 0.3kg로 제한, 비가입국에 대한 통상제재(교역 금지)가 핵심이다. 우리나라는 안타깝게도 몬트리올 의정서 문안을 논의하는 협상에 참여하지 않았으며, 프레온가스의 사용량을 1인당 0.5kg 이하로 제한한 후 1992년 2월에야 가입하였다(1992년 5월 발효).

불시에 몬트리올 의정서를 맞닥뜨린 대한민국에게 '환경외교'는 멀리 떨어진 '미래의 외교'가 아니었다. 1989년 1월 몬트리올 의정서가 발효되면서 프레온가스를 사용하는 반도체산업, 에어컨·냉장고 등을 만드는 가전산업, 또 차량 내에 필수적으로 에어컨이 요구되는 자동차산업 등에 비상이 걸렸다. 프레온가스의 사용을 규제하는 몬트리올 의정서를 준수하지 않을 경우, 프레온가스가 포함되었거나 프레온가스를 사용하여 생산된 제품의 수출을 금지당할 수 있었기 때문이다.

당시 우리나라의 프레온가스 사용량은 몬트리올 의정서에서 제한한 1인당 상한선인 0.3kg을 상회하여 0.6kg에 달하고 있었으며, 반

---

1. UN의 정식 가입국은 2011년 남수단이 마지막으로 가입한 것을 기준으로 2022년 5월 현재 모두 193개국이다. 몬트리올 의정서의 198개 회권국은 유엔환경계획의 발표 기준이며, 위 193개국에 더해 쿡 제도, 유럽연합, 바티칸시국, 니우에, 팔레스타인 등 5개국을 더한 것이다. 뒤의 다섯 나라는 정식 UN 가입국은 아니다.

도체산업의 성장으로 인해 반도체의 세정제로 쓰이는 프레온가스 사용이 급증하고 있었다. 프레온가스를 사용하지 못할 경우 반도체산업의 성장이 바로 중단될 수 있을 정도로 상황이 급박했다.

사실 그때까지만 해도 오존층과 같은 지구환경문제라고 하면 우리와는 관계가 없는 부자 나라들의 일로 생각하고 누구도 별 관심을 두지 않았다. 그런데 몬트리올 의정서가 발효되면서 지구환경의 문제가 바로 우리의 수출품목과 직결된 산업의 문제가 된 것이다.

발등의 불이 된 지구환경외교

1989년 외무부 경제기구과 유엔환경계획 담당 업무를 맡고 관련 자료를 살피면서 이 문제에 관해 아쉬운 점들이 너무 많았다. 가장 아쉬운 점은 우리가 지구환경 동향에 너무 둔감하였다는 점이다. 국제사회가 프레온가스 사용 규제를 모색하기 시작하던 1980년대 중반에 우리는 이러한 국제동향을 알지 못한 채 국내 자체 기술로 프레온가스를 개발, 생산하기 시작하였고 마침 반도체산업의 발전과 함께 프레온가스 사용량이 폭발적으로 증가하였다.

두 번째 아쉬운 점은 몬트리올 의정서를 준비하는 협상 과정에 우리나라에서 아무도 참여하지 않았다는 점이다. 이 때문에 협상 과정에서 우리의 입장을 반영할 기회를 갖지 못하였다. 물론 우리나라는 1981년부터 1987년까지 이어졌던 관련 전문가 회의에 꼬박꼬박 초청장을 받았다. 그러나 당시 우리나라는 하루에도 수십 개씩 열리는 수많은 유엔 전문가 회의에 일일이 참석한다는 것은 엄두도 내지 못했다.

기록상으로는 몬트리올 의정서를 채택하는 1987년 9월 최종 협상회의에 유엔환경계획 사무국으로부터 출장비를 지원받아 당시 환경청 직원 한 명이 회의 참관 차원에서 다녀온 것이 전부였다. 유엔에서 제공하는 최빈 개도국에 대한 회의참가 출장경비 지원을 받아 참석한 것이다. 지금도 마찬가지지만 주요 유엔 환경협상 회의에는 예산이 부족한 최빈 개도국들을 위해 선진국들이 출장비를 지원하면서 회의 참가를 독려한다. 이는 개도국들을 배려해서라기보다는 다수 개도국들이 불참한 가운데 선진국 위주로 국제협약을 일방적으로 체결할 경우, 추후 개도국들이 자신들의 참여 없이 채택된 협약의 효력을 부인하게 되는 사태를 미연에 방지하기 위한 조치다. 1980년대 당시 고도 성장을 질주하고 있던 우리나라가 최빈 개도국들에게 주어지는 출장비 지원으로 회의를 참관하였으니, 지금으로선 상상하기 어려운 이야기다.

오존층 관련 지구환경 협상 과정에 참여하여 우리 입장을 반영하지 못한 것의 후폭풍은 엄청났다. 몬트리올 의정서는 프레온가스 등 오존층 파괴물질의 대체물질 기술을 확보한 선진국들에 대해서는 1인당 프레온가스 사용량의 제한을 두지 않으면서 향후 10년간 점진적으로 사용량을 절반 수준으로 줄여 나가도록 규정하였다. 반면 개도국에 대해서는 프레온가스 사용 한도를 1인당 0.3kg으로 규정하고 이를 위반하는 나라에 대해서는 교역 금지를 할 수 있도록 규정하였는데, 1989년 당시 한국의 1인당 프레온가스 사용량은 이미 개도국에 허용된 한도의 두 배인 0.6kg에 가까웠다.

더 어이가 없는 것은 몬트리올 의정서의 세부 사항을 논의하던 1986년 당시 한국의 1인당 사용량이 정확히 0.3kg이었다는 점이다. 선진국들은 당시 한국의 1인당 사용량을 기준으로 개도국의 사용 한도를 설정해버렸다. 즉, 한국이 더 이상 사용량을 늘릴 수 없게 규정해버린 것이다. 우리 대표가 협상에 참여하였다면 이런 일이 일어날 수 있었을까 생각하니 가슴이 답답하였다.

세 번째로 아쉬운 점은 이미 1950년대부터 프레온가스를 대량 사용하여 오존층을 파괴한 책임을 지고 있는 선진국들은 어떠한 타격도 받지 않는 데 비해, 1970년대 들어 처음 프레온가스 사용을 시작하여 1989년 당시까지도 사용총량이 미미하고 1인당 사용량이 선진국의 3분의 1 내지 4분의 1도 되지 않는 한국만 타격을 받게 되었다는 점이다.

프레온가스 사용은 선진국들의 주도로 1950년대 연간 약 20만 톤 수준에서 60년대에는 60만 톤 수준으로 급격히 증가했다. 70년대부터 80년대 말까지 연간 100만 톤에서 최대 약 130만 톤에 달하였으며, 90년대까지 약 2천만 톤의 프레온가스를 소비하였다. 1986

년의 경우 연간 사용량이 일본 16만 톤, 유럽 36만 톤, 미국 50만 톤이었으며, 이들의 1인당 사용량은 1.3kg부터 2.1kg에 달하였다. 우리나라는 70년대부터 냉장고, 에어컨의 보급과 함께 프레온가스를 사용하기 시작하여 1986년 9천 톤을 사용하여 1인당 사용량이 0.28kg 수준에 불과하였다. 80년대 후반부터 반도체 생산에 필요한 세정제로 프레온가스를 사용하고, 에어컨과 냉장고의 보급과 수출이 증가하면서 1990년에는 프레온가스 사용량이 약 2만 톤을 상회하여 1인당 사용량이 0.59kg이었다. 게다가 성장세에 들어간 반도체산업의 실적에 비례해 프레온가스의 사용량도 급격히 증가할 것으로 예상되는 상황이었다.

유일한 피해 당사국이 된 한국

이런 상황에서 우리를 더욱 당혹하게 만든 점은 몬트리올 의정서가 프레온가스 사용규제를 위반하는 국가에 대해 교역 금지와 같은 강력한 재제 규정을 가지고 있다는 점이었다. 더구나 특이하게도 대부분의 국제협약은 협약에 서명 비준한 당사국 간에만 효력이 발생하는 것이 일반적임에도 불구하고, 동 의정서는 이에 서명 비준하지 않은 비당사국에 대해서도 무역제재를 할 수 있도록 규정하고 있었다. 즉, 한국이 몬트리올 의정서에 가입하지 않는다고 해서 무역재제를 피할 수 있는 것이 아니었다. 우리가 의정서에 가입하든 안 하든 관계없이 선진국들이 우리 수출에 대해 무역제재 조치를 취할 수 있는 것이다. 1990년대 초 우리나라는 제조공정에서 프레온가스를 사용하거나 제품에 일부 포함하는 전자 및 가전제품, 자동차 등의 수출이 급증하던 시절이어서 무역재제 조치는 우리 수출산업의 근간을 흔들 수 있는 상황이었다.

나는 선진국들에게는 1인당 사용량에 제한을 두지 않으면서 개도국들에 대해서는 1인당 사용량을 제한하고 무역제재까지 규정한 몬트리올 의정서의 불공정함에 가슴이 답답하였다. 그러나 수년간 지속된 동 의정서의 문안 협상에 참여하지 않았던 책임은 우리에게 있었다. 그러니 의정서 문안이 우리에게 불리하게 작성되었어도 어디에 하소연할 수가 없었다.

그런데 결정적으로 몬트리올 의정서가 우리에게 문제가 되었던 것은 이러한 어려움에 당면한 국가가 전 세계에서 대한민국 딱 한 나라뿐이라는 점이었다. 대부분의 개도국들은 아직 프레온가스의 사용량이 미미했다. 정밀화학의 꽃이라고 불리던 프레온가스를 자체 기술로 생산하지도 못했고, 반도체나 에어컨, 자동차 등 첨단 수출산업을 가지고 있지도 않았기 때문이다. 선진국도 개도국도 누구 하나 우리 어려움에 공감하고 함께 행동에 나설 나라가 없었던 것이다.

이런 상황에서 선진국 정부는 앞장서서 개도국의 프레온가스 사용제한을 강화하고, 대체물질 기술을 이미 개발한 선진국 기업들은 자신들이 개발한 기술에 대해 기술사용licensing을 허용하지 않고, 대체물질에 대해 통상적인 프레온가스 가격의 20배에 달하는 독점 가격을 요구하고 있었다. 선진국 정부와 기업이 공모하여 인류의 생존이 걸린 오존층을 자신들의 독점이윤 극대화에 이용한다고 비판하여도 부정하기 어려운 상황이 전개되고 있었다.

오존층 보호를 위한 몬트리올 의정서는 그간 채택된 환경협약 중 가장 성공적인 사례로 평가받는다. 그런데 이 몬트리올 의정서가 유독 우리나라, 대한민국의 산업에만 커다란 타격을 주었다. 전 세계의 선진국이나 개도국 중 어느 나라도 자국 산업이나 시장에 타격을 받지 않았는데, 오로지 우리나라만 타격을 받았던 것이다. 이러한 사례는 지구환경문제 논의에 있어 한국의 자리가 어디인지를 깨닫게 해준 중요한 계기가 되었다. 한국은 선진국과 개도국 사이에서 독자적으로 자기 자리를 찾고 스스로 목소리를 내지 않을 수 없었다.

몬트리올 의정서로 촉발된 프레온가스의 사용 규제는 우리에게 지구환경문제가 우리 산업과 경제에 얼마나 큰 영향을 줄 수 있는지를 확실히 깨닫게 해주었다. 불시에 들이닥친 프레온가스 사용 규제로 우리 산업이 타격을 받는 것을 눈앞에서 목도한 나는 발등에 떨어진 불을 끄는 한편 다시는 이러한 일이 재발되어서는 안 된다는 다짐을 할 수밖에 없었다.

몬트리올 의정서가 이미 1989년 1월 발효한 상황에서 가장 다급해진 부서는 당시 프레온가스 관련 업무를 담당하는 상공부였다. 상공부를 비롯해 다른 정부부서와 산업계는 외무부가 외교협상을 통해 어떤 해법을 찾아주기를 기대하였다. 나는 일단 의정서 문안을 검토하여 보았다. 가장 먼저 찾아본 것은 프레온가스의 대체물질 생산기술을 개도국에 이전하도록 규정한 조항이 있는지 여부와 1인당 프레온가스 사용량이 이미 0.3kg을 상회한 우리나라가 무역 재제를 피할 수 있는 다른 관련 조항이 있는지 여부였다.

　　대부분의 환경협약과 마찬가지로 몬트리올 의정서도 5조 2항에서 개도국에 관련기술을 이전하도록 규정하고 있다. 그러나 5조 2항을 근거로 개도국 자격으로 기술이전을 요구하기 위해서는 일단 몬트리올 의정서를 비준하여 회원국이 되어야 하고, 다음에는 1인당 프레온가스 사용량을 0.3kg 이하로 감축하여 개도국의 요건을 충족시켜야만 했다. 그러나 1989년 당시 이미 1인당 사용량이 0.6kg에 달한 사용량을 0.3kg 수준으로 줄이는 것은 현실적으로 불가능했다.

　　답답한 심정으로 의정서 문안을 끝까지 들여다보니, 의정서 10조 2항에 회원국뿐만 아니라 의정서 문안에 서명한 서명국가signatory도 기술이전을 요구할 수 있다는 내용이 있었다. 즉 몬트리올 의정서를 비준하여 회원국이 되지 않은 상태에서도 기술이전을 요청할 수 있다는 것이다. 여기서 서명국가란 국제협약의 문안이 확정된 후 향후 동 협약에 가입할 의향이 있는 국가들이 확정된 문안에 동의한다는 의사를 표시하기 위해 협약 문안에 서명한 국가들을 의미한다. 일반적으로 협약의 문안이 최종 합의된 후 일정기간 협상 참가 국가들에게 서명할 수 있도록 개방하는데, 몬트리올 의정서의 경우 의정서 문안이 합의 채택된 1987년 9월 16일로부터 1년이 되는 1988년 9월 15일까지 서명할 수 있도록 개방되었다.

내가 이 조항을 발견한 것이 1989년 9월이었으니 이미 서명 개방 시한이 1년이나 경과한 뒤였다. 그것을 발견하였을 때의 허탈함이라니. 우리가 1년 전에 의정서에 서명만 하였어도…. 의정서의 비준 가입이 아니라 의정서에 비준 가입할 의향이 있다는 의사를 표명하는 서명만 해도 되었다. 그렇게만 했어도 우리는 서명국 자격으로 관련 대체물질 기술의 이전을 당당히 요구할 수가 있었다. 참으로 안타깝고 힘이 빠지는 일이었다.

이러한 상황에서 찾아낸 것이 몬트리올 의정서의 2조 6항에 규정된 경과 규정이었다. 이 조항은 1990년 12월 31일 이전까지 완공되는 프레온가스 생산시설을 가지고 있는 국가는 1인당 사용량을 0.5kg까지 인정한다는 내용이었다. 당시 우리나라는 울산화학에서 개도국 중에서는 유일하게 우리 자체 기술로 프레온가스를 생산하고 있었다. 나는 울산화학을 직접 방문하는 등 현황을 파악하면서 몬트리올 의정서 사무국과의 교섭을 통해 우리의 1인당 사용량을 0.5kg

로 상향하는 인정을 받아냈다.[2] 상공부와는 1인당 사용량을 0.5kg 로 제한하는 국내법의 도입을 마련토록 하여 우선 발등의 불이 된 직접적인 무역재제를 피하도록 하였다. 우리나라는 〈오존층 보호를 위한 특정물질의 제조규제 등에 관한 법률〉을 1991년 1월 제정 공포 하고 1인당 사용량을 0.5kg로 규제한 다음 1992년 2월 몬트리올 의 정서에 가입하였다.

선진국 기업들의 특허권 남용

우여곡절 끝에 당장의 무역제재는 피하였지만 대체물질 기술을 확 보하지 않고는 향후 국내 산업에 대한 타격을 피할 수 없다고 판단한 상공부는 1995년도까지 약 100억 원을 기술개발에 투입하였으며, 한 국과학기술연구원[KIST]에서도 3년간의 연구 끝에 1993년 7월 우리 자 체 기술로 대체물질의 일부를 개발하기 시작하였다. 이렇게 우리가 자체 기술개발에 나서기 시작하자 선진국 기업들은 우리 기업의 특 허 사용 요청을 거부하였을 뿐만 아니라, 자신들의 관련 기술 특허를

---

2. 당시 나는 동 사안을 불공정 무역제재로 〈관세 및 무역에 관한 일반협정[GATT]〉에 제소하는 방안도 검토하였다. 몬트리올 의정서가 비당사국에 대한 무역제재를 규정하고 있었기 때문에 GATT 위 반 소지가 있다고 생각한 것이다. 그러나 당장 발등의 불이 떨어진 상황에서 시간이 오래 걸리는 GATT 절차에 매달릴 수는 없다고 판단하고 다른 대안을 찾을 수밖에 없었다.

우리나라에 경쟁적으로 등록하여 우리의 대체물질 기술개발 저지에 총력을 기울이는 행태를 보였다.

1987년 9월 몬트리올 의정서 채택 후 유럽과 일본의 기업들은 1988년 3건을 시작으로 1993년 38건, 1996년 97건의 관련 특허를 우리나라에 경쟁적으로 등록하였다. 프랑스 아토켐Atochem 37건, 듀퐁 Dupont 26건, 일본 다이킨Daikin 9건, 쇼와덴코Showa Denko 5건, 아사히 글라스Ashahi Glass 4건, 이탈리아 오시몬트Ausimont 8건, 영국 ICI 5건, 벨기에 솔베이Solvay 4건 등이었다. 반면 우리 기업의 특허는 1996년 기준 KIST 21건, 한국신화 3건, 울산화학 1건 등 25건에 불과하였다.

대체물질 기술개발을 하는 우리 기업 입장에서는 선진국 기업이 특허를 등록할 경우 이러한 특허기술을 우회해야 하기 때문에 기술개발이 더 어렵고 시간이 오래 걸릴 수밖에 없었다. 선진국 기업들의 이러한 행태는 비단 프레온가스 대체물질의 경우에만 국한된 것이 아니었다. 다양한 분야의 시장에서 우월적 지위를 점하고 있는 기업들이 자신들의 독점적 이윤을 극대화하기 위해 흔히 시행하는 제한적 영업관행Restrictive Business Practice 중의 하나로 그들 입장에서는 특별할 것 없는 정상적인 비즈니스 행태일 뿐이다.

그러나 나는 이러한 선진국 기업들의 제한적 영업관행이 지구환경 보호를 위한 기술 특허에까지 남용되어서는 안 된다고 생각했다. 당장 우리 기업과 산업에 직접적인 피해를 주기도 하지만, 더욱 중요한 것은 이러한 제한적 영업관행이 오존층 등의 지구환경 보호에 치명적인 장애가 된다는 점이었다. 오존층과 같은 지구 차원의 공유지Global Commons가 아무런 제한 없이 일부 민간 기업의 이윤극대화 수단으로 전락되어서는 안 된다고 판단했다.

이것이 바로 1992년 리우 지구정상회의 협상장에 내가 '특허의 강제실시' 조항을 들고나간 까닭이다. 나는 리우 지구정상회의에서 채택된 21세기 지구환경 규범 〈의제 21Agenda 21〉에 선진국들이 그토록 반대하는 '특허의 강제실시'를 기필코 관철시키겠다고 절치부심했다. 지나간 얘기지만, 선진국 기업들의 이러한 특허권 남용이 없었다면 우리는 1989년부터 바로 프레온가스 대신 대체물질 기술을 사용하여 오존층 보호에 더 일찍 참여할 수 있었다. 결과적으로 선진국 기업의 특허권 남용이 우리로 하여금 프레온가스의 사용을 몇 년간 지속할 수밖에 없도록 강요했던 것이다. 안타까운 일이다.

몬트리올 의정서의 뼈아픈 교훈

몬트리올 의정서의 사례는 지구환경문제가 부자 나라들이나 참여하는 사치스러운 문제가 아니라 당장 한 국가의 기간산업을 위기에 빠트릴 수 있을 만큼 강력한 산업문제가 될 수 있다는 뼈아픈 교훈을 주었다. 이를 계기로 우리는 지구환경외교 동향에 눈을 뜨게 되었다.

급박한 상황에서 무역재제를 피하면서 당장의 위기를 모면하기는 하였지만, 국제적인 지구환경 논의동향을 살펴보니 지구환경문제가 오존층 문제 하나로 끝날 상황이 아니었다. 당시 국제사회는 1992년 6월, 리우 지구정상회의를 개최하기로 하고 기후변화협약과 생물다양성협약 초안에 대한 협상에 나서고 있었으며, 21세기의 지구환경 헌장이 될 〈의제 21〉의 초안을 둘러싸고 선진국과 개도국 간에 치열한 각축전을 전개하면서 정면 대립하고 있었다.

당시 대한민국 외무부의 지구환경문제 담당자인 내가 '해야 할 일'은 분명하였다. 또 다시 몬트리올 의정서와 같은 사태가 발생하여 우리나라가 값비싼 대가를 치르게 할 수는 없었다. 그런데 당시 진행되던 지구환경 협상의제들을 살펴보니 생물다양성협약과 같이 생물자원의 보호에 중점을 둔 경우도 있지만, 기후변화협약의 경우처럼 경제발전과 산업생산의 기본이 되는 에너지 사용을 직접 제한하기 위한 협상도 있었다.

오존층 보호를 위한 프레온가스 사용 규제의 경우는 특정 산업만 영향을 받지만, 기후변화 방지를 위한 온실가스 감축은 에너지를 사용하는 산업뿐만 아니라 국민생활 전반이 타격을 받을 수 있는 문제였다. 몬트리올 의정서 때처럼 기후변화 협상에 우리가 제대로 대비하지 못한다면 이로 인한 타격은 실로 상상을 초월할 것이었다.

이렇게 얘기하니 혹시 내가 지구환경은 뒷전으로 생각하고 우리의 산업이익만을 보호하기 위해 활동한 것처럼 오해할 소지가 있겠다. 나는 지구환경을 무시한 것이 아니라 우리가 불공정하게 타격을 받는 상황은 막아야 한다는 생각이었다.

우리를 집어삼킬 듯 몰려오는 지구환경 질서에 대처하기 위해서는 우선 외교부 내에 지구환경외교를 전담하는 부서의 신설과 인력 보강이 급선무라고 판단했다. 환경외교를 담당하는 '과학환경과'를 신설하는 안을 만들어 외교부 내에서 재가를 받은 후에 당시 정부조직을 담당하는 총무처와 예산을 담당하는 경제기획원의 담당자들을 직접 쫓아다니며, 몬트리올 의정서로 인해 우리 산업이 직면하고 있는 엄청난 타격을 설명하고 대처의 시급함을 역설했다.

절박한 호소가 통했는지 총무처는 외교부에 1개과를 신설하고 소요 인원도 건의안 원안 그대로 증원해주었고, 경제기획원도 출장경비를 포함한 소요 예산을 원안대로 증액해주었다. 당시 총무처와 경제기획원의 담당자들을 생각하면 참으로 고맙고 가슴이 뭉클하다. 지금도 마찬가지지만 중앙정부 부서의 1개과를 신설하고 소요 예산과 인원을 원안대로 그대로 승인해주는 것은 장관급에서 아무리 압력을 가해도 이루어지기 힘들다. 다들 우리 국익을 자기 일처럼 같이 걱정했기 때문에 가능했던 일이다.

나는 새로 만들어진 과학환경과의 초대 과장을 자청하였다. 1991년 2월의 일이었다. 마치 내가 자기 자리를 만들려고 열심히 뛰어다닌 것처럼 보일 수 있지만 사실은 지원자가 나밖에 없었다. 예나 지금이나 외교부에서는 대미외교 등 주요 4강 외교나 안보외교 또는 통상외교를 해야 외교부의 주류가 되는 상황이어서 이름도 생소한 환경외교 분야에 선뜻 나서려고 하는 사람이 없었다. 오히려 내가 환경과장을 자원하겠다고 하자 "앞으로 외교부 내에서 출세길이 막힐 텐데…"라면서 걱정하는 주변 목소리들이 있었다. 누구라도 나서지 않으면 또 다시 몬트리올 의정서의 악몽이 재현될 거라는 걱정이 컸던 나는 주변의 그런 우려에 신경을 쓸 여유가 없었다. 역설적으로 지구환경문제가 외교부 내에서 인기 있는 우선 분야가 아니라는 점이 오히려 내가 해야 할 일을 스스로 판단하고 추진할 수 있는 폭넓은 재량권을 갖게 해주었다.

'과학환경과'라는 환경외교의 하드웨어를 갖추었으니 이제는 소프트웨어를 채워 넣어야 할 차례였다. 소프트웨어 즉, 우리의 입장을 정립하는 데 있어 어려웠던 점은 우리가 선진국과 개도국의 중간에 위치한 신흥 공업국이라는 점이었다. 고도 경제성장을 구가하여 유일하게 개도국에서 선진국그룹에 진입하고, 원조 받는 나라에서 원조를 주는 나라로 발전하였다는 사실이 지구환경문제와 관련한 입장 정립에 있어서는 상당한 어려움으로 작용했다. 여타 선진국처럼 지구환경 파괴의 역사적 책임을 일괄적으로 공동 분담하기에는 억울하고, 그렇다고 개도국 입장을 취하면서 지구환경문제에 대한 책임을 무조건 회피하기에는 우리의 국력이나 경제위상에 어울리지 않았던 것이다.

선진국과 개도국 사이에서 우리의 입지를 스스로 만들어 나가야 하는 처지였지만 참고할 만한 선례나 자문을 구할 만한 전문가도 드물었다. 더 정확히 얘기하자면 사실은 우리나라 어디에도 지구환경과 관련한 규제에 정통하고, 협상단을 자문할 만한 법률 전문가 자체가 없었다. 국제 환경협약 전문 인력이 없었던 것이 아니라 지구환경 규제라는 것을 아는 사람이 정부나 학계, 시민사회에도 거의 없었다. 국내 환경오염문제 전문가야 분야별로 얼마든지 있겠지만 오존층 보호나 기후변화와 같은 지구환경문제에 대한 전문가는 없었으며, 더구나 지구환경문제를 해결하기 위한 유엔의 환경협상에 정통한 전문가는커녕 회의에 참석해본 사람도 거의 없었다.

나는 급속한 산업화 과정에서 환경파괴를 직접 경험한 한국이 환경파괴적인 개발 방식을 지양하여야 한다는 점을 강조함으로써, 선진국과 개도국 양측의 합의 증진에 기여하는 소프트파워를 발휘할 수 있다고 보았다. 그러한 관점에서 소프트웨어, 즉 우리의 입지를 다음과 같이 정리했다.

❧ 우리는 다른 선진국들처럼 '과거' 지구환경 파괴에 대한 역사적 책임을 공동 분담하는 것은 받아들일 수 없으나, 지구환경 보전

을 위한 '미래'의 책임에 대해서는 우리의 경제 능력에 상응한 자발적인 방식으로 적극 참여한다.

🐦 선진국은 '과거'의 역사적 책임을 분명히 하고 개도국의 참여를 위한 재원과 기술의 지원을 제공하며, 개도국은 '미래'에 대한 '자발적인 책임'을 '능력에 상응'하게 분담하고 지구환경을 파괴하지 않는 개발 방식을 적극 수용한다.

🐦 유엔 기후변화협약처럼 선진국의 역사적 책임에 기초한 법적인 의무를 명시적으로 규정하고 있는 국제 환경협약에서 기존의 선진국 명단에 포함되는 것은 받아들일 수 없다. 즉, 역사적 책임이 없는 우리는 '과거'의 이산화탄소 배출에 대한 선진국으로서의 의무는 거부하지만, 별도의 자발적인 틀을 만들어 '미래'의 책임에 대해서는 우리 경제 능력에 상응해 자발적인 기여를 할 수 있는 새로운 참여 방식을 정립하여 나간다.

이 정도로 입장을 정리하고 나니 환경외교의 하드웨어와 소프트웨어가 어느 정도 정비된 느낌이었다. 나는 〈한국의 지구환경외교〉, 〈지구환경문제와 한국의 입장〉이라는 자료를 만들어 배포하면서 우리 입장을 홍보하였다.

시간이 지나고 나서 많은 사람들이 나에게 외무 공무원으로서 정기적으로 보직이 바뀌는데 어떻게 환경외교 업무에만 전념할 수 있었느냐고 물어본다. 당연히 나도 정기적으로 보직이 바뀌었고, 담당하는 업무도 계속 바뀌었다. 그럼에도 불구하고 나는 어디에서 무슨 일을 하더라도 계속 지구환경 논의 동향을 챙겼고, 기회가 닿는 대로 환경외교 업무를 계속할 수 있는 보직을 맡기 위해 노력하였다. 역설적으로 환경외교가 외교부 내에서 비인기 분야이다보니, 내가 자원하기만 하면 어렵지 않게 일을 계속할 수 있었다. 참으로 다행스런 일이었다. 당시에는 환경 업무를 해봐야 과장이나 겨우 하지 그 이상의 진급은 어려울 거라는 주변의 우려 섞인 시선들도 있었으나, 결국 나는 환경심의관, 국제경제국장과 초대 기후변화대사라는, 직업 공무원으로서 최고위직까지 복무하였다.

본격적인 지구환경외교의 개막: 리우 지구정상회의

지구환경 논의에서, 또 환경외교에서 전환점이 된 것이 1992년 6월에 브라질의 리우데자네이루에서 열린 '지구정상회의'였다. 리우 지구정상회의는 21세기를 앞두고 지구의 환경보호와 관련한 새로운 국제 질서를 정립하기 위해, 185개국 대표와 114개국 정상이 참여한 사상 최대 규모의 정상회담이었다.

리우 지구정상회의의 공식 명칭은 '유엔환경개발회의UN Conference on Environment and Development'로, 1972년 스웨덴 스톡홀름에서 개최되었던 최초의 유엔인간환경회의 이후 20년 만에 열린 유엔 차원의 지구환경 정상회의였다. 이 회의에서는 지구환경 보전을 위한 〈지구헌장Earth Charter〉, 21세기를 위한 지구환경 규범인 〈의제 21〉 외에 〈기후변화협약〉, 〈생물다양성협약〉, 〈사막화방지협약〉과 〈삼림 원칙〉 등이 채택되었다.

리우 지구정상회의는 본격적인 지구 환경외교의 개막을 알리는 자리였다. 그 자리에서 대한민국의 환경외교 역량이 첫 시험대에 올랐다. 나는 리우 회의에 출장을 다녀온 뒤 1992년 8월 22일 자《코리아 헤럴드Korea Herald》에 환경외교에 대한 기고문을 실었다. 지구환경 문제가 우리 산업과 직결된 문제임을 강조하고 적극적인 대응의 필요성을 강조하였다. 리우 지구정상회의에서 채택된 지속가능발전sustainable development, 기후변화협약, 생물다양성협약 등의 지구환경문제는 여전히 현재진행형이며, 2021년 글래스고 기후변화총회에 이르기까지 수많은 정상회담을 거치면서 치열한 환경외교전이 전개되고 있다.[3]

---

3. 1972년의 스톡홀름 유엔인간환경회의는 지구환경을 위한 최초의 국제회의였다. 국제사회는 〈스톡홀름 인간환경 선언〉을 채택하여 개발과 환경을 조화하기 위한 26개의 원칙에 합의하였다. 1982년에 유엔은 세계자연헌장을 채택하였으며, 1983년 유엔 총회에서 출범한 세계환경개발위원회는 1987년 〈Our Common Future〉라는 보고서를 통해 '지속가능한 발전'이라는 새로운 개발의 패러다임을 제안하였다. 1992년 리우 정상회의를 계기로 1997년 리우 정상회의 5주년 정상회의, 2002년 리우 정상회의 10주년 정상회의, 2012년 리우정상회의 20주년 정상회의가 열렸으며, 매년 개최되는 기후변화총회에서는 제한된 지구의 환경용량을 차지하기 위한 치열한 각축전이 전개되고 있다.

    그때나 지금이나 유엔 차원의 지구환경 협상의 핵심은 선진국들의 역사적 책임 규명과 개도국들의 참여에 소요되는 재원과 기술의 지원범위를 둘러싸고 선진국과 개도국 간에 대립하는 것이다. 1992년 리우 지구정상회의 당시 개도국들의 최대 관심사는 선진국들로부터 재정적 지원을 확보하는 것이었다.

    그러나 나는 프레온가스 사례에서 보듯 우리나라 입장에서는 환경기술에 대한 접근성이 더 중요하다고 생각했다. 그렇게 고민해서 준비한 것이 '공공소유기술 이전'과 '특허의 강제실시'라는 두 가지 아이디어였다. '공공소유기술'은 공공연구기관이 공공예산을 투입하여 개발하고 그에 대한 기술사용 실시 권한을 가지고 있는 기술을 의미한다. '특허의 강제실시'는 특허권의 남용을 방지하고 공익 구현을 위하여 특허권자의 권리를 제한하고 사용을 허용하는 것을 의미한다.

    나는 미국 등 선진국들의 강력한 반대를 무릅쓰고 '공공소유기술 이전'과 '특허의 강제실시'라는 두 가지 제안을 리우 회의에서 채택된 〈의제21〉에 모두 포함시켰다(이에 대한 자세한 내용은 1부의 두 글, 〈지구를 위한 환경기술의 이전을 꿈꾸다〉와 〈지구 미래를 위한 어젠다, 공공소유기술 이전〉을 참조하라).

    우리나라가 선진국 그룹의 일원이 된 지금은 다양한 분야에서 첨단기술 개발을 우리가 주도하고 있기 때문에 '특허의 강제실시'가 우리 이익에 반한다고 생각할 수도 있다. 하지만 〈의제 21〉에서 다루는 기술이전은 지구환경 보호와 관련된 기술만을 뜻하는 것이며, 일반 산업기술을 포괄하는 것이 아니다. 또한 나는 국내 기업이 지구환경 보호를 위한 특수한 기술을 개발했다고 해도 특허권을 남용하여 지나친 독점적 이윤을 추구하는 것을 정당화하고 옹호해야 한다고는 생각하지 않는다.

사실 리우 지구정상회의 당시 내가 주장한 것은 지구환경 보호와 관련된 특허권의 경우 국제법에 따른 충분한 보상을 전제로 기술의 사용권을 확보하자는 것이지 특허를 몰수하자는 것은 아니었다. 그리고 이러한 조항이 〈의제 21〉에 포함된다고 당장 우리가 프레온가스 대체기술 특허의 사용권을 확보하게 되는 것도 아니었다. 그렇지만 나는 지구환경의 보호를 위해서는 프레온가스 사례에서 우리가 당했던 것과 같은 불합리한 상황이 다시 반복되어서는 안 된다고 믿었다. 뿐만 아니라 동 조항이 관철되면 일부 독점기업들이 특허권을 남용하는 '제한적 영업관행'을 사전에 예방하는 효과가 있다고 믿었다.

최근 코로나 백신과 관련해 백신 제조기업의 특허를 개방할 것인지를 둘러싸고 국제적인 논의가 있었는데, 바로 이것이 '특허의 강제실시' 문제인 것이다. 이러한 '특허의 강제실시'는 미국을 포함해 세계 대부분의 나라, 특히 유럽 등에서는 안보·보건·환경 등 공공의 목적을 위해서 '특허의 강제실시'를 시행할 수 있도록 국내법으로 체계화되어 있다. 나는 이것을 유엔의 합의문에 포함시킨 것뿐이다.

코로나 백신의 특허 개방에 대해 미국의 바이든 대통령이 긍정적인 입장을 취한 반면, 스위스나 독일 등 유럽 국가들은 부정적인 입장을 취한 바 있다. 기후변화 대응을 선도하는 유럽이 백신 이기주의에 앞장섰으며, 이것이 개도국들의 반감을 일으켜 2021년 11월 '글래스고 기후총회'의 협상 분위기를 망친 것으로까지 이어졌다는 분석도 있다. 실로 안타까운 일이다.

탈탄소 각축전: 미국 대 나머지 전 세계 국가

1992년 리우 지구정상회의에서 본격적인 시동을 건 지구환경외교는 1995년 3월 독일 베를린에서 제1차 기후변화 당사국 총회가 열린 이래 2015년 파리기후협정이 채택될 때까지 20년간의 길고도 험난한 기후변화 협상의 대장정을 이어갔다. 물론 파리협정 이후에도 동 협정의 이행을 위한 협상은 계속되고 있으니 아직 그 대장정은 끝나지 않았다. 앞서 이야기했듯 지구환경문제의 해결을 둘러싼 협상에서 가장 중요한 갈등은 선진국들의 역사적 책임 규명과 개도국들의 참여에 소요되는 재원과 기술의 지원범위를 둘러싼 대립이다. 산업혁명 이래 200여 년간 값싼 화석연료를 사용해 발전하면서 이산화탄소를 배출하고 현재의 기후변화 위기를 초래한 선진국에게 어떻게 역사적 책임을 물을 것인가. 또 지구환경문제 해결을 위한 과정에 개도국들의 참여를 이끌어내기 위한 재원, 즉 돈과 기술지원 문제를 어떻게 해결할 것인가. 가장 최근에 열린 2021년 11월 영국 글래스고 기후변화 총회에서도 이 문제들을 둘러싸고 갈등이 계속되었다.

지난 30년 가까이 이어진 협상 과정에서 법적 구속력 있는 온실가스 감축체제를 구축하여 기후위기를 방지하고자 하였던 당초 유엔기후협약의 꿈은 이루어지지 못하고, 법적 구속력 없이 자발적 서약과 검토에 의존하는 현행 파리기후협정 채택에 머무르고 말았다. 30년 가까운 시간 동안 수많은 정상회담과 수만 명이 참여한 수많은 협상회의에서 밤샘 토론을 하며 얻어낸 것 치고는 결과가 초라하다.

법적 구속력 있는 강력한 기후체제를 염원했던 국제사회가 결국 자발적 감축체제로 타협을 하게 된 데에는 미국의 책임이 크다. 1997년 교토 의정서 협상을 앞두고 1997년 7월 25일 미국 상원에서 만장일치로 통과된 버드-헤이글Byrd-Hagel 결의안이 바로 그 시작이다. 버드-헤이글 결의안은 중국, 인도 등 주요 개도국들이 미국과 동등한 법적인 의무legal parity를 수락하지 않는 한 미국 정부는 어떠한 기후협약상의 의무도 부담하여서는 안 된다고 규정하였다. 그렇지 않아도 미국은 지구환경문제에 대한 자신들의 역사적 책임에 대해 매우 부정적이었는데, 버드-헤이글 결의안이 통과되자 미국은 역사적 책임을 부정하고 중국 등 주요 개도국이 자신들과 동등한 감축 의무를 부담하지 않는 한 어떠한 의무도 수락하지 않겠다는 입장을 견지하였다.

1991년부터 기후변화협약을 협상하면서 기후위기를 막고자 노

력했던 당시 나를 포함한 많은 열정적 협상가들의 생각은 사실 간단
했다. 파국적인 기후변화를 막기 위해 필요한 온실가스 감축량을 각
국의 역사적인 책임과 능력에 따라 공정하게 나누고, 선진국들은 법
적 구속력이 있는 감축 의무를 부담하고, 개도국들은 각국의 경제 능
력에 따라 자발적인 감축 목표를 설정·이행하자는 것이었다. 너무나
상식적이고 간단명료하지 않은가.

그러나 결과적으로 개도국과 차별화된 어떠한 법적인 구속력
이 있는 감축 의부도 수락할 수 없다는 미국 한 나라의 입장에 맞추
기 위해 국제사회는 구속력이 없는 파리기후협정체제[4] 정도로 합의
할 수밖에 없었다.

법적 구속력 있는 기후체제를 가로막은 미국의 버드-헤이글 결의안

사실 1997년 미국 상원이 버드-헤이글 결의안을 통과시키며 개도국
과의 법률적 동등성을 미국 온실가스 감축 의무 수락의 전제조건으
로 내걸었을 때, 이미 "법적 구속력을 가진 강력한 기후변화체제"는

---

4. 파리협정을 '신 기후체제'라고 부르는 일부 전문가들은 파리협정도 구속력이 있다고 설명한다. 하
지만 파리협정 15조 2항은 어떠한 처벌 규정도 없이 목표치 이행을 지원하기 위해(Facilitative)
투명하고 비적대적이며(non-adversarial) 비처벌적으로(non-punitive) 운영한다고 규정하고
있다.

실패할 수밖에 없도록 운명 지어졌다. 기후변화의 원인인 화석연료에 의존한 산업화 과정을 거치지 않은 개도국들이 선진국들과 동등한 법적인 의무를 수락한다는 것은 애당초 기대할 수 있는 일이 아니지 않은가. 1991년 이래 20여 년간의 기후변화 협상이란 한 마디로 전 세계가 미국 상원의 〈버드-헤이글 결의안〉 하나와 싸운 것이라 할 수 있다. 세계는 미국 상원의 결의안이라는 하나의 턱을 넘지 못하고 누구도 법적 구속력을 지지 않는 자발적이고 약화된 기후체제에 타협하고 말았다.

이렇게 약화된 각국의 자발적인 기여만으로는 기후위기를 막을 수 없다는 보고서가 쏟아져 나오고 있다. 최근 바이든 행정부의 등장으로 미국이 파리협정에 복귀하면서, 2050년까지 탄소중립(Net Zero 2050)을 지향하는 새로운 국제적 모멘텀이 재점화된 것은 다행스런 일이다.

2021년 10월 26일 발표된 유엔환경계획의 〈2021 배출량 격차 보고서Emission Gap Report〉에 따르면 파리기후협정에 의해 서약된 국가 온실가스 감축 목표Nationally Determined Contribution, NDC가 이행되더라도 2030년 예상 온실가스 배출량의 7.5%밖에 감축하지 못한다고 한다. 지구 온난화를 1.5℃ 이하로 억제하기 이해서는 온실가스 배출량의 55% 감축이 필요하며, 2℃로 억제하기 위해서는 30% 감축이 필요하다. 보고서는 또한 2030년까지 NDC에 의한 감축 목표가 모두 달성된다 하여도 금세기 말까지 지구 기온의 최소 2.7℃ 상승이 불가피하며, 최근 발표되고 있는 각국의 탄소 중립(Net Zero)을 위한 2030과 2050 목표치가 완벽히 이행되더라도 지구기온 상승을 겨우 0.5℃ 억제할 것이라고 분석하였다.

문제는 기후위기가 날로 심각해지는 가운데 현재 각국이 공표한 감축 목표치들이 과연 제대로 이행될 것인지 단언할 수 없을 뿐만 아니라, 'Net Zero' 목표치를 상회할 것으로 예측되는 초과 배출량에 대해 과연 어떠한 조치를 취할 것인지 별다른 대책이 없다는 점이다.

우리나라만 해도 2009년도 코펜하겐 기후변화총회에서 2020년 예상배출량의 30%를 감축하겠다고 발표하였지만, 2017년도 통계에 의하면 30% 감축은커녕 오히려 25% 가까이 증가하였다. 파리협정과 같은 자발적 감축체제의 취약성을 단적으로 보여주는 사례다. 최근 들어 미국, 유럽, 중국 등 주요국들이 2050년까지 탄소 중립을 달성하기 위한 2030년까지의 중기 목표치를 연달아 발표하고 있지만, 중요한 것은 목표치의 발표가 아니라 실질적인 이행을 어떻게 담보할 것인가다.

기후협상을 미국 대 나머지 전 세계 국가의 구도라고 요약했지만, 그렇다고 모든 책임이 미국에만 있는 것은 아니다. 개도국의 경우도 책임에서 자유로울 수는 없다. 주요 개도국들은 선진국의 역사적 책임을 추궁하는 데에는 철저했지만, 각국의 능력에 상응한 미래의 온실가스 배출 책임에 대해서는 시종일관 회피하였다. 이러한 태도가 협상 진전에 상당한 걸림돌로 작용한 것 또한 엄연한 사실이다. 개도국 스스로 건설적으로 참여하고 온실가스 감축 의지를 좀 더 분명히 하면서 선진국의 책임을 추궁하였다면, 결과는 엄청나게 달라졌을 것이라고 생각하면 아쉬움이 남는다.

선진국과 개도국이 온실가스 감축 의무 회피를 위해 서로 상대방에게 책임을 전가하는 상황에서 1996년 12월 선진국 협의체인 경제협력개발기구OECD에 가입한 우리에게는 선진국으로의 진입이 기후협상에서 엄청난 부담으로 작용하였다.

나는 이러한 상황에서 1991년도부터 기후변화 협상을 시작으로 2015년 파리기후협상까지 수많은 협상 일선에 우리나라의 대표로 참여하였다. 과연 20여 년간의 치열한 기후변화 협상에서 실제 어떤 일이 벌어졌는지, 이제 그 격랑의 협상 현장 속으로 들어가 기후담판의 각 장면들을 살펴보도록 하겠다.

1부

선진국과 개도국 사이,
대한민국의 자리 만들기

1996년 OECD 가입을 계기로 지구환경외교에서 한국은
선진국으로서의 책임을 부담할 것을 요구받았다.
산업혁명을 거치지 않은 우리가 기존 선진국들의 역사적 책임을
공동으로 부담하는 것은 부당하지만, 우리의 입장을 담아낼 틀은
존재하지 않았다. 우리 경제력에 상응해 미래의 지구환경 보전에
자발적으로 참여하는 새로운 틀을 만들어 나가는
외교적 해법이 필요했다.

지구를 위한 환경기술의 이전을 꿈꾸다:
특허의 강제실시 조항 관철

1992년 6월에 개최된 리우 지구정상회의는 185개국 대표와 114개국 정상이 참여한 당시로서는 사상 최대 규모의 유엔 정상회담이었다. 리우 회의에서 한국은 미국 등 선진국들의 완강한 반대에도 불구하고 "환경기술을 강제로 개도국에 이전할 수 있다."라는 조항을 21세기 지구환경 규범인 〈의제 21〉에 포함시켰다. 1991년 9월 유엔에 가입한 유엔 초년병인 한국이 어떻게 유엔과 같은 다자 외교 무대에서 미국 등의 완강한 반대에도 불구하고 '특허의 강제실시' 같은 민감한 제안을 관철시킬 수 있었을까?

감히 미국 앞에 특허의 강제실시 제안을 들이밀다니

"의장, 본 대표단은 지적재산권 보호의 중요성을 강조한 미국을 비롯해 다수 선진국 대표들의 발언에 전적으로 공감합니다. 그러나 오존층과 같이 인류의 생존이 달린 지구환경이 일부 민간 기업들의 독점이윤 극대화의 수단으로 남용되어서는 안 된다고 생각합니다. 오존층을 파괴하지 않는 대체물질의 생산기술 특허를 가지고 있는 일부 민간 기업들이 독점이윤을 극대화하기 위해 '특허사용licensing' 요청을 거부하고 있습니다. 또한 대체물질의 가격을 기존 프레온가스 가격의 수십 배를 요구하면서 특허권을 남용하고 있습니다.

이러한 특수하고 예외적인 경우에는, 인류의 생존이 달려 있는 오존층이 독점이윤 극대화의 수단으로 악용되지 않도록 예방하고, 환경기술에 대한 접근이 원활히 이루어져서 지구환경이 조속히 보호되도록 하기 위해 '특허의 강제실시compulsory licensing'[1]가 허용되어야 합니다. 따라서 본 대표단은 '특허의 강제실시' 문안을 기술이전 합의문에 반드시 포함시킬 것을 다시 한번 강력하게 제안합니다."

1992년 6월 8일 브라질의 리우데자네이루에서 열린 지구정상

---

1. 특허보유 기업이 특허권을 남용하여 제3자의 사용을 제한하는 경우 적절한 보상을 조건으로 특허 당국이 제3자에게 특허의 사용을 허용하는 제도다. 특허권을 존중하면서도 특허로 보호된 기술이 사회적 필요를 위해 보다 폭넓게 사용되도록 허용하자는 취지다.

회의Earth Summit 본회의 협상장에서 우리나라 정부대표로 참석하여 미국, 유럽, 일본 등 선진국을 비롯해 전 세계 회원국들을 상대로 내가 한 발언이다. 당시 나는 21세기를 향한 새로운 국제환경질서를 규정하는 〈의제 21〉의 기술이전 문안에 '특허의 강제실시'를 포함하자고 제안했는데, 이는 선진국 대표단들을 발칵 뒤집어놓았다.

리우 지구정상회의에 나는 그 얼마 전 신설된 과학환경과의 초대 과장 자격으로 참여하였다. 예전이나 지금이나 특허권 즉, 지적재산권 보호를 국익의 최우선 과제로 신성시 하는 미국 입장에서 '특허의 강제실시'는 어떠한 경우에도 수용할 수 없는 신성불가침의 사안이었다. 공업소유권 보호에 관한 1883년도의 파리 협약 이래 미국은 한 번도 '특허의 강제실시' 같은 사안에 찬성하지 않았다. 그런데 다자외교 초년병인 한국 외교관이 감히 미국 등 선진국 앞에 특허의 강제실시를 들이민 것이다.

당시 미국 등 선진국들은 법률자문관legal advisor 직책으로 특허 전문 변호사들이 대표단의 일원으로 참가하였다. 그에 비해 우리 대표단은 법률 전문가는커녕 실무자들을 충분히 데리고 나가기도 어려운 실정이었다. 한국 외교부에서 실제로 실무협상 회의장에 참여한 인원은 오로지 나 하나뿐이었다. 전문가 참여는 고사하고 인원수만 따져도 계란으로 바위를 치는 격이었다.

'특허의 강제실시' 제안에 대한 미국 반응은 예상대로였다. 특허권 보호가 환경기술의 연구개발에 필수 불가결하며, 특허를 몰수하는 강제실시 조항은 기술개발의 인센티브를 저해하는 독소 조항이라며 문외한에게 훈계하듯 장황하게 발언했다. 미국 대표는 국제 기술협력 진전에 부정적인 영향을 미칠 동 제안을 즉시 철회하라고 강력하게 요구하였다. 미국이 먼저 발언한 뒤 영국, 일본, 독일, 프랑스 등 10여 개국 대표들이 연이어 미국의 발언을 지지하고 나섰다. 선진국 대표들은 특허의 강제실시는 도저히 수락할 수 없는 제안이라고 나에게 집중포화를 가하였다.

이렇게 선진국들이 일치단결하여 반론을 제기하는데, 당시 한국이 속해 있던 개도국 그룹[2] 중 어느 나라도 나의 발언을 지지해주지 않았다. 대부분의 개도국 대표들은 '특허의 강제실시'라는 용어 자체를 이해하지 못한데다, 만약 환경기술을 이전한다고 해도 사용 능력이 부족하다보니 오히려 기술이전보다 재정지원 확보에 더 관심을 두고 있었다.

선진국 기업의 특허 남용 사례를 제기하다

이어지는 선진국들의 집중포화에도 아랑곳하지 않고 나는 환경기

---

2. 우리나라는 1996년 12월 선진국 모임인 OECD(경제협력개발기구) 가입 전까지 UN의 개도국 그룹인 77그룹의 일원으로 활동하였으며, OECD 가입 후인 1997년 4월에 77그룹에서 탈퇴하였다.

술 특허가 남용되면서 한국이 겪고 있는 구체적인 피해 사례를 설명하였다.

"의장, 한국은 오존층을 파괴하는 프레온가스의 사용을 줄이기 위한 국제적인 노력을 적극적으로 지지해 왔습니다. 이러한 노력에 참여하기 위해 한국 기업들은 선진국 기업들에 수소불화탄소^{HFC}처럼 오존층을 파괴하지 않는 대체물질 사용을 위한 특허사용을 요청하였습니다. 그러나 선진국 기업들은 독점이윤을 극대화하기 위해 한국 기업들의 특허사용 요청을 거부하였을 뿐만 아니라 자신들이 생산한 대체물질의 가격으로 기존 프레온가스 가격의 20배를 요구하고 있습니다.

본 대표단이 주장하는 특허의 강제실시는 당장 특허를 몰수하자는 것이 아닙니다. 본 대표단이 동 조항을 주장하는 의도는 오존층과 같은 인류의 생존에 필수불가결한 지구환경이 더 이상 소수 다국적 기업들에 의해 독점이윤 추구의 기회로 악용되는 것을 예방하기 위해서입니다. 앞으로도 있을지 모르는 지구환경 기술특허의 남용을 방지하기 위한 예방적인 조치로서 특허의 강제실시 조항은 반드시 필요합니다. 이뿐만 아니라 특허의 강제실시는 이미 1883년의 공업소유권 보호를 위한 파리 협약 5조에 규정되어 있는 만큼, 새로운 주장이 아닙니다. 따라서 이미 기존에 합의되어 있는 것을 재확인하는 것인 만큼 반대할 하등의 이유가 없다고 생각합니다."

당시 개도국 대표 자격으로 협상회의를 주재하던 말레이시아의 라잘리 이스마일Razali Ismail 대사는 그간의 사전협상 과정에서 본 적 없던 한국 대표가 감히 미국을 상대로 당당히 일전을 겨루는 것을 흥미진진하게 지켜보았다. 나의 무모한 도전이 대단하다는 듯 단상에서 싱긋이 웃던 표정이 지금도 눈에 선하다. 당시만 해도 우리나라는 앞서 개최되었던 사전협상 회의에 일일이 대표단을 출장 보낼 형편이 못 되었고 나는 마지막 협상 준비회의에야 겨우 참석할 수 있었다.

선진국들의 반발과 공격이 워낙 거셌던 만큼 대부분의 회원국 대표들은 신참 한국 대표의 주장이 무모하다고 여겼고 간단히 제압될 것으로 생각했다. 그러나 내가 선진국들의 집중포화에도 주눅 들지 않고 다시금 강력하게 반론을 제기하자 회의장에는 잠시 정적이 흘렀다. 더구나 내가 선진국 기업들이 오존층 보호를 위해 필요한 기술에 대해 특허권을 남용하고 독점이윤의 극대화를 추구하는 구체적인 사례를 반론으로 제기했기 때문에, 미국을 포함한 선진국들은 허를 찔린 듯 적잖이 당황하였다. 선진국 대표단의 실무자들은 현장에서 황급히 상호 접촉하면서 대응 방안을 논의하느라 경황이 없었다.

선진국 대표들이 선뜻 어떻게 반론을 제기할지 갈피를 잡지 못하고 있던 사이, 잠시 기다리던 라잘리 대사는 제일 먼저 반론을 제기하였던 미국 대표단을 쳐다보았다. 라잘리 대사가 한참을 쳐다봐도 내부 의견 수렴에 분주한 미국 대표단이 발언 신청을 하지 않자,

라잘리 대사는 미국 대표단을 가리키면서 "미국 대표, 발언할 겁니까?"라고 물었다. 회의장에 어색한 정적이 흘렀다. 결국 미국 대표는 마이크도 잡지 않고 발언할 뜻이 없다는 손짓을 했다. 나는 이후에도 미국 대표단과 다양한 협상 현장에서 의견을 달리한 적이 많았다. 그러나 미국 대표단이 개도국 대표의 주장에 아무런 반론도 제기하지 못한 것은 아마 이때가 유일했던 것 같다.

라잘리 대사는 축하의 메시지를 보내는 듯 미소를 지으며 나를 쳐다보았다. 다른 선진국들을 향해서도 한국의 발언에 대해 의견을 표명할 나라가 있는지 물었다. 마침내 이탈리아와 호주 대표가 한국의 제안이 특허 남용의 사전 예방을 위한 것이고, 기존의 국제협약의 틀 내에서 이루어지는 것이라면 보다 구체적인 문안에 대해 협의할 의사가 있다고 발언했다. 이렇게 선진국 측에서 구체 문안 협의 의사를 밝히자, 라잘리 대사는 동 문안에 관심 있는 국가들이 비공식 협상 그룹Informal Contact Group에서 논의해 합의 문안을 만들어 오라고 지시하였다. 여담으로 라잘리 대사는 1997년에는 유엔 총회 의장으로 활동하면서 유엔 외교에 적지 않은 발자취를 남겼다. 라잘리 대사는 리우 회의에서 나의 활약이 인상이 깊었는지, 이후 유엔에서 나를 만날 때마다 항상 반갑게 대해주었다.

선진국들의 인해전술 VS 신흥 공업국 한국의 절치부심

의장의 지시에 따라 본 회의장 옆의 소회의실에서 비공식 회의가 열렸다. 회의실에는 이미 미국 등 10여 개 선진국들 대표와 고문 변호사들을 포함하여 20여 명이 운집했다. 반면, 개도국 측에서는 중국, 아르헨티나, 브라질 그리고 나까지 딱 4명뿐이었다. 중국과 아르헨티나 대표는 잠시 앉아 구경을 하더니, 자신들과는 별 관계가 없다고 판단하였는지 바로 회의장을 떠났다.

그때 비좁은 회의실에서 20여 명의 선진국 대표들을 상대로 한국과 브라질 대표 딱 2명이 앉아 있던 모습을 회상하면 웃음이 절로 난다. 환경 협상에서는 선진국과 개도국이 서로 마주보면서 대치하여 앉는 게 일종의 관행이다. 그런데 선진국들은 너무 많은 대표들이 운집하여 좁은 회의실 한쪽에 자리가 부족해 다닥다닥 붙어 앉느라 어수선했다. 그러나 반대편 개도국 쪽은 휑하니 넓은 자리에 딱 2명만 앉아 있었다. 아마 당시 선진국 대표들도 속으로는 이 상황이 어이가 없고 우스꽝스럽다고 생각했으리라.

결국 나는 브라질 대표와 단 둘이 20여 명의 선진국 대표와 변호사들에 둘러싸여 물경 8시간 가까이 힘든 줄다리기를 계속해야 했다. 나중에 알게 된 사실이었지만, 그날 초면이었던 브라질 대표는 브라질 외무성의 법률 전문가로 GATT[3]의 무역 관련 지적재산권에 관한 협정TRIPS [4] 협상에 오래 참여한 지적재산권 분야의 베테랑이었다. 자신의 전문분야고 개인적인 관심으로 회의장에는 앉아 있었지만, 협상논의 과정에서는 시종일관 단 한 번도 발언을 하지 않고 구경만 하였다. 그래도 내게 고립무원은 아니라는 안도감을 주었으니 고맙다고 해야 할지도 모르겠다. 나는 1대 20의 상황에서 저녁 늦게까지 단기필마로 혼자 싸울 수밖에 없었다.

본회의장에서 선진국들이 별다른 반론을 제기하지 못하였고, 이탈리아와 호주가 이미 나의 주장에 대해 조건부 수용 의사를 밝혔기 때문에 나는 비공식 협상 회의에서는 내 주장대로 용이하게 합의가 이루어질 것으로 생각하였다. 그러나 그것은 착각이었다. 막상 비공식 협상 테이블에 앉자 '특허의 강제실시'라는 용어를 삭제하려는 선진국들의 집념은 상상을 초월하였다. 본회의장에서는 특허권을 남용하는 선진국 기업의 구체적인 사례를 제시한 나의 강력한 반론에 이의를 제기하지 못하였지만, 비공식 문안 협상에서는 집요하게 강제실시의 부정적인 측면을 강조하면서 삭제할 것을 요구하였다. 선진국 대표들은 논리적으로는 나의 주장을 반박할 수 없으니 본회의장에서 일단 비공식 협상장으로 장소를 옮긴 다음, 수적인 우위를 활용하여 한국의 대표 한 명쯤은 인해전술로 용이하게 제압할 수 있겠다

---

3. General Agreement on Tarde and Tariff. 관세 및 무역에 관한 일반 협정. 1994년에 WTO 로 대체되었다.

4. The Agreement on Trade-Related Aspects of Intellectual Property Rights. 특허권, 디자인권, 상표권, 저작권 등 지적재산권에 대한 최초의 다자간 규범이다

고 계산했던 것 같다.

당시는 미국이 마음만 먹으면 자신들의 입장에 반대되는 주장을 하는 한국의 하위 관료 정도는 고위층에 압력을 가해 입장을 바꾸게 하거나 아예 관료를 교체하는 것이 얼마든지 가능하다고 여겨지는 시절이었다. 그러나 나는 그러한 분위기에 괘념치 않았다. 나중에 들은 이야기지만, 내가 기후변화대사로 활동할 당시 친하게 지내며 속 이야기까지 나누었던 영국의 기후변화대사는 미국이 한국 등 개도국에만 그러는 게 아니라고 했다. 자신이 미국의 기후변화 정책에 대해 비판하는 인터뷰를 하자, 미국 측이 영국 외교부 장관에게 전화를 걸어 자신에 대한 불만을 토로하면서 경질을 요구한 적이 있다는 것이다.

아무튼 그날 선진국들의 인해전술에도 나는 일말의 동요 없이 '특허의 강제실시' 주장을 굽히지 않았다. 사실 나는 이 발언을 3년 전인 1989년부터 절치부심 준비해 왔다. 선진국 기업들이 오존층과 같은 지구환경문제를 놓고 독점이윤을 극대화하려는 행태로 인해 우리 산업에 치명적인 타격을 받을 수밖에 없었던 상황에 비분강개하면서 바로 이와 같은 순간을 기다렸던 것이다. 나는 선진국 기업들의 특허 남용 사례를 보다 구체적으로 설명하면서 오히려 내 주장의 정당성을 재차 강조하였다. 내가 결코 포기하지 않을 것이 분명해 보이자 선진국들은 마침내 특허의 강제실시 자체를 삭제하려는 시도를 포기했다. 그 대신 특허의 강제실시가 허용되는 조건을 국제협약에 의해 인정된 경우로 제한하고, 신속하고 충분한 보상이 이루어져야 한다는 점을 강조하는 등 어떻게든 효력을 약화시키는 데에 초점을 맞추었다. 이렇게 고군분투 끝에 힘들게 합의한 문안이 바로 〈의제 21〉 34장 '환경적으로 건전한 기술의 이전, 협력과 능력배양' 중 '정책수단' 파트의 '(b) 기술에의 접근과 이전의 지원과 장려' 항목에 포함된 18항 e조 iv 조항이다.[5]

　　최종적으로 문안이 합의되자 끝까지 자리를 지켰던 브라질 대표는 미국이 지난 100년 이래 국제석으로 특허의 강제실시에 합의한 최초의 사례라면서 나보다도 더 크게 환호하였다. 브라질 대표는 이후 우연히 파리의 유네스코 본부에서 재회하였을 때도 마치 옛 전우를 만난 것처럼 얼싸안고 반갑게 맞아주었다.

한국 다자외교의 가능성

그 당시 지구환경 협상에서 개도국들은 오존층 파괴나 기후변화와 같은 지구환경 보호 노력에 동참하기 위해서는 지구환경 파괴의 역

---

5. Agenda 21, Chapter 34, Activities (b) 18, e. iv. In compliance with and under the specific circumstances recognized by the relevant international conventions adhered to by States, the undertaking of measures to prevent the abuse of intellectual property rights, including rules with respect to their acquisition through compulsory licensing, with the provision of equitable and adequate compensation.

사적 책임을 지고 있는 선진국들이 개도국들의 참여에 필요한 재원과 기술을 제공할 것을 강력히 주장하고 있었다. 그러나 선진국들은 기술은 민간 기업의 소유이기 때문에 정부가 마음대로 이전할 수 있는 것이 아니라고 반론을 하여 별 진전이 없었다. 게다가 당시 개도국들은 기술보다는 돈에 더 관심이 많았기 때문에 기술이전 협상에 대해서는 상대적으로 관심이 적었다. 이런 상황이었던 만큼, 갑자기 등장한 한국 대표가 기술이전 문제에 대해 구체적인 사례를 가지고 조목조목 반격을 가하리라고는 어느 선진국들도 예상하지 못했다.

회의를 마치고 서울에 돌아오니 당시 주한 미국 대사관의 과학환경 담당 참사관이 전화를 걸어왔다. 미국과 대립한 데 대해 불만을 토로하는 것인가 했는데 오히려 내 활약을 축하하면서 내가 CNN 보도에 나왔다고 전해주었다. 당시 미국 언론의 입장에서 지구환경 논의 내용 중 실질적으로 미국 기업에 영향을 줄 만한 사항은 '특허의 강제실시'라고 판단했던 것 같다. 지금도 마찬가지지만 기후변화와 같은 지구환경문제에 대해 미국의 일반인들은 고사하고 언론도 관심이 크지 않은 실정이다. 지구정상회의에서 논의되는 이슈 중에 미국의 이해관계에 직접적으로 영향을 줄 만한 사안이 별로 없기 때문일 것이다.

그런 가운데 '특허의 강제실시' 문제는 당장 미국 기업들의 이해관계에 직접적인 영향을 줄 만한 사안이라고 판단하고 이에 대해 보도를 하는 과정에서 카메라가 나를 비추었던 것 같다. 그 후 미국에서 연수중이던 후배도 전화를 걸어와서 "선배님, CNN에 나왔어요."
라고 말했지만 정작 나는 그 장면을 보지 못했다. 연일 협상장에서 밤
을 새고 있던 터라 TV를 볼 새가 없었기 때문이다.

국내 언론도 특허의 강제실시에 대해 관심을 갖고 보도하였
다. 《동아일보》, 《한국일보》 등이 사실 보도를 하였고, 《중앙일보》는
1992년 6월 10일 자 신문에 "한국은 리우 회의 해결사, 각국 유엔초
년병의 외교 능력에 찬사"라는 제목으로 전면 기사를 실어주었다.
《조선일보》는 리우 지구정상회의에 기사를 파견해 1992년 6월 12일
자 '기자수첩'에 김승영 기자의 이름을 달고 아래와 같이 보도하였다.

한국은 다자외교무대에서 항상 뒷전에 있어 왔다. 과거 냉전기
간 중에는 미국의 입장을 따르기 바빴고, 유엔 가입 이후에도 남북
한문제에 발목 잡혀 큰 역할을 발휘하지 못했다. 그나마 역할 행사가
있었다면 작년 서울 아태 경제협력 각료회의APEC 개최에 앞서 의장
국 자격으로 중국 대만 홍콩의 가입자격을 중재한 정도였다.

이런 가운데 브라질 리우 환경 회의장에서는 한국 다자외교에
새로운 가능성을 보여주는 장면이 확인됐다. 9일 〈어젠다 21〉 환경
보호 기술이전문제를 논의한 제4 실무그룹 회의장. "지적소유권의
남용방지를 위해 환경 관련 기술은 수요자가 강제로 사용한 후 보
상할 수 있다"는 문구가 최종 확정되었다. (중략) 물론 '강제이전' 문
구 자체가 당장 환경관련 기술이전을 보장해주는 것은 아니다. 그

러나 앞으로 협상과정에서 민간 기업의 기술이전을 요구할 수 있는 근거를 만들었다는 효과가 있는 것이다. 한국의 다자외교 가능성이 보이기 시작했다.

한국 다자외교의 가능성이 보이기 시작했다는 평가가 인상적이었다. 일찍이 가슴속에 품었던 꿈, 한국의 대표로 국제협상의 최전선에서 우리 주장을 당당히 펼쳐보고 싶다는 소망이 이렇게 불현듯 이루어졌다. 그것도 처음 출전한, 다자외교의 꽃이라고 할 수 있는 UN 지구환경 정상회의의 본회의 협상장에서 거둔 성과였다. 첫 타석에서 만루홈런을 친 기분이 이와 같을까.

어쨌든 '특허의 강제실시'는 우리가 '몬트리올 의정서'라는 값비싼 대가를 치루면서 더 나은 지구환경을 위한 실현 방법으로 〈의제 21〉에 포함시킨 제안인 만큼, 향후 지구 미래를 위해 적극 활용되기를 기대한다.

지구 미래를 위한 어젠다,
공공소유기술 이전:
IPCC의 노벨평화상 수상과
개인 사본 수령

유엔의 지구환경 논의에서 가장 큰 쟁점은 개도국에 대한 재정지원과 기술이전 문제다. 재정지원은 지원금액의 규모가 쟁점이라서 어느 나라든 특별한 준비 없이 적극적으로 협상에 참여할 수 있다. 기술이전은 개도국들이 기술을 활용할 산업기반과 기술 수용 능력 자체가 부족한 경우가 대부분이어서 관심이 높지 않고 협상 테이블에서도 공허한 언어들만 난무하기 쉽다. 선진국들이 기술 소유권이 민간에 있으므로 정부가 기술이전에 개입할 수 없다는 논리를 내세우며 책임을 회피하는 만큼 선진국 정부가 직접 조치를 취할 수 있는 방안의 강구가 필요했다.

'민간소유기술'과 '공공소유기술'의 구분

오존층 파괴와 관련해 프레온가스 사례를 겪었던 우리는 실질적인 환경기술의 이전 방안을 확보하는 것이 한국의 최우선 과제라고 판단하고 고민하던 중 '공공소유기술의 이전'이라는 아이디어에 착안하게 되었다.

공공소유기술publicly-owned technologies은 국가나 공공기관이 공적 예산을 투입하여 개발한 기술로 소유권이나 기술 실시권이 공공기관에 속한 기술을 말한다. 기술 중에는 민간 기업이 개발한 기술만 있는 것이 아니라 정부나 공공기관이 자금을 지원하여 개발한 기술들도 많다. 비슷하게 오해되는 말로 '공공기술'이 있지만, 이는 특허 기간이 경과되어 누구나 사용할 수 있는 기술을 의미하는 것으로, 공공기관이 보유한 특허에 의해 보호되는 '공공소유기술'과는 다르다.

대부분의 선진국 정부들은 상업성이 떨어지는 환경기술 등의 개발에 상당한 재정지원을 하고 있고, 이렇게 개발된 다양한 환경기술에 대해 정부가 소유권과 기술 사용권을 보유하고 있는 경우가 많이 있었다. 나는 이렇게 정부 지원으로 개발되고 정부가 소유권을 가진 환경기술이야말로 선진국 정부에게 이전을 요구할 수 있다고 판단해 이를 제안하여 〈의제 21〉 문안에 포함시켰고, 이러한 방안에 대해 기후변화 협상과 '기후변화에 관한 정부 간 패널Intergovernmental Panel on Climate Change, IPCC'의 보고서 등에 적극 포함시켰다. '공공소유기술의 이전'이란 제안 자체를 유엔 협상에 처음 등장시킨 것이다.

유엔은 1992년 6월 리우 지구정상회의를 개최하기로 하고 1990년 3월 최초의 조직회의를 개최했다. 그리고 1990년 8월 1차 준비회의를 케냐의 나이로비에서, 1991년 3월과 8월에는 각각 2차와 3차 준비회의를 스위스 제네바에서 개최하였으며, 1992년 3월에 마지막 준비회의를 미국 뉴욕의 유엔 본부에서 개최하였다. 마지막 준비회의에 당시 외교부에 신설된 과학환경과장으로 동 협상 회의에 참여한 나는 미국 협상 수석대표인 미 국무성 차관보에게 직접 면담을 요청해 이렇게 말했다.

"기술에는 민간소유기술과 공공소유기술의 2가지가 있는데 민간소유기술에 대해 정부가 개입하여 이전하는 것이 어렵다는 선진국 입장을 이해한다. 그러나 공공예산의 투입에 의해 개발되어 공공기관이 소유한 환경기술의 경우에는 정부가 직접 기술을 소유하는 만큼, 이렇게 개발된 공공소유기술들은 정부의 정책에 의해 개도국에 대한 이전이 가능할 수 있다고 믿는다. 미국 등 선진국들의 '공공소유기술'의 개도국 이전에 대한 이해와 동의를 기대한다."

내 요청에 대해 미 국무성 차관보는 아무런 이의를 제기하지 않고 내 논리에 공감을 표명하고 좋다고 합의해주었다. 앞장에서 설명한 바와 같이 민간 기업이 소유한 특허의 남용에 대응하기 위한 '특허의 강제실시'는 미국 등 선진국들의 강경한 반대에 직면했지만, 선진국 정부가 직접 이전할 수 있는 공공소유기술의 이전 문제는 의외로 너무나도 쉽게 합의가 되었다. 일전을 준비하고 찾아간 내가 허탈할 정도였다.

글로벌 파트너십을 위한 아이디어 '공공소유기술 이전'

'공공소유기술의 이전'이라는 아이디어는 어떻게 나오게 되었을까. 당시 나는 한국 입장에서 최우선 협상 과제는 프레온가스의 경우에서처럼 선진국들의 지구환경 규제에 부당한 대우를 당하지 않도록 환경기술에 대한 접근성을 최대한 확보하는 것이라고 판단했다. 그러나 민간 기업의 소유인 기술을 정부가 이전하도록 강요할 수 없다는 선진국의 논리에 막혀 별다른 돌파구를 찾지 못하고 있었다.

그런데 기술이전과 관련해 자료들을 조사하다 보니, 미국 등 선진국들의 기술개발에 있어 공공예산의 지원 비중이 상당하다는 점을 발견하였다. 미국은 거의 40%에 달했으며, EU 30%, 일본 20% 정도에 달했다. 그리고 이렇게 개발된 기술에 대해서는 공공기관들이 소유권 또는 기술 실시권한을 보유하고 있었다. 따라서 나는 기술을 '민간소유기술'과 '공공소유기술'로 구분하여, 민간소유기술에 대해서는 특허권의 남용을 막을 수 있는 '특허의 강제실시'를, 공공소유기술에 대해서는 '공공소유기술 이전'을 제안하기로 하였는데, 결과적으로 두 가지 제안이 모두 관철되어 〈의제 21〉에 포함된 것이다. 〈의제 21〉 34장 '환경적으로 건전한 기술의 이전, 협력과 능력배양' 중 '정책수단' 파트의 '(b) 기술에의 접근과 이전의 지원과 장려' 항목데 포함된 18항 a조의 내용이 바로 그것이다.[6]

그렇다면 '공공소유기술의 이전'은 어떤 의미가 있을까. 나는 공공소유기술의 이전이야말로 지구환경을 보전하기 위한 선진국-개도국 간의 진정한 글로벌 기술협력의 발판이 될 수 있다고 보았다. 대부분의 환경기술은 개발 초기에는 상업성이 부족하기 때문에 민간기업의 투자가 부진할 수밖에 없다. 이를 보완하기 위해 선진국 정부들이 공공연구소나 대학 등에 상당한 기술개발 지원을 하고 있는 만큼, 각국 정부가 마음만 먹으면 얼마든지 상호 협력하여 윈윈할 수 있으며, 이것이 궁극적으로는 지구환경 보전에도 기여할 수 있는 방안이라고 생각했다.

더구나 공공소유기술의 경우는 민간소유기술의 경우와 달리

---

6. 해당 원문은 다음과 같다. (b) Support of and promotion of access to transfer of technology; 18. Governments and international organizations should promote, and encourage the private sector to promote, effective modalities for the access and transfer, in particular to developing countries, of environmentally sound technologies by means of activities, including the following: a. Formulation of policies and programmes for the effective transfer of environmentally sound technologies that are publicly owned or in the public domain;

소유권이 정부에 있는 만큼, 정부 간의 합의에 의해 얼마든지 협력이 가능할 수 있다. 예를 들어 최근 차세대 에너지로 부각되고 있는 수소연료 개발 또는 탄소포집저장Carbon Capture & Storage, CCS기술 등의 경우 주요 선진국 정부들이 상당한 공적 자금을 지원하고 있는 만큼, 상호 경쟁만 하기보다는 공동연구개발 등을 통해 협력하게 되면 기술 연구 및 개발 기간 단축, 비용 절감 등 상호 윈윈이 가능할 것이다.

물론 날로 치열해지는 자국 이기주의와 산업기술 경쟁상황에서는 이러한 아이디어가 지나치게 이상주의적으로 들릴 수 있을 것이다. 하지만 최근 팬데믹 위기 상황에서 코로나 백신 개발을 둘러싸고 한편으로 각국이 개별적으로 치열하게 경쟁하면서, 다른 한편으로는 2020년 4월 결성된 COVAXCOVID-19 Vaccines Global Access처럼 세계보건기구WHO 등이 주도하여 코로나19 백신의 공평한 분배를 위해 상호 협력하려고 하는 것도 공공소유기술 협력의 예라고 볼 수 있다. 1990년대 초 지구환경질서의 태동기에 나는 인류가 새롭게 직면한 환경 위기 앞에서 오로지 각자도생으로 자국 이기주의에 매몰되어 경쟁만 하기보다는 최근 코로나 사태에서 나타나는 바와 같이 백신공동개발 컨소시움인 COVAX처럼 각국이 힘을 합쳐 공동 대응하는 것이 필요하다고 보았다.

이와 같은 과정을 거쳐 1992년 리우 지구정상회의에서 채택된 21세기의 새로운 지구환경질서 규범인 〈의제21〉에는 '공공소유기술의 이전'이 공식적으로 포함되었다. 1997년에는 리우 지구정상회담 5주년을 기념한 '리우+5 정상회의'가 유엔 본부에서 개최되어 당시 한국의 김영삼 대통령도 참석하였는데, 그 자리에서 공공소유기술 이전을 위한 연구 보고서의 작성과 전문가 회의의 개최를 제안하고 이후 공공소유기술 이전 전문가 회의를 1998년 2월 경주[7]에서 개최하였다. 그 후 기후변화협약 총회의 기술이전 부분 이행결의안에도 공공기술협력 방안을 포함시키는 등 공공소유기술 이전 아이디어의 확산을 위해 동분서주하였다. 한편 우리나라의 한국과학기술연구원Korea Institute of Science and Technology, KIST으로 하여금 주요 개도국 공공기술개발 연구소의 소장들을 초청하여 공공기술연구소 간의 기술협력 방안을 논의하는 회의를 주관하도록 주선하기도 하였다.

국제적인 관심과 노벨평화상 개인 사본

'공공소유기술 이전'은 지구환경에도 의미가 있는 제안이었지만 내 개인적으로도 영광스러운 일로 이어졌다. 2007년 앨 고어 전 미국 부통령과 IPCC는 기후변화에 대한 국제적 관심을 제고한 공로를 인정받아 공동으로 노벨평화상을 수상하였다. 당시 수상과 관련해 나는 2000년도에 발표된 IPCC의 기후변화 관련 기술이전 특별 보고서[8]의 주 저자lead author 자격으로 노벨평화상의 개인 사본을 전달받았다.

IPCC는 1988년 세계기상기구WMO와 유엔환경계획UNEP이 공동으로 설립한 기관으로 기후변화에 대한 과학적 평가와 위험을 분석하고 정책 보고서를 작성하는 국제적인 기후변화 전문협의체다. 1992년도 리우 회의 이후에 나는 다양한 유엔 회의에서 기술이전과 관련해 앞에서 언급한 새로운 아이디어들을 발표하고 있었는데 유엔 환경계획 소속의 한 전문가가 그런 나를 눈여겨보았던 모양이다. 그는 내가 주장하는 공공소유기술 이전이 매우 흥미로운 제안이라며, 자신이 속해 있는 IPCC 특별 보고서 작성 팀에 합류하여 보고서의 한 챕터를 맡아달라고 요청했다. 이 인연을 계기로 나는 IPCC의 동 보고서 작성회의에 초청받아 활동하였으며, IPCC가 노벨평화상을 받으면서 그동안 IPCC가 발간한 보고서들에 주 저자로 기여한 전문가들에게 노벨상의 개인 사본을 나누어주기로 한 방침에 따라 나 역시 개인 사본을 받게 된 것이다.

처음 공공소유기술 이전을 제안할 때만 해도 그것 덕분에 15년 후에 노벨평화상의 개인 사본을 수령하게 될 줄은 꿈에도 몰랐다. 물론 IPCC의 각종 보고서에 기여한 공로로 노벨평화상의 개인 사본을 받은 전문가들은 나 말고도 무척 많다. 그러나 나처럼 외교관이라

---

7. The International Expert Meeting of Commission on Sustainable Development on the role of publicly-funded research and publicly-owned technologies in the transfer and diffucion of environmentally sound technologies. 1998. 2. 4~6. Kyungju, Korea,
8. Methodological and Technological issues in Technology Transfer: A Special Report of the IPCC.

2007년 IPCC가 받은 노벨평화상의
개인 사본.

는 공무원 신분으로 있으면서 IPCC의 보고서 작성에 주 저자로 참
여하여 노벨평화상 개인 사본을 전달받은 경우는 별로 없는 것으로
알고 있다. IPCC 보고서에 참여한 대부분의 저자들은 각종 기후변
화 관련 연구소의 과학기술분야 전문가들과 교수들로 본업이 기후
변화 연구인 경우인 데 비해, 나는 기후변화 연구를 본업으로 하는
전문가가 아니었다. 당시 나는 유엔 대표부에 근무하는 한국 외교관
신분으로 IPCC 보고서 작성에 주 저자로 참여한 것이어서 내가 느
끼는 의미는 남달랐다.

　노벨평화상 개인 사본 외에도 공공소유기술 이전의 아이디어

덕분에 영광스러운 자리에 선 일이 또 있다. 역시 '공공소유기술 이전'을 주제로 1997년 9월 17일 영국 런던의 왕립국제문제연구소^{Royal} Institute of International Affairs, RIAA 일명 채텀 하우스^{Chatham House}에 초청되어 발표하였으며, 이 발표 내용은 RIIA의 책자로 발간되기도 했다.[9]

한편 노벨평화상 개인 사본의 위력은 상당해서 2016년에 유엔 업무에서 은퇴한 후에도 여러 나라와 기관에서 특별한 인정과 대우를 받을 수 있었다. 2017년에는 카자흐스탄 환경단체연합의 국제자문의장으로 위촉되었다. 2016년부터는 러시아가 에너지 부문의 노벨상처럼 키우고자 하는 국제에너지상^{Global Energy Prize}의 심사위원으로 초청되었으며, 2019년부터 심사위원장직을 맡고 있다. 2021년 11월에는 러시아 최고 명문인 모스크바 국립대학으로부터 명예박사 학위를 받기도 했다.

공공소유기술의 해외 이전을 금지한 미국

나는 공공소유기술 이전을 구체화하기 위해 '국가별 사례 조사'[10]를 시행하였다. 이 과정에서 미국이 국내법 베이-돌 법^{Bayh-Dole Act}으로 '공공예산의 지원에 의해 개발된 기술은 미국의 국내 기업들에만 이전되어야 한다'고 제한 규정을 두고 있다는 사실을 알게 되었다. 당시 우리나라를 포함하여 세계 어느 나라도 이러한 규정을 두고 있지 않왔다. 이러한 상황이니, 미국의 공공소유기술의 경우는 개도국에 대한 이전이 불가능한 것처럼 보였다.

이와 관련한 흥미 있는 에피소드가 있다. 도요타 자동차의 미국 현지법인이 미국 정부의 예산지원으로 개발된 공공소유기술의 사용을 요청한 사례가 있었는데, 미국 정부가 도요타 자동차는 미국 기업이 아닌 일본 기업이라는 이유로 이를 거부한 것이다. 이에 대해 도요타 미국 현지법인은 자신이 미국 국내법에 의해 설립된 미국 법인이라는 점을 주장해 소송을 제기하였으며, 결국 도요타 자동차가 승소하였다. 이렇게 되자, 미국 상원은 동 조항을 "미국 국내에서 대부분의 생산을 하는 기업(entities manufacturing substantially in the States)에게만 이전"할 수 있다고 법안 자체를 수정해버렸다. 바뀐 조항에 따르면 도요타는 대부분의 생산을 일본에서 하는 만큼 동 공공소유기술의 사용을 요청할 자격이 없게 되는 것이다. 미국이 자국의 특허와 기술 보호에 얼마나 철저한지를 극명하게 보여주는 사례다.

이 정도로 자국 기술보호에 철저한 미국이니, 공공소유기술의 개도국 이전이 간단할 리 없었다. 그러나 베이-돌 법도 국가 안보와

---

9. Positive Measures for Technology Transfer under the Climate Change Convention; Chapter 4: The role of Government in the transfer of environmentally sound technology. 1998. 2.

10. 공공기술이전 아이디어에 관심을 가진 유엔 본부 DESA, UNCTAD 기술국, UNEP의 기술산업국(DTI)이 서로 보고서 작성에 참여하겠다고 신청하여 결국 3개 유엔기관이 공동으로 보고서를 작성하였다.

건강에 위협이 되는 경우에는 예외를 인정한다고 규정하고 있다. 사실 미국 정부가 지구환경 위기가 국가 안보와 건강에 대한 위험이라고 판단한다면 정부 재량으로 공공소유기술을 이전할 수 있는 것이다. 물론 미국 정부는 이에 대해 여전히 비협조적이다.

나는 공공소유기술 이전이 기후변화협약의 이행을 위한 실질적인 방안이 되도록 내가 참석한 모든 기후변화 협상에서 주창하여 왔으나, 여타 개도국들의 이해 부족과 지지의 부재로 성과를 거두지는 못했다. 현재 기후변화 기술협력의 이행 메커니즘으로 '기후기술센터 및 네트워크Climate Technology Center and Network, CTCN'가 운영되고 있지만, 실질적인 공공소유기술의 이전을 논의하기보다는 정보 교환과 개도국의 능력 형성 지원 등 지엽적인 역할에 그치고 있다.

결국 '공공소유기술 이전'이라는 아이디어는 초기에 쏟아진 국제적 관심과 이후 나의 꾸준한 노력에도 불구하고 지지부진했다. 함께 지구환경의 미래를 만들어 나가기보다 자국우선주의와 각자도생의 관성이 더 크기 때문일 것이다. 팬데믹 당시 선진국이 보인 '백신 이기주의'처럼 기후와 생태위기 앞에서도 국제사회는 서로 협력하기보다 자국의 이해를 더 우선하고 있다. 더 큰 위기가 닥치기 전에 국제사회가 상호 협력하는 글로벌 파트너십의 기반으로 '공공소유기술의 이전' 아이디어가 활용되기를 기대한다.

한국의 선진국 의무 부담을 둘러싼 공방:
일본의 '진주만 공습'과 싱가포르의 분노

담판 3 　2008년 8월 26일, 가나 아크라
　기후변화 협상 회의장

기후변화대사로 임명되고 처음으로 참석한 유엔 공식 기후변화 협상장에서 일본 대표가 사전에 아무런 협의도 없이 공식 발언을 통해 한국, 멕시코, 싱가포르 등에 대해 선진국으로서의 온실가스 감축 의무를 부담하라고 공개 요구를 하였다. 이는 유엔 다자외교의 관례에서 벗어난 매우 도발적인 행위로 당시 다수 협상대표들 사이에서는 일본의 '진주만 공습'이라고 회자되었다. 나는 즉각 '다른 나라의 의무 부담을 요구하기 전에 먼저 일본이 자국의 감축 목표를 분명히 제시하는 것이 순서'라고 응수하였다. 내 발언이 끝나자 회의장 뒤편에서 회의를 관람하고 있던 환경단체 참가자들이 박수를 치면서 호응하였다.

본말이 전도된 일본의 기습 공격

한국은 기후변화협약상 지금도 개도국 그룹으로 분류되어 있다. 기후변화협약이 채택되던 1992년 6월 당시 한국이 개도국으로 분류되어 있었기 때문이다. 그 후 한국은 기후변화 협약 채택 4년 뒤인 1996년 12월 선진국 그룹인 경제개발협력기구^{OECD}에 가입하였으며, 1997년 4월 유엔의 개도국 협상 그룹인 '77그룹'으로부터 탈퇴하였다.

기후변화협약에서 개도국 그룹에 속하면서 다른 한편으로는 선진국 그룹인 OECD 회원국이 된 우리에게 선진국의 온실가스 감축의무를 부담하라는 미국, 유럽, 일본의 정치적인 압력은 다양한 기회마다 가해져 오고 있었다. 그러나 어느 나라도 공식 협상장에서 공개발언을 통해 이 문제를 명시적으로 요구하지는 않았다. 공개적으로 거론하기에는 이 사안이 미치는 충격이 너무나 크고 정치적으로도 예민한 문제였기 때문이다.

기후변화협약에서 선진국의 온실가스 감축 의무는 1990년 대비 절대량 감축방식이다. 우리나라의 2008년 이산화탄소 배출량은 5억3천4백만 톤으로 이미 1990년 배출량인 2억5천만 톤의 두 배가 넘었다. 기존 선진국들처럼 산업혁명 이래 200여 년에 걸친 온실가스 배출의 역사적 책임이 없는 우리가 단지 OECD에 가입하였다는 이유 하나만으로 자동적으로 부담할 수 있는 문제가 아니다. 그런데 2008년 8월 가나의 수도 아크라 유엔 기후변화 협상장에서 일본 대표가 사전에 일언반구도 없이 이 문제를 공개적으로 제기하였다. 유엔 다자 협상장에서 이러한 행동은 기습공격에 해당한다. 나는 이러한 일본 대표의 불의의 기습에 한 순간도 지체할 수 없었다.

온실가스 감축 의무를 부정하면 기후변화 비 협조국으로 낙인이 찍히겠지만 그렇다고 선진국으로서의 감축 의무를 수락한다고 할 수도 없었다. 더구나 아크라 기후협상회의는 미국의 교토 의정서 비준 거부로 꺼져가던 기후변화 대처에 대한 국제사회의 정치적 결의를 겨우 기사회생시킨 2007년 발리 기후변화총회를 잇는 자리였다. 이듬해인 2009년에 개최될 코펜하겐 기후총회에서 선진국과 개도국이 함께 참여하는 보편적 기후변화체제를 논의하는 첫 협상회의이기도 했다. 따라서 선진국과 개도국 중간에 위치한 한국 대표의 발언은 향후 전개될 선진국과 개도국이 함께 참여하는 보편적 기후변화체제 협상의 향배를 좌우할 가늠자로 간주되었다. 그런 만큼 한국 대표의 한 마디에 기후변화 협상 참여 대표단들의 이목이 집중된 긴장된 순간이었다.

"의장, 방금 한국의 국명을 직접 거명하면서 한국과 같이 국민소득이 높은 나라들은 선진국으로서의 온실가스 감축의 법적인 의무[11]를 수락하라는 일본 대표의 발언 잘 경청하였습니다. 옛 성현의 말씀에 자기가 하지 않는 일을 남에게 시키지 말라는 말씀이 있습니다. 기후협약에서 선진국 의무를 부담해야 하는 일본이 자신의 감축 목표는 밝히지 않으면서, 협약상 의무부담 국가도 아닌 나라들에게 의무를 부담하라고 요구하는 것은 본말이 전도된 것입니다.

　한국은 일본이 선진국으로서 발표할 온실가스 감축 목표치의 수준을 예의 주시하고 있습니다. 한국은 일본이 선택하는 감축 수준을 파악하고 난 뒤에 그에 상응하는 정도의 자발적인 감축 목표치를 한국의 경제적 능력에 상응한 방식으로 발표하려고 준비하고 있습니다. 따라서 일본 대표는 한국의 감축 목표를 요구하기 전에 선진국으로서의 역사적 책임에 걸맞은 법적 구속력이 있는 감축 목표치를 먼저 발표하여 줄 것을 요구합니다. 감사합니다."

　일본 대표가 한국, 멕시코, 싱가포르의 국명을 직접 거명하면서 선진국의 감축 의무를 수락하라고 발언한 직후, 나는 한 순간도 주저하지 않고 즉각 손을 들고 위와 같이 일갈하였다. 내 발언이 끝나자 회의장 뒤 방청석에서 회의 진행을 주시하고 있던 일부 환경단체 참가자들이 박수를 치면서 호응하였다. 2008년 5월에 기후변화

---

11. 1992년 6월 브라질 리우 지구정상회의에서 채택된 〈유엔기후변화협약〉은 선진국과 개도국이 '공동의 그러나 차별화된 책임'에 따라 각자의 능력에 맞게 온실가스를 감축할 것을 약속하였다. 기후변화협약은 '부속서 1(Annex1)'에 온실가스 감축의 법적인 의무를 지는 선진국 국가의 리스트를 명시하였으며, 당시 개도국 그룹에 속해 있던 한국은 '부속서 1'에 포함되어 있지 않았다. 기후협상에서는 선진국을 '부속서 1 국가'로, 개도국을 '비 부속서1(Non-Annex1) 국가'라 부른다. 기후변화협약은 차별화된 책임 원칙에 따라 부속서 1에 포함된 42개국(Annex1)에 대해 2000년까지 온실가스 배출 규모를 1990년 수준으로 안정화시킬 것을 권고하였다. 부속서 1에 포함되지 않은 개도국(Non-Annex1)에 대해서는 온실가스 감축과 기후변화 적응에 관한 보고, 계획 수립, 이행과 같은 일반적인 의무를 부여하였다.

대사로 부임하고 나서 처음으로 참석하는 기후변화 협상회의에서 한나의 첫 발언이었다.

선진국의 역사적 책임의 분담을 강요받다

기후협상 과정에서 선진국들은 OECD 회원국인 한국과 멕시코에 대해 선진국으로서 온실가스 감축 의무를 부담하라고 지속적으로 압력을 가했다. 싱가포르와 같은 고소득 국가들도 같은 압력을 받고 있었다. 이러한 압력은 특히 대표적 신흥 공업국으로서 국제적 위상이 올라가고 있는 한국에 더욱 집중되었다.

　기후변화협약상의 선진국이라는 말은 우리가 흔히 사용하는 선진국과는 약간 다른 뉘앙스를 갖는다. 이때의 선진국은 산업혁명 이래 석탄 등 값싼 화석연료를 기반으로 하는 산업화 과정에서 대량의 이산화탄소를 배출하여 오늘날의 기후변화를 촉발시킨 역사적인 책임을 부담하는 국가라는 의미이지, 현재의 경제력이 선진국 수준이라고 해서 기존의 선진국들이 촉발한 기후변화의 역사적 책임을 분담하여야 한다는 의미는 아니다.

　선진국들은 산업혁명 이래 지난 200년 이상 석탄, 석유와 같은 값싼 화석연료를 사용하여 산업화를 이루는 과정에서 기후변화를 촉발시켜 왔다. 선진국들 중에서도 EU 유럽 국가들은 기후변화를 촉발시킨 자신들의 역사적인 책임을 인정하고 선도적인 온실가스 감축과 개도국에 대한 재원과 기술 지원에 전향적인 입장을 견지하였다. 그러나 미국, 일본, 호주, 캐나다 등의 비유럽 선진국들은 기후변화에 대한 선진국들의 역사적인 책임을 명시적으로 인정하지 않으려 했다. 그러면서 개도국도 선진국과 대등하게 온실가스 감축 책임을 부담하여야 한다고 주장하였고, 개도국에 대한 재원과 기술 지원에 대해서도 소극적인 태도를 보였다.

기후변화 협상에서는 이러한 비유럽 선진국 그룹을 엄브렐라 umbrella 그룹이라고 부르는데, 이 그룹의 입장을 선도하는 나라는 단연 미국이며 일본은 이러한 미국의 입장을 적극 추종하고 있었다. 기후변화를 막기 위한 온실가스의 감축 의무를 둘러싸고 선진국과 개도국 간의 공방은 항상 있었던 일이다. 이미 미국, 유럽, 일본은 다양한 양자 채널을 통해 우리에게 선진국으로서의 온실가스 감축 의무를 부담하라고 문제를 제기하고 있었지만, 이번 일본 대표의 경우처럼 공식 협상의 전체회의에서 한국 국명을 직접 거론하면서 선진국의 감축 의무를 부담하라고 공개적으로 요구하는 사례는 위에서 언급한 상황이 발생하기 이전에도 없었고 이후에도 없었다.

각국의 이해관계가 예민하게 충돌하는 다자 협상에서 이 정도의 요구를 하려면 적어도 사전에 미리 설명하고 양해를 구하는 것이 주권국가를 대표하는 협상 대표들 간의 최소한의 관례이며 예의이다. 특정국의 국명을, 그것도 한 나라도 아니고 한국, 멕시코, 싱가포르 등 여러 나라의 국명을 동시에 직접 거론하면서 공식석상에서 공개적으로 발언한 것은 매우 이례적이었다. 당시 이 장면은 협상 대표들 사이에서 오랫동안 일본의 '진주만 공습'에 비유되기도 했다.

개도국 핑계를 대는 선진국들

이러한 일본 대표의 발언은 협상 대표 개인의 판단에 의한 우발적 발언이 절대 아니며 외무성의 공식 훈령에 의한 발언으로, 미국의 입장을 추종하고 대변하는 일본 외교의 행태를 보여주는 흥미 있는 사례 중 하나다. 나를 비롯한 싱가포르, 멕시코 대사 등의 강경한 반박에 대해 아무런 반론도 제기하지 못하고 곤혹스러워 한 일본 대표는 이후 나에게 난감한 표정을 지으며 외무성 훈령에 따라 어쩔 수 없이 발언한 것이라는 사실을 직접 확인해주었다. 평소 나와 개인적인 친분을 유지하고 있던 일본 대표는 자신의 판단으로는 그러한 발언이 적절치 않다는 것을 알지만, 본부 훈령이기 때문에 발언하지 않을 수 없었다는 사실을 어색한 몸짓으로 표현하였다.

아크라 기후협상회의는 2007년 인도네시아 발리 기후변화총회에서 선진국과 개도국이 모두 참여하는 보편적인 기후변화체제를 채택하기로 합의한 후 처음으로 열린 공식적인 기후변화 협상이었다. 이런 자리에서 한국 등 주요 개도국들에 분명한 신호를 보내기 위해 미국 등 선진국의 입장을 대변하여 일본이 선발 공격조로 나선 것이었다. 일본의 직설적이고 예상치 못한 불의의 공격에 나는 추호의 망설임도 없이 일본 대표의 발언이 끝나자마자 즉시 발언하였다. 거의 본능적인 조건 반사와 같았다.

당시 일본은 자국의 온실가스 감축 목표치를 발표하지 않은 채 감축 목표치 설정에 소극적인 미국과 공동보조를 취하고 있었다. 미국과 일본 등 비유럽 선진국들은 선진국으로서의 선도적 책임에 대해서는 소극적 태도를 유지하면서, 중국 등 주요 개도국들이 온실가스 감축 의무를 부담하지 않기 때문에 자신들도 감축 의무를 수락할 수 없다는, 공감하기 어렵고 보편성이 결여된 논리를 내세우고 있었다. 국제환경 단체들은 이러한 미국이나 일본 등의 태도에 매우 비판적이었다.

이런 상황에서 일본이 위와 같은 도발적 발언을 하고 나온 것이다. 이에 대해 내가 한국은 자신의 경제 능력에 맞는 방식으로 목표치를 발표할 용의가 있으니, 일본이 먼저 선진국의 역사적 책임에 걸맞은 목표치를 발표하라고 일본에 반격하자 환경단체들이 박수를 치며 공감했다. 온실가스 감축 목표치 설정에 소극적인 일본이 오히려 적반하장 식으로 공격하고 나온 것을 즉각 받아친 나의 발언이 국제환경단체들에게 마치 사이다처럼 들렸던 것 같다. 사실 팽팽한 긴장감이 흐르는 공식 협상장에서 특정 대표의 발언에 방청석에서 박수를 치는 경우는 그리 흔한 장면은 아니다.

이와 비슷한 일이 같은 해 12월 폴란드의 포즈난에서 열린 제 14차 기후변화총회에서 다시 일어났다. 당시 회의를 취재한 일본의 《마이니치신문》 기자는 〈기자의 눈: COP 14, 실감할 수 없는 일본의 지도력〉이라는 제목의 2008년 12월 16일 자 칼럼 기사에서 일본 대표의 발언보다 "한국 기후변화대사의 발언에 가장 큰 박수가 있어 충격이었다."고 보도하였다. 그는 회의 장면을 요약하며, 한국의 기후변화대사가 단상에서 '자신이 바라지 않는 것을 타인에게 부탁하지 말라'는 말이 있다며, 왜 선진국이 온실가스 배출 감축 목표를 정하기 전에 개발도상국의 목표 이야기를 하는지 지적했다고 썼다. 이어서 '먼저 선진국이 스스로 목표를 설정하고, 그러고 나서 개도국에 참가해달라고 요청하는 것이 규칙'이라는 한국 대사의 언급 이후 이벤트에서 가장 큰 박수가 있었다고 현장 상황을 전했다. 기자는 '2050년에 1990년 대비 온실가스 70% 삭감의 실현 가능성' 등을 제시한 일본의 발표보다 한국 대사의 발언이 더 큰 호응을 얻은 것이 충격이었다며, '지금 일본의 자세가 한국 대사의 발언보다 설득력이 있다고는 생각하지 않는다'라고 적었다.

다시 아크라 회의로 돌아가면, 나의 반론에 대한 회의장의 반응은 매우 긍정적이었다. 환경단체들뿐만 아니라 특히 유럽연합 등 기후변화에 선도적 입장을 취하고 있는 국가들 역시 일본이나 미국 등 선진국들부터 감축 목표치를 조속히 발표하라는 나의 반론에 동조하였다. 내가 "감축 목표를 설정할 수 없다."라고 하지 않고 "한국은 한국의 경제력에 상응한 방식으로 자발적인 목표치를 설정할 용의가 있으니, 다른 나라들에게 강요하기 전에 일본부터 먼저 발표하라."고 한 것이 공감대를 얻은 것이다.

1992년에 체결된 기후협약에서 우리나라는 개도국 그룹에 속해 있기 때문에, 단순 논리로만 보면 협약상 감축 의무가 없는 우리가 왜 선진국과 같은 의무를 부담하여야 하냐고 거부하는 것도 가능하다. 그러나 우리의 경제 능력에 비추어볼 때 그러한 주장이 호응을 얻기는 힘들다. 그래서 경제력에 상응한 방식으로 자발적인 감축 목표치를 설정하고 온실가스 감축에 동참하겠다고 한 것이다. 중요한 것은 한국은 우리 방식대로 목표치를 설정하겠다는 것이다. 즉 선진국의 방식이 아닌 우리나라의 경제력과 상황에 맞는 방식을 스스로 찾아가겠다는 의미였다.

싱가포르의 분노와 한국과의 연대

이때 일본 대표로부터 직격탄을 맞은 것은 한국만이 아니었다. 싱가포르도 갑작스런 일격을 당했는데, 일본 대표는 싱가포르의 1인당 국민소득이 일본보다 높은데 선진국의 의무를 지지 않는 것은 불합리하다고 직설적으로 공격하였다. 예상치 못한 공격을 받은 싱가포르 대사는 많이 당황한 것 같았다. 싱가포르 대사는 싱가포르는 도시국가이기 때문에 1인당 소득을 기준으로 삼을 경우 일본 전체의 평균 소득과 비교하는 것은 형평에 맞지 않으며, 도쿄의 소득 수준과 비교하여야 한다고 주장했다. 싱가포르의 1인당 소득이 도쿄보다는 낮기 때문에 선진국의 감축 의무를 수락할 수 없다는 논리로 응수한 것인데, 크게 설득력 있게 들리지는 않았다.

싱가포르는 이때까지만 해도 소규모 대표단으로 참가하면서 기후협상에 별 관심을 보이지 않았다. 싱가포르 역시 기후협약상 개도국 그룹에 속해 있기 때문에 그저 개도국들 뒤에서 관망만 해도 되는 입장이었다. 그런데 아크라에서의 사건 이후 싱가포르 대표단의 규모가 대폭 커졌다. 나에게도 양자 협의를 요청하여 일본 등 선진국의 압력에 공동보조를 취하자고 제안하기도 하였다. 싱가포르는 추후 내가 개도국의 온실가스 감축 방안으로 자발적인 온실가스 감축 '국제등록부NAMA Registry'[12]를 제안하였을 때 가장 먼저 지지한 국가이기도 하다.

1992년 리우 회의 당시 기후변화협약 문안 협상에서 나는 온실가스 감축 의무를 지는 선진국의 명단을 변경할 경우에는 반드시 해당 국가의 '승인approval'을 받아야 한다고 제안하였다. 이는 향후 우

---

12. NAMA Registry: Nationally Appropriate Mitigation Actions는 발리 기후총회에서 채택된 개념으로 각국이 자국의 상황에 상응하는 감축행동을 한다는 의미로 개도국의 감축행동을 가리키며, Registry는 등록부라는 의미로 선진국의 Annex 1에 대응하여 개도국의 명부로 제시한 것이었다.

리나라가 선진국 클럽인 OECD에 가입하더라도 우리나라의 의사에 반하여 기후변화협약상 자동적으로 법적 감축 의무를 부담하는 선진국의 명단에 포함되는 것을 방지하기 위한 제안이었다. 우리와 유사한 입장에 처해 있던 싱가포르 대표가 내 제안의 속뜻을 알아차리고 즉각 지지하는 발언을 하여 나의 제안이 기후협약 문안에 포함되었다. 그런데 16년 만에 다시 가나 아크라의 기후변화 협상장에서 공조를 하게 된 것이다.

열띤 공방이 끝난 후 싱가포르 대표는 나에게 찾아와서 일본의 기습 발언에 대해 분개하면서, 반드시 일본의 이러한 도발적인 공격에 대해 반격을 취할 것이라고 언급했다. 아울러 내가 주장한 경제적 능력에 상응한 자발적 목표치 설정이 어떤 의미인지 설명을 요청하고, 한국의 논리가 매우 설득력이 있다면서 앞으로 상호 협의를 통해 배우고 싶다고 솔직하게 이야기하였다.

되로 주고 말로 받은 일본의 공격

아크라 회의 직후 9월 싱가포르 외무차관이 도쿄를 방문하여 일본 외무성에 직접 항의하고 이에 대한 자신들의 향후 입장을 통보한 직후 바로 서울의 나를 찾아와서 일본과의 협의 내용을 설명해주었다. 싱가포르 외무차관은 일본 대표의 아크라 회의 시 발언에 심각한 유감을 표명하고, 싱가포르 정부는 향후 일본이 유엔 외교에 있어 가장 우선순위로 추진하는 일본의 유엔 안전보장이사회 상임이사국 진출을 총력을 다해 반대할 것이라 통보하였다고 했다.

당시 일본은 유엔의 안전보장이사회에 상임이사국으로 진출하기 위한 안보리 개편을 최우선 과제로 추진하고 있었다. 그런 와중에 싱가포르의 이러한 강력한 반발은 일본이 전혀 예상하지 못한 반응이었을 것이다. 일본 입장에서 보면 기후변화 협상에서 굳이 언급하지 않아도 될 싱가포르를 거명하는 바람에 사신들이 가상 최우선 과제로 추진하는 안보리 상임이사국 진출에 타격을 입는다면, 기후 협상에서의 '진주만 습격'은 별 소득 없이 "되로 주고 말로 받은 꼴"이 되는 것이었다.

싱가포르 외무차관은 일본이 "사실 자신들의 주요 타겟은 한국이었지 싱가포르가 아니었다."라고 양해를 구하였다고 나에게 귀띔하면서, 향후 기후변화 협상에서 비슷한 입장에 처한 양국이 상호 연대하자고 제의하였다. 일본의 기습공격 덕분에 이후 싱가포르와의 상호 연대가 돈독해졌다. 사실 기후변화 협상을 포함한 다양한 다자 협상에서 우리나라는 어느 협상 그룹에도 속하지 못하는 경우가 많아서 고립무원 속에서 고군분투 하는 사례가 많았다. 싱가포르가 기후변화 협상에서 우리와 동조하기로 하고 추후 협상에서 수시로 우리 입장을 지지한 것은 적지 않은 힘이 되었다. 일본의 무례한 공개 저격 행위는 아무런 실익도 얻지 못한 채 무위의 공격으로 그치고 말았으며, 우리에게 싱가포르와의 연대를 만들어주는 기회로 이어졌다.

나는 당시 일본의 기습공격에 대해 현장에서 충분히 반격을 가하였고 회의장에서도 유럽 등 다른 국가들이 나의 발언에 대해 호의적으로 반응했기 때문에 별도로 일본 정부에 대해 양자 차원에서 직접 항의를 하여야 할 필요를 느끼지 않았다. 그러나 싱가포르는 현장에서의 반론만으로는 충분히 반격하지 못하였다고 느꼈는지, 외무차관을 직접 도쿄로 파견하여 양자 차원에서 항의하기까지 했다. 결국 일본의 기습 공격에 당황하지 않고 오히려 일본의 약점을 찌르는 강력한 반격을 한 것이 싱가포르와의 연대라는 의외의 수확을 안겨주었다.

'명단'이냐 '행동'이냐?:
선진국 명단 '부속서 1' 가입 문제

앞에서 일본 대표가 공식 협상장에서 한국, 멕시코, 싱가포르 등의 국명을 거론하며 선진국 의무를 수락하라고 기습공격을 한 사례를 소개하였지만, 우리에게 선진국 의무 문제를 거론한 것은 일본뿐이 아니었다. 2008년 8월, 가나 아크라 기후협상회의에서 공식회의가 시작되기 직전, 덴마크 협상대표가 EU 대표 자격으로 나에게 비공식 양자협의를 요청하더니 단도직입적으로 우리를 압박했다.

"솔직히 나는 한국이 개도국이라고 생각하지 않습니다. 이미 OECD 회원국이고 경제수준이 선진국 수준인 한국이 어떻게 개도국에 남아있을 수가 있습니까? 당장 선진국 명단인 '부속서 1Annex1'에 가입해 주십시오."

당시 덴마크는 1년 후인 2009년 12월 코펜하겐 기후변화총회를 주최하기로 되어 있었기 때문에 어떻게든 코펜하겐 회의를 성공시켜야 한다는 정치적 부담을 안고 총력을 기울이고 있었다. 그러기 위해 오랫동안 진전이 없는 한국의 선진국 의무 수락 문제부터 먼저 손을 보겠다고 생각한 것 같다. 덴마크 협상대표는 양자협상이 시작되자마자 당장 선진국 명단인 '부속서 1'에 가입하라고 윽박질렀다.

대한민국이 피땀 흘려 이룩한 경제발전의 성과로 선진국 모임인 OECD에 가입한 것이 마치 무슨 커다란 잘못이라도 한 것처럼 이런 막무가내 태도로 나오다니 이해할 수 없었다. 그래도 일본처럼 공식 회의장에서 기습적으로 공격하지 않고 비공식 양자협의에서 문제를 제기하였으니, 최소한의 예의는 지켰다고 고마워해야 할까. 체격에서 이미 나를 압도하는 거구의 덴마크 대표의 위압적인 모습이 눈앞에 선하다. 넓은 회의장도 아니고 바로 눈앞에 마주 앉아 눈을 빤히 쳐다보면서 답변을 요구하는데 이 난감한 상황을 어떻게 넘길 것인가.

"한국의 경제수준이 선진국 수준이라고 높이 평가해줘서 감사합니다. 그러나 분명히 지적하고 싶은 점은 기후변화협약상의 선진국은 경제개발 수준만을 의미하는 것이 아니라, 값싼 화석연료를 기반으로 하는 산업혁명 과정에서 기후변화의 역사적 책임을 공유하는 국가라는 의미입니다. 따라서 산업혁명 과정에서 온실가스 배출의 역사적 책임이 없는 한국이 기후협약상의 '부속서 1' 명단에 가입하여 선진국의 과거 역사적 책임을 공동 분담할 수는 없습니다.

대표께서 '부속서 1'이라는 선진국 명단을 강조하셨는데, 선진국 국가 중에는 '부속서 1' 명단에 있으면서도 미국처럼 어떠한 구속력 있는 의무도 수락하지 않고 감축 '행동'도 취하지 않는 선진국도 있습니다. 따라서 제가 이야기하고 싶은 것은 '부속서 1'이라는 '명단' 자체가 중요한 것이 아니라, 목표치를 설정하고 실제로 감축 '행동'을 하느냐가 더욱 중요하다고 생각합니다. 한국이 설령 '부속서 1'이라는 '명단'에 들어간다 하더라도 미국처럼 아무런 구체적인 감축 목표를 설정하지 않고 '행동'을 하지 않는다면, 의미가 없다고 생각합니다. 따라서 '부속서 1'이라는 '명단'보다는 구체적인 감축 목표치의 설정과 '이행'이 더욱 중요하다고 생각합니다.

대표께서는 내년도에 개최되는 코펜하겐 기후변화총회의 성공을 원하고 저

또한 코펜하겐 회의가 반드시 성공하기를 기원합니다. 1991년부터 기후변화협상에 참여한 입장에서 한 가지 조언을 드리고 싶습니다. 현 단계에서 어느 나라가 '부속서 1'이라는 '명단'에 포함되어야 할 것인지를 논쟁하는 일은 판도라의 상자를 여는 것이며, 결코 끝날 수 없는 소모적인 시간 낭비가 될 것입니다. 만일 한국이 '부속서 1'에 가입한다면, 한국보다 국민소득이 더 높은 싱가포르 같은 도시국가나 사우디 등 산유국가도 포함되어야 하느냐는 논란을 촉발시키게 되고, 이러한 논란은 도저히 끝이 나지 않는 논쟁거리가 될 것입니다. '부속서 1'이라는 '명단'을 수정하는 작업은 마치 벌집을 건드리는 것과 같습니다. 따라서 명단을 건드리기보다는 주요 각국이 감축 목표치를 공약하고 실질적인 감축 '행동'을 이행하는 방안을 논의하는 것이 보다 현실적입니다.

한국은 어느 나라보다도 코펜하겐 기후변화총회의 성공을 바라고 있으며, 긍정적으로 기여하고자 하는 용의가 있습니다. 따라서 한국은 '부속서 1' '명단'에는 가입할 수 없지만, 경제개발 수준에 상응한 강력한 감축 목표치를 설정하여 자발적 감축 목표 국제 등록부^{NAMA Registry}에 등록하고 국내법적으로 구속력 있게 이행하여 나갈 것입니다."

나는 여러 협상 자리에서 상대에 따라 다양한 논리로 맞춤형 대응을 하였는데, 여기서는 한국이 '부속서 1'이라는 '명단'에만 가입하면 모든 문제가 해결된다고 믿는 덴마크 대표의 논리 허점을 지적한 것이다. 미국처럼 '부속서 1' 국가이면서도 교토 의정서를 비준하지 않았을 뿐만 아니라 구체적인 감축 목표치도 제시하지 않는 나라를 언급해, '부속서 1'이라는 '명단'에 가입한다는 것이 자동적으로 감축 목표치를 수락하는 것이 아니라는 점을 지적했다.

뿐만 아니라 '부속서 1'이라는 '명단'을 수정하기 시작하면, 한국뿐이 아니라 다른 고소득국가들 즉 싱가포르, 카타르, 사우디 등 다른 국가들의 처리 문제까지 다루어야 하는데, 이런 난제를 건드리는 것은 코펜하겐 기후변화총회 성공을 위해서는 매우 위험한 전략이라는 점을 지적하고, '부속서 1'이라는 '명단'보다 구체적인 감축 목표치와 실질 감축 행동 이행을 확보하는 데에 중점을 두는 것이 유리할 것이라고 점잖게 조언을 한 것이다.

덴마크 대표는 나의 발언을 듣고 수긍이 가는지 당초의 강경한 자세를 누그러뜨리면서, 한국이 능력에 상응한 감축 목표치를 설정하겠다는 점을 긍정적으로 평가하였다. 나와의 양자협의 이후 이어진 전체 회의에서 일본 대표가 한국, 싱가포르, 멕시코 등 주요 국가들을 호명하면서 선진국의 의무를 수락하라고 공세를 취하였음에도 불구하고, 덴마크 대표는 '부속서 1'이라는 '명단'보다는 구체적인 감축 목표치의 설정과 '행동'이 더 중요하다고 발언을 하였다. 공개적으로 일본과는 다른 입장을 표명한 것이다. 너무나도 빠른 태도 변화에 나의 귀를 의심할 정도였다. 나와의 양자협의 이후 덴마크는 '부속서 1'의 가입 문제나 선진국 의무 수락 문제에 대해 재론하지 않았다.

선진국 의무 수락 문제와
감축행동 국제등록부:
우리 방식의 온실가스 감축 제안

2009년 4월 27일, 미국 워싱턴 D.C. 국무성 대회의실
주요 경제국 기후변화포럼 개회식

1996년 선진국 클럽인 OECD에 가입한 이래 한국을 괴롭힌 문제 중 하나는 기후변화 협상에서 '선진국으로서의' 책임을 지라는 것이었다. 기후변화협약상의 선진국이란 경제수준을 의미하는 것이 아니라, 지난 200여 년간 산업화과정에서 온실가스 배출을 통해 기후변화를 촉발한 역사적 책임을 지는 국가들이라는 의미다. 선진국과 개도국의 양분법으로 정립된 기후변화체제에 신흥 공업국인 우리나라가 설 자리는 없었다. 감축행동 '국제등록부'는 선진국 대 개도국이라는 흑백 논리를 깨뜨리고 중간에 위치한 우리에게 맞는 틀을 제시한 구체적인 사례다.

한국의 거취에 대한 국제적인 관심

2009년 1월 취임한 미국 민주당의 오바마 대통령은 선거 공약에서 약속한 대로 기후변화 문제에 적극적인 입장을 강조하였다. 오바마는 2009년 12월로 예정된 코펜하겐 기후변화총회를 앞두고 선진국과 개도국을 포괄하는 새로운 보편적인 기후변화체제를 도출하겠다는 강력한 의지를 표명하였다. 오바마 행정부의 적극적인 기후변화 입장을 과시하기 위해 미국은 새 정부 출범 직후인 2009년 4월 세계 18개 주요 경제국 대표들과 유엔 사무총장, 기후변화협약 사무국장을 수도 워싱턴 D.C.로 초청하여 국무성 대회의실에서 '주요 경제국 포럼'을 개최하였다.

사실 주요 경제국들 간의 기후변화 회의는 2007년 9월 부시 행정부에서 '에너지 안보와 기후변화에 관한 주요 경제국 미팅Major Economies Meeting on Energy Security and Climate Change'이라는 이름으로 개최했던 것을, 새로 취임한 오바마 행정부에서 '에너지와 기후변화에 관한 주요 경제국 포럼Major Economies Forum on Energy and Climate Change'으로 살짝 이름만 바꿔 개최한 것이다. 미국이 국무성 대회실에서 기후변화 협상회의를 개최한 것은 2009년 12월에 개최될 코펜하겐 기후변화 협상을 반드시 성공적으로 타결하겠다는 미국의 강력한 의지를 강조하기 위한 제스처였다.

상황이 이러한 만큼 기후변화협약상 법률적으로는 개도국의 지위를 가지고 있으면서 국가 경제력은 선진국 반열에 진입하고 있는 한국이 어떠한 입장을 취할 것인지를 둘러싸고 주최국 미국을 비롯해 참가국들의 관심이 집중되고 있었다. 유엔 협상 회의장처럼 180여 개 국가 대표단의 하나가 아니라 주요 경제대국 18개국만 선별되어 참석한 회의장에 둘러앉은 각국 대표단은 서로의 눈을 빤히 마주보면서 표정 하나 말 한마디가 적나라하게 노출된 상태에서 협상을 진행하여야 했으며, 이러한 상황은 더욱 더 협상장의 긴장감을 극대화시켰다.

우리 여건에 맞는 새로운 틀을 제안하다

협상이 시작되고 주최국인 미국이 개회사를, 이어 개도국을 대표하여 중국과 인도의 순서로, 그리고 유럽을 대표하는 EU 대표 발언이 끝나자 나는 '매도 먼저 맞는 게 낫다'고 일찌감치 발언을 신청하였다. 그렇지 않아도 코펜하겐 기후협상에서 성과를 도출하려면 그전에 반드시 한국의 참여를 확보하는 것이 최우선 과제로 인식되고 있던 만큼, 한국이 어떠한 전략을 들고 나올지가 미국을 포함한 모든 대표들의 관심사였다. 내가 발언권을 신청하자 선진국들뿐 아니라 중국, 인도, 브라질 등 18개 주요 경제국에 포함된 개도국들도 숨을 죽이고 나의 발언에 귀를 기울일 수밖에 없었다.

"의장, UN 기후변화협약은 온실가스 감축 의무를 부담하는 기본 원칙으로 역사적 책임과 아울러 각국의 능력, 이렇게 두 가지를 규정하고 있습니다. 그런데 그간의 기후협상은 역사적 책임에 대해서만 초점을 맞추어 선진국과 개도국 간에 상대방에게 책임을 전가하는 책임 공방에만 매몰되어 있었습니다. 본 대표는 이제 더 이상 '과거'에만 매몰되어서는 협상의 진전을 기대하기 어렵다고 생각합니다. 이제는 과거에 대한 책임이 아니라 우리가 같이 살아나갈 '미래에 대한 책임'을 주제로 논의를 시작해야 한다고 생각합니다.

본 대표는 오늘 여기 모인 주요 경제국 대표들이 온실가스 감축 의무를 회피하기 위해 서로 다른 국가들을 향해 손가락질하기보다는 세계경제를 주도하는 주요 경제국 대표답게 각국이 스스로 자신의 능력에 상응한 감축 목표치를 설정하고, 그것을 위한 구체적인 방식과 절차에 대해 실질적인 논의를 하는 자리가 되기를 기대합니다.

한국은 기후협약에서 '비 부속서 1' 국가로서 산업혁명 이래 선진국들의 역사적 책임을 분담할 수 없기 때문에 역사적 책임이 있는 선진국 국가들의 명단인 기후변화 협약 '부속서 1'에 참여할 수는 없습니다. 그러나 한국은 신흥 공업국이며 OECD 회원국으로서 기후변화의 미래에 대한 책임을 공유하기 때문에 우리의 경제력에 상응하는 자발적인 감축 목표치를 설정할 것을 적극 검토하고 있습니다. 한국은 이러한 감축 목표치를 국제적으로 공신력 있게 서약하고 이행하기 위해 유엔 기후변화 사무국에 개도국의 자발적인 온실가스 감축 목표의 서약과 이행을 담보하고 관리할 '자발적 온실가스 감축 국제등록부NAMA Registry'를 설치할 것을 제안합니다. 본 대표는 이러한 국제등록부가 자발적으로 온실가스 감축 목표치를 설정하고자 하는 주요 개도국들이 스스로 감축 목표치를 서약하고 이행하는 메커니즘으로 유용하게 활용될 수 있기를 기대하며 이에 대한 이해와 지지를 기대합니다."

나의 발언에 대해서는 사실 미국, 유럽 등 선진국뿐만 아니라 중국, 인도, 브라질 등의 대표들이 더욱 집중하고 있었다. 한국이 2007년 발리 기후협상에서부터 이미 선진국의 의무를 수락하겠다는 뜻을 표명하였기 때문에 만약 이번에 한국이 선진국 의무를 수락하면 다음은 자신들의 차례가 될 것이라고 판단하였기 때문이다. 미국과 EU는 이번에는 반드시 중국, 인도, 브라질 등의 주요 개도국들에게 감축 의무를 수락하도록 하겠다는 의지가 충만했다. 반면 중국, 인도 등 주요 개도국들은 선진국들이 역사적인 책임이 있는 기후변화 문제에 대해 절대로 개도국들이 책임을 분담할 수 없다는 강경한 입장을 견지하고 있었다.

이러한 상황에서 내가 과거에 대한 책임뿐 아니라 미래에 대한 책임도 중요하다는 생전 처음 들어보는 주장과 아울러 '국제등록부'라는 새로운 아이디어를 제안했던 것이다. 나는 각국의 역사적 책임뿐 아니라 그동안 아무도 지적하지 않았던 각국의 능력 역시 유엔 기후변화협약에서 온실가스 감축의 기본 원칙이라는 점을 상기시켰다. 갑자기 등장한 개도국의 '자발적 온실가스 감축 국제등록부'라는 새로운 제안 앞에서 다들 어떻게 반응하여야 할지 고심하는 표정들이 역력하였다.

미국·중국·일본의 지지, 주요 경제국들의 긍정적 반응

여기서 'NAMA'에 대해 설명을 할 필요가 있다. NAMA는 'Nationally Appropriate Mitigation Action'의 약자로 2007년 12월 발리 기후변화총회에서 채택된 '발리행동계획Bali Action Plan에서 처음 도입되었으며, "개도국들의 경우 각국이 자신들의 여건에 적절한 방식으로 온실가스 감축 행동을 취하는 것"을 의미한다. 나는 발리행동계획에서 규정한 NAMA라는 개념을 인용하여, 개도국들이 자신들의 여건에 적합한 방식으로 감축 행동을 취하고 이를 국제적인 등록부에 서약하고 이행을 담보하고 모니터링 하자고 제안하였다.

　　지금도 친분을 유지하고 있는 당시 중국의 기후변화 협상 수석 대표인 시에젠후와解振华 장관은 나의 제안이 흥미 있는 제안으로서 세부 사항에 대해 검토하고 싶다고 공식적으로 발언하였으며, 회의 중간의 휴식시간에 나에게 직접 'NAMA 등록부'의 아이디어에 대한 설명을 요청하기도 하였다.

　일본 대표 역시 공식발언을 통해 나의 제안이 매우 흥미롭고 논리적이며, 개도국들에게 선진국 의무를 수락하라고 강요하기보다는 개도국들을 위한 별도의 국제적인 등록부에 감축 의무를 등록하고 이의 이행을 담보하고 관리하도록 하는 것이 유용한 대안이 될 수 있다고 평가하면서 나의 제안을 적극 지지하였다. 이러한 일본 대표의 지지는 코펜하겐 기후총회 때까지 일관되게 이어졌다. 나의 제안을 높이 평가한 일본 대표는 나를 여러 번 도쿄에 초청하였다. 한·일 양국이 힘을 합쳐 동북아의 저탄소 미래건설에 중국의 참여를 이끌어내면 좋겠다는 의견도 서로 나누곤 하였다.

　나의 제안에 대해 나름 신중하게 검토하던 미국 대표는 회의 중간의 휴식시간에 나에게 "각국이 각자의 '능력'에 상응한 기여를 통해 '미래'의 책임을 논의하자."라는 제안이 아주 좋았다고 긍정적으로 평가했다. 그러면서 국제등록부 아이디어는 아주 흥미로운 제안으로 보이는데 중국이 한국에 어떠한 반응을 보였는지 나에게 물어보았다.

　미국, 일본, 중국이 나의 제안에 대해 긍정적으로 평가를 하자, 논의의 핵심이 더 이상 한국이 선진국 의무를 수락할 것인지가 아니라 개도국의 온실가스 감축 국제등록부의 실질적인 운영 방안이 어떻게 되어야 할 것인지로 자연스럽게 바뀌었다. 회의 직전까지 한국의 선진국 의무 수락에 대해 엄청난 정치적 압력을 가하던 미국, EU

등도 더 이상 그 문제는 언급하지 않은 채 국제등록부의 기대효과, 운영방식 등에 대한 우리의 입장을 타진하는 등 오히려 나에게 보충설명을 요청하였다. 나중에 미국 대표는 나에게 솔직히 자신들도 법적 의무가 없는 자발적 감축 국제등록부에 들어가고 싶다고 속마음을 털어놓기도 하였다. 법적 의무를 지지 않으려는 미국의 속셈을 솔직하게 고백한 것이다. 결국 2015년도에 채택된 파리기후협정은 이러한 미국의 의도대로 법적인 의무를 배제한 채 자발적인 목표치를 기반으로 하는 방식으로 타결되었다.

눈 녹듯 사라져버린 선진국 의무 수락 문제

주요 경제국 기후변화포럼 회의 이후 더 이상 한국의 선진국 의무 수락 문제는 다시 논의되지 않았다. 기후변화 협상에서 우리를 짓누르던 선진국 의무 수락 문제 자체가 사라져버린 것이다. 내가 생각해도 신기할 정도였다. 1996년 OECD 가입 이래 우리 앞을 가로막고 있던 기후변화협약상의 선진국 의무 수락 문제가 이렇게 해결이 아니라 저절로 해소되었다. 햇볕에 눈이 녹듯이 자발적인 감축 목표치를 별도의 국제등록부에 서약하는 방식을 내놓자 법적 구속력이 있는 기후변화협약상의 선진국 의무 부담 방식은 논의에서 사라져버렸다. 나의 국제등록부 제안에 대해 AP 통신을 비롯해 《워싱턴포스트》,

《인민일보》까지 한국이 개도국과 선진국 사이의 중간지대를 신설하기 위해 흥미롭고 건설적인 제안을 하고 있다고 보도하는 등 긍정적인 반응이 많았다.

이후 같은 해 2009년 12월에 채택된 '코펜하겐 합의Copenhagen Accord'는 각국이 자발적으로 감축 목표치를 신고하고 유엔 기후변화 사무국이 이를 관리하는 방식을 따르고 있어, 비록 내가 제안한 국제 등록부라는 명칭을 그대로 쓰지 않았을 뿐, 결과적으로는 국제등록부 방식대로 합의되었다. 기후변화 사무국 초대 사무총장을 역임한 기후변화 협상의 거물 마이클 쿠타야Michael Zammit Cutayar가 코펜하겐 회의 중에 "코펜하겐에 커다란 흔적을 남길 것이다(There will be a big mark of Mr. Chung in Copenhagen)."라고 하면서 엄지를 들어올리던 표정이 아직도 기억에 남는다.

코펜하겐 회의만이 아니라 2015년에 채택된 파리기후협정도 사실은 내가 제안한 국제등록부의 아이디어를 기반으로 한다고 볼 수 있다. 각국이 자발적으로 감축 목표치를 정하여 해당 목표치를 사무국에 통보하고 이행을 점검하기로 한 방식은 내가 '국제등록부'를 제안하였을 때 주장하였던 바로 그 방식이다. 다만 나는 이 방식을 개도국용으로 제안한 것인데, 파리 협정에서는 미국을 포함한 모든 선진국들도 이러한 자발적이며 법적 구속력이 없는 방식으로 참여토록 합의가 된 것이 아쉬운 점이다. 이를 통해 미국이 수많은 협상과정에서 내내 협상의 원칙으로 내세웠던 개도국과의 법적 동등성

legal parity13)이 마침내 실현되었다. 선진국이든 개도국이든 동일하게 법적 의무가 없는 자발적 목표치를 서약하는 하향평준화를 통해 법적 동등성을 이루게 된 것이다.

내가 이렇게 소신껏 국제등록부 제안을 밀고 나갈 수 있었던 것은 당시 한승수 국무총리의 전적인 지원이 없었으면 불가능한 일이었다. 당시 우리 정부 내에서도 '국제등록부' 아이디어의 구체적인 내용과 그것이 미칠 영향에 대해 제대로 이해하는 사람이 없었다. 반기문 유엔 사무총장의 기후변화특사로 활약하면서 기후변화문제에 누구보다도 능통하였던 한승수 총리는 나의 국제등록부 아이디어를 듣자마자 좋은 생각이라며 바로 그 자리에서 밀고 나가라고 재가해 주었다. 가능성을 순간적으로 꿰뚫어 보고 전적으로 지원해준 한승수 총리의 혜안에 놀라며 감사할 따름이다.

---

13. Legal Parity: 미국 상원이 미국의 교토 의정서 협상 직전인 1997년 7월 25일 95-0의 만장일치로 통과시킨 버드-헤이글 결의안에 규정된 개념. 미국은 중국, 인도 등 주요 개도국과 동등한 법적 의무만을 수락하여야 하며, 미국이 개도국보다 강화된 법적 의무를 수락하여서는 안 된다는 의미이다. 이러한 미국의 입장은 2000년 헤이그, 2007년 발리, 2009년 코펜하겐, 2015년 파리 기후변화총회 등을 실패 직전까지 몰고 간 일관된 원칙으로 기후변화 협상의 진전을 가로막은 근본 원인이다.

호랑이 입 속에 들어갔다 나오기

지구환경외교에 종사한 수십 년의 협상 결과 중에 나의 노력으로 거둔 가장 중요한 성과 하나를 꼽으라면 나는 주저 없이 이 '국제등록부' 제안을 들 것이다. 이를 통해 하마터면 우리가 받아들일 뻔했던, 기후변화에 대한 기존 선진국들의 역사적 법적 책임을 공동으로 분담하는 상황을 막아냈기 때문이다. 사실 한국은 더 이상 선진국의 압력을 버틸 수 없다고 판단하고 이미 2007년의 발리 기후총회에서 "다음 2009년 코펜하겐 기후총회에서는 선진국의 의무를 수락하겠다."고 공언한 바 있었다. 그러다 2009년 코펜하겐 기후총회에서 '국제등록부'와 '우리 방식의 온실가스 감축' 제안을 통해 '선진국 의무 수락 선언'을 되돌린 것이다. 가히 호랑이 입 속까지 들어갔다가 나온 격이라고 할까.

내가 이렇게 얘기한다고 나를 온실가스 감축을 반대하는 반-환경론자라고 오해하지 마시라. 내가 막은 것은 우리에게 덧씌우려고 하는 근거 없는 기후변화 촉발의 역사적 책임이지 온실가스 감축 자체가 아니다. 우리는 당연히 우리의 능력과 상황에 맞게 온실가스 감축과 탈탄소 경제로의 전환을 위해 최선을 다해야 하며, 이러한 탈탄소 사회로의 전환을 새로운 경제성장과 고용 창출의 기회로 만들어야 한다고 생각한다.

우리가 기후변화 방지를 위해 국제적인 노력에 동참하는 차원에서 우리 스스로 자발적인 감축 노력을 하는 것과 기후협약상 선진국으로서의 법적인 감축 책임을 분담 '당하는' 것은 전연 다른 차원의 문제다. 기후협약상 선진국은 온실가스감축만이 아니라 개도국에 대한 재정과 기술 지원의 의무까지도 부담한다. 설사 우리가 개도국에 대해 재정 지원을 한다고 하더라도 우리가 스스로 자발적으로 지원하는 것과 법적인 책임 때문에 의무적으로 지원하는 것은 차원이 전연 다른 것이다.

어쨌든 2009년을 계기로 그동안 우리에게 제기되었던 기후변화협약상 선진국의 법적인 의무 수락 문제는 사라져버렸다. 우리나라는 아직도 UN 기후협약상 개도국 명단인 '비 부속서1' 국가로 남아있지만, 더 이상 어느 누구도 우리에게 선진국의 의무 수락 문제를 제기하지 않는다.

기후변화협약상의 선진국 의무 수락 여부는 엄밀히 말하면 본질에 있어서는 국제협약을 해석하고 분석하는 법률적인 문제였다. 우리나라의 많은 법률 전문가들도 이 문제에 대해 다양한 검토를 했었다. 그러나 국내뿐 아니라 국제적으로도 국제등록부와 같은 새로운 아이디어를 제시하는 법률 전문가는 없었다. 아마도 기후변화협약이라는 기존의 틀 속에서 해답을 찾다보니, 사고의 폭이 좁아졌기 때문일 것이다. 기후변화협약이 규정한 기존의 틀이 한국을 비롯해 개도국에서 선진국으로 진입하는 국가들의 입장을 담아내지 못한다면 그 틀 바깥에서 해답을 찾아야 할 것이다. 그런데 자꾸 기존 틀 속에서 답을 찾으려니 해법을 찾기가 어려웠던 것 같다.

우리는 앞으로도 여러 분야에서 18세기 이후 산업혁명과 식민 제국주의를 주도한 선진국들이 만들어놓은 다양한 국제사회의 틀과 규칙을 마주할 수밖에 없다. 그러나 우리에게 맞지 않는다고 외면할 수는 없다. 이러한 기존의 틀과 규칙을 어쩔 수 없는 숙명으로 받아들이지 않고 독창적인 아이디어와 담대한 용기로 우리에 맞는 새로운 내용을 제시하고 관철하고 바꾸어 나가야 한다. 그것을 시도하는 모든 후학들의 용기를 응원하며 미리 박수를 보낸다.

기후목장의 결투, 웅변보다 힘든 침묵:
한국의 감축 의무 수락을 요구한
미국의 압박을 버텨내다

담판 5
2008년 6월 21~22일, 서울 신라호텔 회의실
주요 경제국 회의

2001년 집권 직후 교토의정서 비준 거부를 시작으로 기후변화 문제에 냉담하던 부시 행정부는 2004년 러시아의 교토 의정서 비준, 2005년 교토 의정서 발효를 계기로 2007년부터 입장을 선회하여 주요 경제국 회의를 주도하면서 주요 개도국들의 온실가스 감축 의무 수락을 강력히 밀어붙이고 있었다. 2008년 7월 9일 일본 도야코에서 열리는 'G8 정상회담'을 앞두고 서울에서 열린 주요 경제국 회의는 부시 행정부가 개도국의 감축 의무 수락을 관철시키겠다는 의지가 노골적이었던 자리였다. 서울에 도착한 미국 대표단은 우리에게 선진국으로서의 의무 수락을 공식적으로 요청하였다. 도저히 수락할 수 없는 요구에 대한 나의 대응은 침묵이었다.

부시 정부의 압박전술

2001년 1월에 들어선 부시 행정부는 그해 3월 28일 교토 의정서 탈퇴와 비준 거부를 발표했다. 1997년도에 채택된 교토 의정서는 지구 환경위기를 타개할 중요한 가이드라인이었다. 2012년까지 선진국들의 탄소 배출 총량을 1990년도 배출량 대비 5.2.% 감축하도록 규정하고, 특히 미국은 1990년도 대비 7%를 감축하도록 규정했다. 그러나 2000년도 당시 이미 1990년도 내비 17%를 초과하고 있던 미국으로서는 목표 달성이 어려운 실정이었다.

2000년 12월에 열렸던 헤이그 기후변화총회에서 미국과 유럽 간의 합의 실패와 미국의 교토 의정서 비준 거부로 기후변화 논의는 한동안 소강상태에 빠져 들었다. 그러다 2004년 11월 러시아가 교토 의정서를 비준한 것을 계기로 기후변화에 대한 국제사회의 관심이 새롭게 재점화되었다. 2007년도 발리 기후변화총회에서는 선진국과 개도국을 포괄하는 새로운 보편적인 기후체제를 2009년도까지 채택하기로 합의하는 등 분위기가 바뀌었다. 그러자 당시 부시 행정부도 기후변화를 무시하던 기존의 입장에서 적극 개입하는 쪽으로 방향을 선회하였다.

부시 정부는 2007년 9월 제1차 주요 경제국 회의를 출범시키면서 기후변화 문제에 지도력을 발휘하려고 시도하였다. 2008년 1월 하와이 호놀룰루에서 2차 회의를, 2008년 4월 파리에서 3차 회의를 개최한 후 2008년 6월 21~22일, 서울 신라호텔에서 제4차 회의를 개최하였다.

당시 부시 행정부 협상팀은 미국도 기후변화에 대해 감축 목표치 설정을 수락하되, 한국, 중국, 인도 등 주요 개도국도 미국과 동등하게 법적 구속력 있는 목표치를 수락하도록 최대한의 압박을 가해 항복을 받아내겠다는 생각이었다. 바로 미국과 개도국 간에 '법적 동등성'을 적용하여야 한다는 원칙이었다. 이러한 미국 협상팀의 압박 전술은 제4차 서울 회의에서 절정에 달하였다.

이 책에서 소개하는 기후담판 내용들은 대부분 내가 발언을 통해 우리의 입장을 관철하거나 제안한 사례들이다. 그러나 이번 에피소드는 나의 발언을 소개하려는 게 아니다. 역설적으로 내가 아무 말도 하지 않고 말하기를 거부한 사례라고 할 수 있다. 침묵이 어떠한 웅변보다도 어려웠던 경우로 기후변화 협상과 관련해 빼놓을 수 없는 장면이다.

부시에게 가져가려던 선물, 개도국의 감축 의무 수락

미국 협상팀의 의지는 분명했다. 6월 21~22일 이틀 간 개최되는 주요 경제국 회의 직후 7월 9일 일본 도야코에서 열리는 G-8 정상회담에 참석하는 부시 대통령에게 '주요 개도국들의 감축 의무 수락'이라는 만족할 만한 합의문을 가져가겠다는 것이었다.

　개회 전날 늦은 저녁, 미국 대표단으로부터 한국 협상대표를 보자는 연락이 왔다. 나는 온실가스 감축 의무 문제에 일차 담당부서인 지식경제부의 사무관과 함께 미국 대표단 회의실로 갔다. 백악관과 국무성 고위 인사들이 긴 테이블에 일렬로 7~8명이 앉아 있었고, 들어가자마자 입구 쪽에 학교 교실에 놓일 법한 학생용 의자 두 개가 배치되어 있었다. 거기가 우리가 앉을 자리였다.

　내가 자리에 앉자 서로 통성명이나 악수는커녕 눈인사도 없이 빤히 얼굴을 쳐다보면서 면접시험 보러 온 학생 대하듯 실무 담당 직원이 무표정하게 자신들의 합의문 초안을 읽어보라고 주었다. 단도직입적으로 이번 합의문에 개도국의 '구속력 있는 의무binding commitment'와 '기후변화 관련 제품의 무관세 통관duty free access' 이렇게 두 가지를 반드시 포함시키려고 하니, 한국이 이 두 가지를 꼭 지지해줘야겠다면서 그럴 수 있느냐고 건조하게 물었다.

　그동안 법적 구속력 있는 의무 감축을 정면 반대해온 내 입장에서 도저히 받아들일 수 없는 내용도 내용이었지만, 주권국가 대표를 회의 전날 밤에 불러내 예스냐 노냐를 대답하라고 최후통첩을 하니 표정이 굳을 수밖에 없었다. 외교관 생활 수십 년에 이런 대접을 받기는 또 처음이었다.

　나는 도저히 논리적으로 상대할 상황이 아니라는 것을 직감하고, 아무 대답도 없이 한참 초안을 읽어보는 척하면서 시간을 끌었다. 한참 시간을 끈 후 "알았다(I understand)."라고 짧게 말했다. 그러자 미국 초안을 지지하는 거냐고 재차 물어왔다. 나는 마지못해 짤막하게 "그렇다(Yes)."라고 답하고 일어나서 회의실을 나왔다. 통성명도 하지 않은 사이에 길게 앉아 있을 이유가 없었다. 그러자 지식경제부 사무관은 구속적 의무를 수락하면 어떻게 하느냐면서 지식경제부로서는 절대로 구속적 의무를 수락할 수 없다고 발을 동동 굴렀다.

유엔 기후변화협약의 기본 틀을 깨려는 미국

다음 날 본회의가 시작되자 미국 대표는 자신들의 초안을 배포하고 "개도국의 구속력 있는 의무 수락"과 "기후변화 제품의 무관세 통관"을 강력 주장했다. 미국의 무관세 통관 요구는 선진국 기후변화 관련 제품의 개도국 수입 시 관세를 면제하라는 것으로, 명백히 개도국의 관세주권을 침해하고 선진국 기업 제품의 이익만을 생각한 미국 우선주의의 상징이었다. 미국의 주장에 대해 중국, 인도, 브라질 등 개도국 대표들은 당연히 극렬 반발하기 시작했다. 회의장은 곧 아수라장이 되었다. 미국 대표의 목소리가 커지자 인도 대표가 "나에게 소리지르지 말라."며 소리를 질렀고, 브라질 대표는 "나에게 손가락질 하지 말라."고 고함을 지르는, 그야말로 고성이 오가는 난장판이 다음 날 아침 7시까지 계속되었다.

더 이상 외교 협상이 아니었다. 글자 그대로 서로 상대방에게 고함을 지르는 시장바닥의 난투극이었다. 아침부터 시작한 협상이 저녁식사도 생략한 채 논스톱으로 다음 날 아침 7시까지, 고성과 삿대질이 오가는 최악의 기후협상, 아니 기후목장의 결투가 계속 되었다. 모든 대표들이 거의 제정신이 아닌 상태에서 눈이 충혈된 채로 고성과 함께 밤을 꼴딱 새웠다. 글자 그대로 총성 없는 전쟁터였다.

협상 와중에 열세에 몰린 미국 수석대표가 보낸 실무자가 나에게 다가오더니, 마치 부하 직원에게 밀하듯 미국 입장에 내해 "지지 발언 좀 하라."고 독촉을 하는 것이 아닌가. 나는 들은 척도 안 했다. 내가 그러고 버티고 있자, 이번에는 회의의 공동 의장을 맡고 있는 우리 대표가 나에게 담당 과장을 보내 미국 지지 발언을 좀 하라고 독촉하는 게 아닌가. 나는 내가 알아서 할 테니 가만히 있으라고 대꾸했다. 말 한마디 하지 않고 참고 있으려니, 속이 부글부글 말이 아니었다. 말 안 하기가 말하기보다도 몇 배나 힘들었다.

"개도국에게 구속력 있는 의무를 수락하라고 하는 것"은 기후변화 협상의 틀을 근본적으로 뒤엎는 일이며, 기후변화 논의의 틀을 깨는 일이다. 미국 대표가 협박을 한다고 통할 일이 아니다. 위압적으로 밀어붙이면 될 것이라고 생각하는 당시 부시 행정부의 고압적 외교 행태의 단면을 보여주는 극적인 장면이었다.

침묵으로 얻은 성과

결국 나는 끝까지 한 마디도 하지 않았다. 만일 내가 그 자리에서 미국 편을 들어 "구속력 있는 의무를 수락"한다고 하였다면, 한국은 그 순간 모든 개도국의 공공의 적이 되었을 것이다. 그렇게 되면 한국은 기후변화협약에서 선진국 편에 편입이 되고, 내가 만들려고 하는 신흥 공업국을 위한 중간지대의 새로운 틀의 꿈은 사라지게 된다. 개도국의 자발적 감축에 대한 '국제등록부'와 같은 중립적 제안을 해도 개도국의 지지를 받을 수 없는 것은 물론이다.

당시 나와 친분이 있는 중국, 인도 등 개도국 대표들은 내가 왜 아무 말도 하지 않는지, 이심전심으로 너무나도 잘 알고 있었기에 나에 대해서는 아무런 감정이 없었다. 오히려 내가 미국 편을 들지 않고 버티는 것을 보고 역시 판세를 정확히 읽고 있구나 하는 표정들이었다. 내가 미국 편을 들지 않았기 때문에 후일 내가 '국제등록부'를 제안하였을 때도 상당수 개도국들은 공감을 표하고 긍정적이었다.

결국 미국이 주장한 두 가지 주장은 모두 합의안에서 빠졌다. "구속력 있는 의무 수락"은 나에게도 당연히 절대로 받아들일 수 없는 요구 사항이었지만, 나는 미국 대표단이 나에게 지지하라고 최후통첩을 했을 때, 굳이 내가 앞장서서 미국과 싸울 필요가 없겠다고 판단했다. 논리적으로 협의를 하겠다고 하는 것이 아닌 만큼, 나 아니어도 싸워줄 나라가 얼마든지 있는데 내가 나설 이유가 없었다. 결국 나는 미국과는 아무런 직접적인 충돌 없이 미국의 어이없는 압력을 피할 수 있었다. 침묵이 이렇게 값질 수 있을 줄은 미처 몰랐다. 부시 행정부의 이러한 고압적 태도에도 불구하고 내가 "구속력 있는 선진국의 의무를 수락할 수 없다."라고 버티고 나갔으니, 당시 주변에서 다들 어이없어 하던 것도 이해된다.

그때 내가 미국의 압력을 침묵으로 버티지 못하고 위압에 눌려 미국의 요구를 지지한다고 나섰으면 어떻게 됐을까. 아마도 '국제등록부' 같은 제안은 내밀어보지도 못했을 것이고, 선진국 의무를 부담하는 기후변화협약의 '부속서 1'에 자동으로 포함되어 선진국으로서의 법적인 의무까지 지게 되었을 것을 생각하면 지금도 아찔할 뿐이다.

최빈국 소말리아에 패널티를?:
개도국 온실가스 감축 목표치의
법적 구속력과 회의장의 야유

 담판 6 **1999년 10월, 독일 본 제5차 기후변화총회**

기후변화 협상에서 온실가스 감축 의무의 구속력이라는 개념은 가장 기본적인
개념이다. 그럼에도 불구하고 감축 의무 구속력의 의미에 대해 명확히 논의되
거나 구체적으로 규명되지 않은 채 사용되고 있었다. 나는 선진국의 경우는 국
제적으로 구속력 있는 의무를, 개도국의 경우는 국내적으로 구속력 있는 의무
를 부담할 것을 제안했다. 선진국과 개도국의 대립을 타개하기 위한 중재안이었
다. 약간 복잡한 내용이지만 어떤 맥락에서 그런 구분이 가능한지 들여다보자.

처음으로 국내적 구속력과 국제적 구속력의 구분을 제안하다

온실가스 감축 공방에 있어 감축 목표치라는 감축 양의 문제와 함께 치열하게 공방이 이어졌던 문제는 감축 목표치에 법적 구속력^{legally} binding이 있는지의 문제였다. 유럽연합은 당연히 법적 구속력이 있는 목표치를 원하였다. 미국도 법적 구속력 있는 목표치를 강조하였다. 다만, 개도국도 선진국과 동일하게 법적 구속력을 가진 목표치를 수락하여야 한다는 점을 전제조건으로 내세우는 점이 달랐다. 반면 개도국들은 선진국들의 목표치는 법적 구속력이 있어야 하지만, 자신들의 목표치는 법적 구속력이 없는 자발적인 것이어야 한다고 주장했다. 선진국들은 개도국이 주장하는 자발적 목표치는 이행을 보증할 수 없는 것인 만큼, 신뢰할 수 없다고 반론을 제기하면서 양측 주장이 팽팽하게 정면 대립하였다.

1999년 10월 독일 본에서 열린 제5차 기후변화총회 회의장에서 열린 패널 토론[14]에 초청된 나는 새로운 방식을 제안했다. 구속력의 정의에 대해 '국내적 구속력'과 '국제적 구속력'이라는 두 가지 구분되는 개념을 제시하고 선진국은 '국제적으로 구속력 있는 의무'를, 개도국은 '국내적으로 구속력 있는 의무'를 부담하자는 내용이었다.

---

14. 열린 패널 토론은 공식 협상장이 아닌, 비공식 세미나와 같은 토론장을 가리킨다.

"의장, 감축 의무의 법적 구속력을 둘러싼 대립을 해소하기 위해서는 법적 구속력의 개념을 '국내적으로' 구속적인 경우와 '국제적으로' 구속적인 경우로 구분하여야 한다고 생각합니다. 여기서 '국제적으로' 구속력이 있다는 의미는 해당 '국가'가 감축 의무를 달성하지 못하였을 경우 배출권을 구매하여 충당하거나 범칙금penalty을 지불하여야 한다는 의미입니다. 또한 '국내적으로' 구속력이 있다는 의미는 온실가스 감축 의무를 이행하지 못한 개별 '기업'들에 대해서는 배출권을 구매하여 의무를 준수하도록 각국 정부가 강제하거나 범칙금을 부과해야 하지만, 해당 '국가 정부'가 국제 배출권 거래 시장에서 배출권을 구매하거나 범칙금을 유엔 기후협약 사무국에 지불할 의무는 없음을 뜻하는 것입니다.

선진국들의 경우는 '국내적으로' 뿐만 아니라 '국제적으로도' 국가 차원에서 구속력 있는 감축 의무를 수락하여, 의무 불이행 시 국가가 국제 배출권 거래 시장에서 배출권을 구매하거나 범칙금을 지불하여야 합니다. 이에 비해 개도국의 경우는 '국내적으로' 개별 기업에 대해서 목표치 준수를 강제하여야 하지만, '국제적으로'는 개도국 정부가 벌금을 내거나 탄소 배출권을 구매하는 의무를 지지 않는 방식으로 참여하도록 허용되어야 한다고 생각합니다.

예를 들어 한국이나 중국이 감축 목표치를 설정하는 경우, 자국 내에서 기업들에 목표치를 할당하고 이를 달성하도록 강제하여, 목표치를 달성하지 못한 기업에 대해서는 배출권을 구매토록 하거나 범칙금을 부과하지만, 정부 차원에서 국제적으로 배출권을 구매해야 되거나 범칙금을 부과받지는 않아야한다고 생각합니다.

이미 교토 의정서에서도 규정한 바와 같이 선진국들이라면 감축 목표를 달성하지 못하였을 경우, 다른 나라로부터 배출권을 구매하여야 하는 것은 당연합니다. 그러나 기후변화의 역사적 책임이 없는 개도국이 국제적으로 책임을 지고 배출권을 사야 한다는 것은 선진국의 역사적 책임을 명시한 기후협약의 기본 원칙에 부합하지 않습니다."

일본 대표의 발언과 회의장의 야유

국가에 대한 온실가스 감축 목표치는 각국 정부에 의해 각 기업체 또는 주요 온실가스 발생 주체들에게 할당되며, 따라서 각 기업이 감축 의무를 이행하지 못할 경우 결국은 해당 국가도 감축 의무를 준수하지 못하게 된다. 따라서 법적 의무를 지는 주체가 '기업'과 '국가'라는 두 가지 차원에서 발생하게 된다. 그래서 나는 법적 구속력을 둘러싼 선진-개도국 간의 교착 상태를 타개하기 위한 절충안으로 구속력의 의미를 '국제적인' 구속력과 '국내적인' 구속력으로 구분하는 아이디어를 제안한 것이다.

나의 이러한 제안은 유럽연합 등 대부분의 선진국들로부터 긍정적인 반응을 얻었다. 개도국들의 입장에서도 자신들의 목표치가 '국제적으로는' 자발적이지만, '국내적으로는' 법적 구속력이 있어야 한다는 점에 대해 굳이 반대할 명분이 없었다. 그러나 미국 대표는 앞에서 언급한 바와 같이 개도국들도 자신들과 동일한 법적 구속력을 수락하여야 한다는 버드-헤이글 결의안을 근거로 난색을 표명하였다. 미국 대표는 나의 제안에 대해 처음 듣는 제안이라 명확한 답변을 하기가 어렵다고 하면서, 그러나 개도국의 의무가 선진국과 차별화 된다는 데 대해 부정적으로 평가하였다.

그런 가운데 정작 회의장을 야유의 도가니 속으로 몰아넣은 것은 일본 대표였다. 이번에도 일본은 미국 대표 발언에 바로 이어, 미국 대표보다도 더 분명하게 반대 의사를 표명하면서 개도국도 국제적으로 구속력을 가진 감축 목표치를 수락하여야 한다고 직설적으로 주장하였다. 일본의 협상방식을 자주 목격해온 나는 미국 입장을 조건반사적으로 추종하는 자동 반응처럼 느껴졌다. 이러한 일본 대표의 부정적인 반응에 도전의식이 발동한 나는 이렇게 반문하였다.

"그렇다면 소말리아나 수단 같은 최빈 개도국들이 목표치를 달성하지 못하였을 경우, 이들 국가들이 다른 나라로부터 배출권을 구매하거나 범칙금을 지불하여야 한다는 뜻입니까?"

나의 질문에 당황한 일본 대표는 잠시 망설이더니, "그렇다."라고 짧게 답변을 하는 게 아닌가. 확신에 찬 답변이었다기보다는 당황한 가운데 답변이 궁하다보니 마지못해 내뱉은 듯 들릴락 말락 한

작은 목소리였다. 그러자 발 디딜 틈 없이 회의장을 가득 메우고 있던 약 300여 명의 각국 대표들과 환경단체 참가자들, 특히 개도국 대표들이 우~ 하는 야유를 퍼부으며, 회의장이 소란해졌다. 뜻밖의 상황에 일본 대표는 곤란해 하는 표정이 역력하였다. 빈곤문제 해결도 어려운 최빈 개도국들에게 범칙금을 부과하여야 한다는 일본 대표의 답변은 상식적으로 누가 들어도 납득이 가지 않는 주장이었다.

이런 해프닝이 있고 난 다음 휴식시간에 자신을 법률담당 전문가라고 소개한 한 일본 대표가 내게 이렇게 말했다.

"잠시 전 패널 토의 때 개도국들이 국제적으로 범칙금을 부담하는, 구속력 있는 의무를 부담하여야 한다고 한 일본 대표의 답변은 실수입니다. 미안합니다. 일본은 개도국의 목표치가 '국제적으로는' 자발적이지만, '국내적으로' 구속력을 가지는 방안을 수용할 용의가 있습니다."

이러한 에피소드는 감축 의무의 법적 구속력을 강조하였던 선진국들조차도 법적 구속력의 구체적인 의미와 그것이 실제 어떻게 작동할 것인지에 대해 제대로 준비하지 않고 있었다는 것을 보여준다. 감축 의무의 법적 구속력 문제는 20여 년 이상 지속된 기후변화 협상의 가장 기본적이고 본질적인 문제 중 하나였지만 아무도 그 실제 내용을 고민하지 않았다. 선진-개도국 진영은 각각 정치적으로 이념적인 대립에만 매몰되어 있고, 실질적인 해결책에 대해서는 고민이 부족하였다.

각국의 자발적 기여에 맡기기, 기후변화 대응의 후퇴

이러한 감축 목표치의 법적 구속력 문제에 대한 오랜 갑론을박과 치열한 공방에도 불구하고 2015년 채택된 파리기후협약은 법적 구속력에 대해 아예 구체적인 규정을 하지 않고, 선진국과 개도국 공히 모두 자발적으로 목표치를 서약하고 5년마다 검토하도록 하는 것으로 종결하고 말았다. 파리기후협약의 협약 준수 관련 규정은 15조 2항에 '목표치 이행이 용이하도록 지원하고 투명하며 비적대적이고 비처벌적으로 운영한다'고 규정하였을 뿐 어떠한 처벌이나 벌칙금 등의 언급도 없다.

요즘 일부 전문가나 미디어 등에서 파리기후협정이 법적 구속력이 있다고 언급하는 경우가 있는데, 정치적 구속력은 있을지 모르지만, 처벌을 받거나 탄소 배출권 구매 의무가 부과된다는 의미에서의 법적 구속력은 지니고 있지 않다. 1991년부터 시작된 기후변화 협상 역사에서 '구속력'이란 협약의 규정에 의하여 부과되는 '법적 구속력'을 의미하는 것이지, 막연한 '정치적 구속력'을 의미하지 않는다. 1991년부터 기후변화를 걱정하는 많은 환경협상 대표들이 수많은 회의를 하며 꿈꾸었던 기후변화체제는 파리기후협정이 규정한 것처럼 '자발적 서약과 검토$^{Pledge \& Review}$'에 기반한 강제력 없는 기후체제가 아니었다.

우리나라만 하더라도 2009년도 코펜하겐 기후변화총회에서 앞에서 설명한대로 2020년까지 예상 배출량 대비 30%를 감축하겠다는 목표치를 발표하였지만, 2017년도에 우리나라 배출량은 2007년도보다 오히려 24.6% 증가하였다. 반면 OECD 국가들의 총 배출량은 같은 기간 8.7% 줄어들었다. 석탄 사용량도 2007~2017 기간 OECD 국가 전체로는 24% 줄었으나, 우리나라는 45% 증가하였다.

우리나라는 30%를 감축하겠다는 발표를 하고도 이를 국내적으로 구속력 있게 이행하기 위해 별다른 조치를 취하지 않았다. 물론 당시 '녹색성장 기본법'과 시행령 등이 통과되었지만 실질적인 이행은 이루어지지 않았다. 2009년 당시 코펜하겐 합의의 기본 틀인 '자발적 서약과 검토' 방식이 실질적인 이행을 담보하지 못하는 구속력이 없는 합의라는 한계를 우리나라 사례가 극명하게 보여준다.

그런데 이후 진행된 2015년 파리기후협약은 심지어 코펜하겐합의와 같은 '서약'도 아니고, 각국이 스스로 결정한 기여Nationally Determined Contribution, NDC에 기초하고 있다. 이러한 체제가 과연 얼마나 성과를 거둘 수 있을지는 세계 각국의 정치적 의지에 기댈 수밖에 없다. 유엔환경계획은 매년 배출량 격차 보고서Emissions Gap Report를 발행하여, 각국의 자발적인 기여 수치, 이른바 NDC가 2030과 2050의 목표치에 얼마나 부족한지를 발표하면서 경종을 울리고 있다.

한국을 EU에 가입시켜주면 기꺼이 선진국 의무를 지겠다

한편 앞서 살핀 1999년 독일 본의 제5차 기후변화총회에서 유럽연합 측은 양자회담을 통해 우리에게 선진국 의무를 수락하라는 요구를 하였다. 나에게 양자회담을 요청한 EU 대표는 이렇게 말했다.

"유럽연합 회원국 중 폴란드, 체코, 헝가리 등 많은 국가들이 한국보다 국민소득이 낮음에도 불구하고 모두 선진국 명단인 '부속서 1'에 가입되어 있는데, 국민소득이 이들 유럽연합 국가들보다도 월등히 높은 한국이 가입하지 않고 있는 것은 이해할 수 없다."

선진국 의무를 수락하라는 요청이 처음은 아니었지만, 유럽연합이 공개적으로 양자회담 시 이러한 문제를 제기한 것에 대해 한국 대표로서 '해야 할 말'을 확실히 해두어야 할 필요를 느꼈다. 특히 구 동유럽 출신 국가들이 한국보다도 국민소득이 낮음에도 불구하고 선진국 의무를 부담하고 있지 않느냐는 지적에 대해 이러한 비유가 적절치 않음을 확실히 밝힐 필요가 있었다.

"대표께서 한국이 유럽연합의 구 동유럽 출신 회원국들보다도 경제발전 수준이 높다고 평가한 데 대해 감사드립니다. 그러나 단순히 국민소득을 근거로 한국이 기후협약상의 선진국 의무를 수락하여야 한다는 점에 대해서는 동의하기 어렵습니다. 왜냐하면 한국보다 국민소득이 월등히 높은 싱가포르 등의 도시국가나 사우디아

라비아, 카타르 등 석유 수출국가들도 현재 개도국 명단에 포함되어 있기 때문입니다. 그러나 만일 유럽연합 측에서 폴란드, 헝가리와 같은 동구권 국가들처럼 한국을 유럽연합의 회원국으로 받아들여주신다면, 한국도 선진국 의무 수락을 검토할 용의가 있습니다."

회담에 참석한 EU 대표들은 전혀 예상하지 못했던 내 발언에 매우 놀라는 표정이었다. 사실 폴란드, 헝가리 등의 구 동구권 국가들은 서유럽 국가들에게 자신들의 탄소 배출권을 판매할 수 있는 가능성 때문에 1992년도 기후협상 당시 정치적 타협을 통해 선진국 명단에 가입한 것이며, 동구권 해체와 유럽연합 가입 이후 이들 국가들은 매년 수억 달러에 달하는 기후변화 보조금을 유럽연합으로부터 지원받고 있었다.

여기서 구 동유럽 국가들의 탄소 배출권에 대해 한 가지 보충 설명이 필요하다. 러시아를 포함한 구 동구권 국가들은 공산체제의 몰락에 따른 산업기반의 붕괴로 온실가스 배출량이 자연발생적으로 급격히 줄었다. 이렇게 줄어든 배출량 덕분에 대량의 탄소 배출권이 자동적으로 발생하였는데, 이러한 탄소 배출권을 서유럽 국가들에 판매할 수 있다는 정치적 합의를 바탕으로 기후변화협약상 선진국 명단에 포함되는 것에 합의한 것이다. 2004년 러시아가 교토 의정서를 비준한 것도 바로 이러한 탄소 배출권의 판매에 따른 경제적 이익을 기대하였기 때문이었다.

이러한 배경이나 사실에 대해서는 일체 언급하지 않고 단순히 국민소득만을 비교하면서 한국에게 선진국 의무를 수락하라고 하니, 나 역시 직설적으로 한국을 유럽연합 회원국으로 받아들여준다면 선진국 의무 수락을 검토하겠다고 반론을 제기한 것이다. 하도 다양한 논리로 압력을 가하니 나의 답변도 그에 상응하여 진화를 할 수밖에⋯. 내 답변에 대답을 하지 못한 EU 대표단은 이후 다시는 같은 질문을 하지 않았다.

협상 그룹 결성의 정치학:
우리만의 기후변화 협상 그룹 'EIG'

누가 누구와 짝을 맺는가

기후변화 협상장의 협상 그룹 분포는 복잡하다. 먼저 선진국들의 경우는 크게 유럽과 비유럽 선진국 그룹으로 구분된다. 한국은 JUSCANZ(Japan, US, Canada, Australia, New Zealand의 국명을 딴 비유럽 선진국 그룹임. 최근에는 EU 회원국이 아닌 노르웨이도 참여하고 있고 한국도 초청되고 있으나, 동 그룹은 단순한 정보 교환 모임으로 운영되며, 협상을 위해 공동 입장을 마련하고 공동 대응하는 협상 그룹 성격은 갖지 않는다.)라는 미국 중심의 비유럽 그룹에 속하기는 하지만, JUSCANZ는 기후협상의 협상 그룹으로는 운영되지 않는다. 비유럽 선진국은 기후변화와 관련해서는 엄브렐러Umbrella 그룹이라는 별도의 협상 그룹을 운영하고 있는데, 여기에는 기후변화협약에서 선진국 명단에 포함된 국가들만을 회원국으로 하기 때문에 여기에도 한국은 포함되지 않는다.

개도국의 경우에는 좀 더 복잡하다. 먼저 개도국 전체를 대표하는 77그룹Group of 77이 있다. 이는 1964년도에 77개의 개도국으로 결성된 유엔의 개도국 협상그룹으로 현재는 회원국이 134개국에 달하지만 여전히 77그룹이라는 이름을 사용하고 있다. 이 77그룹에 중국을 추가하여 보통 'Group of 77 and China'라고 부른다. 여기에 각 지역별로 아프리카 그룹, 라틴아메리카 그룹, 아세안 그룹 등이 지역의 입장을 대표하는 협상 그룹으로 참여하기도 한다. 이 외에도 약 40여 개 작은 섬나라들의 입장을 대변하는 SIDSSmall Island Developing States 또는 AOSISAlliance of Small Island States라는 그룹이 1994년도부터 별도의 협상 그룹으로 참여하고 있다.

기후변화 협상이 심화되고 세부 분야에서 점차 다양한 입장 차이들이 나타나면서 개도국 그룹도 각국 입장의 특수한 공통점을 중심으로 다양한 협상 그룹들을 결성하기 시작했다. 대표적인 것이 2005년 결성된 LMDC^{Like-Minded Developing Countries} 그룹으로 개도국 중에서도 강경한 대 선진국 입장을 견지하는 인도, 중국, 알제리, 쿠바, 이란, 말레이시아 등 약 25개 개도국이 참여한다. 이외에도 볼리비아, 베네수엘라, 쿠바, 니카라구아, 에쿠아도르, 도미니카 등 남미의 사회주의 국가들을 중심으로 하는 ALBA^{Bolivian Alliance for the peoples of our America}그룹이 2010년도에 결성되어 대 선진국 강경 노선을 견지하고 있으며, 이에 대응해 칠레, 코스타리카, 콜롬비아, 페루 등 8개의 시장경제국가 협상 그룹인 AILAC^{Independent Association of Latin America and the Caribbean}이 2012년도에 결성되었다. 또한 48개국의 최빈 개도국 ^{Least Developed Developing countries} 그룹 등도 있다.

한국이 속해 있는 아시아 지역 그룹의 경우는 일본과 같은 선진국부터 네팔, 방글라데시 등의 가장 가난한 최빈 개도국들까지 개발 격차도 심하고, 또 사우디 등의 산유국과 한국 등 석유 수입국 등의 입장 차이도 워낙 크다. 그만큼 공동의 지역 그룹 입장을 정립하는 것이 어려워서 협상 그룹으로 운영되지 못하고 있으며, 기후변화와 관련해서는 다양한 위원회, 이사회 등 아시아 그룹 대표를 선정하는 역할만 수행하고 있다.

스위스 기후변화대사의 협상 그룹 결성 제안

1996년 선진국 그룹인 OECD에 가입하고 1997년 개도국 그룹을 탈퇴한 이후, 우리는 유엔이 지구환경 협상현장에서 어느 협상 그룹에도 속하지 못하면서 협상력 발휘에 있어 매우 불리한 입장에 서게 되었다. 기후변화 협상에서 주요 현안들은 협상 마지막 순간에 각 협상 그룹의 대표들이 모이는 최종 담판에서 결론이 나는데, 한국은 어느 협상 그룹에도 속하지 않기 때문에 이러한 최종 담판에 참여 자체가 불가능하였다.

우리는 1996년 12월 OECD에 가입하고 나서 OECD 측의 압력에 따라 1997년 4월 개도국 그룹인 77그룹으로부터 탈퇴하였다. 그런데 막상 개도국 그룹에서 탈퇴하고 보니, 선진국 그룹은 유럽연합EU과 비유럽 선진국 모임으로 나뉘어져 있었다. 우리는 앞서 설명한 JUSCANZ라는 비유럽 선진국 그룹에 참여는 가능하지만 이 그룹은 기후협상에 협상 그룹으로 참여하지 않았으며, 기후변화협약상의 선진국 명단에 포함된 비유럽 선진국들은 엄브렐러 그룹이라는 이름으로 따로 협상에 참여하고 있었다. 이러한 상황에서 우리의 입장을 최종 담판에 반영시키기 어려웠을 뿐 아니라 공식 협상장 밖에서 이루어지는 비공식 논의 동향과 정보에 대한 접근이 제한적일 수밖에 없었다.

이렇게 막막하던 상황에 평소 나와 친분이 있던 베앗 높스Beat Nobs 스위스 기후변화대사가 2000년 9월 6일 프랑스 리옹에서 열린 제13차 기후변화 부속기구 회의장에서 나에게 멕시코와 함께 협상 그룹을 결성하는 게 어떠냐고 먼저 제안을 해왔다. 스위스는 알프스라는 천혜의 자연환경을 가지고 있는 나라답게 기후변화를 포함한 지구환경문제에 대해 적극적인 행동을 지지하고 있었다.

놉스 대사는 여타 개도국과는 달리 각국의 능력에 상응하는 만큼 미래의 기후변화에 대한 책임을 강조하는 나의 주장을 긍정적으로 평가하고 공감하면서, 나를 제네바 소재 '세계지속가능기업협의회World Business Council on Sustainable Development, WBCSD'가 주최하는 글리온 대화Glion Dialogue라는 기후협상 전문가 회의에 수 차례 초청하는 등 각별한 친분을 유지하고 있었다.

우리는 공식 협상 회의뿐 아니라 비공식 전문가 회의 등에서 자주 만날 때마다 기후협상의 진전이 지지부진한 것을 걱정했다. 선진국 대 개도국이라는 진영논리로 정면충돌하고 있는 상황을 타개하기 위해 중간지대를 만들어내는 것에 대해 문제의식을 공유하고 있던 사이였다. 놉스 대사는 우리와 이러한 긍정적인 공감대가 형성되고 신뢰가 쌓이면서 한국과 같은 협상 그룹을 결성하여 선진국과 개도국 간의 중간 그룹을 결성하는 것이 기후협상의 교착 상태를 타개하는 데 도움이 될 수 있다고 본 것 같다.

유럽국가이면서도 EU의 회원국이 아닌 스위스는 그동안 어느 협상 그룹에도 속하지 않고 있었다. 영세중립국이라는 유구한 전통을 자랑하는 스위스지만 기후변화 문제만큼은 전통을 깨면서도 자신들의 입장에 공감하는 나라들과 협상 그룹을 맺어 협상에 직접 개입하고자 하였다.

나로서는 스위스의 제안을 마다할 이유가 없었다. 멕시코 역시 OECD 가입

후 77그룹을 탈퇴하여 우리와 같은 상황이었다. 어느 협상 그룹에도 속하지 못하는 비슷한 처지로 친하게 지내던 페르난도 투델라Fernando Tudela 멕시코 대표 역시 무척 반가워하였다. 나중에 스위스가 지신들과 특수한 관계를 가지고 있는 모나코와 리히텐슈타인을 회원국으로 초청하여 5개국이 협상 그룹을 결성하였다. 선진국은 과거에 대한 책임, 개도국은 미래에 대한 책임이라는 나의 새로운 주장에 대한 공감대와 신뢰가 한국이 참여할 수 있는 새로운 협상 그룹의 탄생까지 가능하게 한 것이다.

환경건전성그룹 'EIG'를 결성하다

일단 협상 그룹을 결성하기로 하고 그룹의 이름을 논의하였는데, 스위스 대사는 '생물안정성의정서Bio-safety protocol'에서의 예를 들면서 '컴프로마이스 그룹Compromise Group'으로 하자고 제안하였다. 그러나 나는 우리말로 '타협'에 해당하는 'Compromise'라는 단어가 탐탁하지 않았다. 'Compromise'에서는 적당한 절충 또는 중간 합의와 같은 부정적인 의미가 느껴졌다.

나는 선진국과 개도국 간의 대결 구도 속에 진행되고 있는 기후협상의 돌파구를 마련하기 위해서는 적당한 타협보다는 기후변화 행동에 진정성을 가지고 기여한다는 의미에서 '환경건전성'이라는 분명한 정체성을 내세워야 선진국과 개도국 양측에 리더십을 발휘할 수 있다고 보았다. 그런 의미에서 "우리 그룹의 명칭을 환경건전성그룹Environment Integrity Group이라고 명명하는 것이 좋겠다."라고 제안했는데, 다들 좋은 생각이라고 바로 합의가 되었다. 협상 그룹을 만들자는 제안은 스위스가 했지만 협상 그룹의 이름은 내가 작명한 셈이다.

우리는 즉각 유엔 기후변화 사무국에 협상 그룹 결성 사실을 통보하고 2000년 9월 8일 첫 그룹회의를 시작했다. 협상 그룹을 결성하니 당장 대우가 달라졌다. 우선 사무국으로부터 매일 회합을 할 수 있는 회의실을 배정받았으며, 주요 협상 그룹 대표들 간의 모임에 우리 그룹을 초청하게 되었다. 이제 우리도 당당히 우리의 입장을 반영할 발판을 마련하게 된 것이다.

무엇보다 스위스와 협상 그룹을 결성한 덕을 많이 보았다. 스위스가 가지고 있는 유럽국가들과의 긴밀한 정보망이 우리에게 엄청난 도움이 되었다. 스위스는 형식적으로만 EU의 회원국이 아닐 뿐 실제로는 EU와 긴밀히 상호 소통하는 사이여서 EU가 가지고 있는 엄청난 정보를 거의 실시간으로 파악할 수 있었다. EIG 덕분에 나는 수많은 기후변화 협상의 최종 담판에 그룹 대표로 참여할 수 있었으며, EIG는 현재까지도 기후변화 협상에서 우리의 가장 기본적인 협상 기반으로 든든하게 작동하고 있다.

2부

우리가 제안한 미래

선진국과 개도국이 격돌하는 지구환경외교의 일선에서
신흥 공업국의 입지를 확보하는 것만으로는 부족했다.
우리의 위상에 걸맞게 지구환경체제의 구축에 능동적으로
참여해야 했다. 그 과정에서 내가 제안했던 아이디어들 중
일부는 새로운 지구환경질서의 한 부분으로
오늘날까지 살아 숨쉬고 있다.

개도국도 온실가스 감축에
주도적으로 나서게 하자:
'개도국 주도 탄소 배출권 사업' 대격돌

 2000년 12월, 헤이그 제6차 기후변화총회 회의장

'개도국 주도 탄소 배출권 사업'은 지구 차원의 기후변화체제에 내가 남긴 가장 확실한 발자취 중 하나다. 우리에게 맞는 기후변화 국제 메커니즘을 제안하고 이것이 세계에 보편적인 방식으로 받아들여진, 나의 기후변화 담판 중 대표적인 성공 사례다. 다소 복잡하고 난해한 이 사례를 굳이 소개하는 이유는 우리도 얼마든지 선진국 주도의 국제제도를 우리 상황에 맞게 수정하고 새로운 대안을 제안하고 관철시킬 수 있다는 것을 보여주고 싶기 때문이다. 왜 이러한 제안을 하게 되었는지, 어떻게 EU와 중국, 인도 등 기후변화 협상 주도 국가들의 결사반대에도 불구하고 나의 제안이 수용되었는지, 기후변화 담판의 최대 하이라이트를 살펴보자.

선진국 기업에게만 허용된 탄소 배출권 사업

"의장, '청정개발체제Clean Development Mechanism, CDM'의 원활한 운용과 장기적인 발전을 위해서는 선진국 사업자뿐만 아니라 개도국 사업자가 시행하는 온실가스 감축 사업에도 탄소 배출권을 허용해야 합니다. 개도국들도 예상되는 탄소 배출권을 담보로 금융권에서 재원을 조달하여 얼마든지 자신들이 원하는 감축 사업을 발굴, 시행할 수 있습니다. 따라서 탄소 배출권이 개도국 스스로 온실가스 감축 사업을 시행할 인센티브가 될 수 있도록 개도국 사업자가 주도하는 탄소 배출권 사업(이하, 개도국 주도 배출권 사업Unilateral CDM)1) 방식을 허용할 것을 제안합니다."

2000년 12월, 나는 네덜란드의 헤이그에서 열린 제6차 기후변화총회에 참석하여 위와 같이 발언했었다. 흔히 CDM으로 불리는 '청정개발체제'는 1997년 채택된 교토 의정서의 중요한 내용 중 하나로 선진국, 특히 미국의 감축 의무 달성 편의를 높이기 위해 도입되었는데, 선진국이 개도국에 투자해 온실가스를 감축하는 경우 그 감축 실적을 국제탄소시장에서 판매할 수 있도록 허용하는 제도다.

---

1. 원래 CDM은 선진국이 개도국에 투자하여 온실가스를 감축하는 경우를 상정한 것이어서 선진국과 개도국이라는 양자(bilateral)의 참여가 필요하다. 이에 비해 선진국의 투자 없이 개도국이 스스로 감축 사업을 시행할 경우 사업 참여자가 개도국 일방(unilateral)이 된다.

기후변화협약상 선진국의 사업자가 개도국에 투자하여 시행한 사업을 통해 감축한 실적만큼 탄소 배출권을 허용하며, 사업자는 이를 판매하여 수익을 창출하거나 또는 그러한 감축 실적을 선진국 국내의 감축 실적으로 인정받을 수 있다.[2] 개도국에 투자하는 선진국 기업에게는 온실가스 감축량만큼의 탄소 배출권Carbon Credit이 발생하며, 이를 다른 기업에 판매할 수 있다는 것이 핵심이다. '탄소 배출권'은 "특정 사업에서 온실가스를 감축한 실적을 제3자에게 판매할 수 있도록 권리를 인정하는 제도"로 온실가스를 감축하는 투자에 인센티브를 제공하기 위해 도입된 시장 메커니즘이다.

　　미국은 선진국들의 온실가스 감축 목표치를 규정한 '교토 의정서'에 합의하는 조건으로 자신들의 감축 의무 이행을 용이하게 하는 방법인 CDM을 제안해 관철시켰다. 미국 국내에서 온실가스를 감축하기 위해 들어가는 비용이 비싼 만큼 감축 비용이 상대적으로 저렴한 개도국에서 미국 기업들이 온실가스 배출을 감축한 실적을 인정하고, 그만큼의 탄소 배출권을 허용하도록 한 것이다. 온실가스 감축으로 발생하는 비용 부담을 우려한 미국이 자국 기업들의 편의를 도모하기 위해 고안해낸 참으로 기발하고 참신한 제도로, 기후변화 문제까지 철저하게 상업주의 관점에서 바라보는 미국 기업들과 그를 옹

---

2. 뒤에 살펴보겠지만 교토 의정서의 문구는 이렇게 명확하지 않지만 이해하기 쉽도록 문구를 정리한 것이다.

호하는 미국 정부의 시각을 잘 보여준다.

교토 의정서 협상에서 미국은 CDM 제도의 도입을 교토 의정서 문안 합의의 전제조건으로 내세웠고, 미국의 참여가 필요했던 유럽연합이 양보하면서 CDM이 합의될 수 있었다. 당초 온실가스 감축은 각국이 자국 내에서 감축하는 것을 기본 원칙으로 상정하고 협상이 진행되었는데, 미국의 편의를 위해 유럽연합이 이 기본 원칙을 포기하고 해외에서의 감축도 인정한다는 정치적 타협을 한 것이다. 정작 미국은 이렇게 자신이 우겨서 CDM이라는 제도를 포함시키고 교토 의정서에 서명까지 하고도 2001년 들어선 부시 행정부는 교토 의정서 비준을 거부해버렸다.

바로 이 CDM 제도의 구체적인 운용 방안을 논의하는 것이 2000년 12월 네덜란드 헤이그에서 열린 제6차 기후변화총회의 주요 핵심 의제 중 하나였다.

개도국 기업에 대한 차별 대우

나는 헤이그 기후변화총회 참석을 준비하면서 관계 부처와 연구소 전문가들에게 CDM과 관련해 한국이 어떤 입장을 취해야 할지 검토 의견을 제시해달라고 요청하였다. 그런데 어느 누구 하나 우리가 CDM에 대해 취할 입장을 제시하는 전문가가 없었다. CDM 제도가 선진국 기업이 개도국에 투자하여 감축한 실적을 다루는 제도인 만큼, 기후변화 협약상 개도국으로 분류되어 있는 우리와는 관계없는 남의 일처럼 여기는 분위기였다.

내 생각으로는 CDM 제도가 시행될 경우 우리 기업의 해외 투자와 국내 투자 양쪽 모두 불공정한 차별이 발생할 것 같았다. 이는 경제나 투자 전문가가 아니라도 충분히 할 수 있는 생각이다. 먼저 우리 기업의 해외 투자를 생각해보자. 선진국 기업 A와 한국 기업 B가 동일한 첨단기술의 발전소를 개도국 C에 투자하여 건설하는 경우가 있을 수 있다. 첨단기술의 발전소이기 때문에 당연히 해당 개도국의 낙후된 발전소보다 온실가스 배출이 적을 것이다. 그러면 선진국 기업 A는 그 감축량만큼의 탄소 배출권을 획득하여 추가 수입이 발생할 수 있다. 그에 비해 한국 기업 B는 동일한 기술 수준의 발전소를 건설해 온실가스 감축을 하더라도 한국이 기후변화협약상 선진국이 아니기 때문에 탄소 배출권을 획득하지 못하고, 따라서 추가 수입도 발생하지 않는다. 즉, 똑같은 기술 수준의 첨단 발전소를 건설하더라도 우리 기업과 선진국 기업의 투자수익 간에 차이가 생기고, 이는 당연히 우리 기업의 플랜트 수출 경쟁력에 부정적인 영향을 미칠 수밖에 없다.

그럼 우리 기업이 국내에 투자하는 경우는 어떨까? 우리나라 국내에 첨단 발전소를 건설하는 경우에도 선진국 기업이 우리나라에 투자하여 건설하면 탄소 배출권이 발생하지만, 우리 기업이 동일한 첨단 발전소를 국내에 건설하는 경우에는 탄소 배출권이 발생하지 않는다. 만일 동일한 첨단 발전소 건설에 우리 기업과 선진국 기업이 경쟁 입찰을 한다면 그 장소가 다른 개도국이든 아니면 국내이든, 선진국 기업은 탄소 배출권을 획득할 수 있지만 우리 기업은 그렇지 못하기 때문에 우리 기업이 입찰에서 그만큼 불리할 수밖에 없다.

한국 기업이 겪는 이러한 부조리함을 기후변화협약상의 개도국에 속하기 때문에 어쩔 수 없는 거라고 넘어갈 수만은 없었다. 곰곰이 생각해보면 이 문제는 첨단 발전소를 건설할 능력이 있는 우리와 같은 신흥 공업국에만 발생하는 것이 아니다. 가령 개도국을 대표하는 나라인 중국의 입장에서 살펴보자. 선진국 기업 A가 중국에 첨단 발전소를 건설하면 탄소 배출권이 발생하는 데 비해 중국 기업 B가 동일한 첨단 발전소를 건설하는 경우에는 탄소 배출권이 발생하지 않는다. 이렇게 되면 개도국 기업은 굳이 값비싼 첨단 발전소를 건설할 인센티브가 없으며, 과거처럼 낙후된 발전소를 그대로 건설하는 것이 더 유리한 상황이 되고 만다. 첨단 발전소를 건설하고 싶다면, 선진국 기업 A가 투자하여 건설하기만을 기다리는 수동적인 입장이 되어야 하는 것이다.

나는 이렇게 선진국 기업이 투자하는 사업에만 독점적으로 탄소 배출권을 부여하는 CDM 제도는 장기적으로 미래가 없다고 보았다. 그런데 교토 의정서를 자세히 들여다보니 CDM을 꼭 선진국 기업이 개도국에 투자한 경우라고 명시적으로 규정하고 있지 않았다.

교토 의정서 12조 2항과 3항에서 CDM은 "선진국 기업이 투자한 사업"이라고 명확하게 표현하지 않고, "개도국의 지속가능한 발전을 지원assist"하면서 "온실가스를 감축하는 사업"이라고만 표현되어 있다. 이 정도의 표현만으로도 당연히 선진국 기업의 투자에 의한 감축 사업을 의미하는 데에 충분하다고 판단하였기 때문일 것이다. 이는 온실가스 감축사업에 개도국이 자발적으로 자신들의 재원을 투자할 일은 없을 거라는 차별적인 생각이 은근히 전제되어 있음을 보여준다.

어쨌든 교토 의정서 CDM 조항 자체에는 "선진국 기업의 개도국 내 투자"와 같은 명시적 표현이 없다. 즉 개도국에서 시행된 사업으로 온실가스 감축이 발생하는 사업이면 선진국, 개도국 기업의 구분 없이 얼마든지 CDM 사업이 될 수 있고 탄소 배출권을 획득할 수 있다고 해석할 수도 있는 것이다.

나는 선진국 기업에만 탄소 배출권을 부여하는 CDM 제도에 이와 같은 문제점이 있는 만큼, 투자 기업의 국적이 어떠한지와 관계없이 개도국에 투자해 온실가스를 감축하는 모든 사업에 대해 탄소 배출권을 부여하자고 제안하였다. 그리고 개도국 정부나 기업이 자국 내에 또는 다른 개도국에 투자해 온실가스를 감축하는 사업에 대해서도 배출권을 부여하는 CDM의 방식을 '개도국 주도 배출권 사업' 영어로 'Unilateral CDM'이라고 명명하였다.

중국, 인도, 유럽연합의 격렬한 반대

개도국 사업자에게도 탄소 배출권 사업을 허락하자는 제안은 처음부터 격렬한 반대에 부딪혔다. 2000년 12월, 헤이그 제6차 기후변화 총회에서 이를 제안하자 마치 벌집을 쑤신 듯 선진국과 개도국 모두 말도 안 되는 주장이라며 일제히 반대 목소리를 냈다.

선진국들, 특히 EU가 나의 주장에 매우 불쾌하다는 반응을 보이며 극력 반대했는데 이유는 간단했다. CDM이란 당초 감축 의무를 부담하는 기후협약상의 선진국, 즉 '부속서 1' 국가들에 대한 배려 차원에서 도입된 특혜인데, 감축 의무를 부담하지 않는 개도국의 사업자에게 왜 그런 특혜를 부여한단 말인가.

당시 EU 대표는 다른 나라도 아니고 한국 대표인 내가 그러한 주장을 하는 것에 대해 기후변화협약상 선진국의 감축 의무는 부담하지 않으면서, 탄소 배출권이라는 과실만 따먹으려는 양심 없는 제안이라고 노골적으로 격앙된 감정을 드러냈다. 한국이 탄소 배출권을 확보하고 싶으면 선진국 명단 즉 '부속서 1'에 가입하라고 반격을 가하기까지 했다. 나름 이해가 되는 주장이었고 충분히 내가 예상한 반응이었다.

그럼 개도국들의 반응은 어땠을까? 개도국 협상 그룹을 이끌고 있는 중국과 인도 대표들은 CDM이라는 제도 자체가 선진국이 자신들의 감축 목표 달성을 위해 시행하는 것이기 때문에 개도국과는 아무런 관계가 없다고 보았다. 그들은 온실가스 감축 의무가 없는 개도국이 자신들의 재원과 기술을 투입하여 온실가스 감축사업을 할 이유가 없는 만큼, 개도국 기업이 감축 사업에 투자를 하고 이에 따른 탄소 배출권을 얻는 문제는 논의조차 할 필요가 없는 주장이라고 단정하고 있었다. 역시 나름대로 이해가 되는 주장이었고 예상한 반응이었다.

선진국과 개도국 대표들이 함께, 그것도 기후변화 협상의 양대 축을 형성하는 선진국 대표 유럽연합과 개도국 대표 중국, 인도 대표가 이 정도로 강하게 나온다면, 이건 도저히 희망이 없다고 보고 포기해야 하는 게 아닐까? 참고로 이 협상은 교토 의정서에 관한 협상이어서 교토 의정서를 비준하지 않은 미국은 회원국이 아니라 옵저버로 관망만 하는 입장이었기 때문에 나의 주장에 대해 반응을 보일 수 있는 처지가 아니었다.

그러나 이 정도에서 물러날 거라면 아예 시작도 하지 않았을 것이다. 우선 비공식 양자 협의를 통해 유럽연합 측에 내가 '개도국 주도 배출권 사업'을 제안하는 이유가 한국 기업의 이익을 챙기기 위한 것이 아니며, CDM이라는 제도 자체의 안정적인 발전을 위한 것임을 적극 설득하였다. 개도국들이 시행하는 감축사업에 탄소 배출권을 부여하지 않는다면 개도국 스스로는 어떠한 감축사업도 시행하지 않으려 할 것이며, 선진국 기업들이 투자하기만을 수동적으로 기다리면서 값싸고 낙후된 석탄발전 건설을 계속할 것이라고 논리적으로 설명했다.

유럽연합은 처음에는 강경하게 반대하였으나 선진국 기업에만 특혜를 주면 개도국들이 스스로 온실가스 감축에 투자할 인센티브가 없어지고 수동적인 자세로 온실가스 감축에 대해 자신들이 담당할 역할이 아니라고 받아들이게 될 거라는 나의 논리에 대해 일면 수긍하였다. 그러면서도 기후변화협약상 개도국인 한국이 선진국의 의무는 부담하지 않으면서 다른 개도국에 대한 투자로부터 탄소 배출권을 확보할 수 있게 된다는 점을 감정적으로 도저히 용납할 수 없어 했다.

다른 한편 중국과 인도를 포함한 개도국 대표들에게는 온실가스 감축사업은 개도국 기업들도 얼마든지 시행할 수 있다는 점을 강조했다. 감축사업으로 탄소 배출권을 확보할 수 있는 특혜를 선진국 기업에 넘기고 정작 개도국 기업이 당연히 받을 수 있는 특혜를 스스로 박탈할 이유가 없다는 점을 설득했다. 온실가스 감축사업에 소요되는 재원과 기술의 부족도 문제가 되지 않는다고 강조했다. 탄소 배출권 확보가 가능한 사업의 경우에는 예상되는 탄소 배출권을 담보로 금융권에서 얼마든지 재원을 조달하여 필요한 기술과 인력을 개도국 스스로 확보하여 시행할 수 있다고 이야기했다.

그러나 대부분의 개도국들은 자신들은 돈도 기술도 없기 때문에 감축사업은 자신들이 할 수 있는 사업이 아니라고 하면서 내 설명은 들으려고도 하지 않았다. 그중에 먼저 반응이 온 것은 인도였다.

인도 대표는 탄소 배출권을 담보로 얼마든지 개도국 사업자들도 재원과 기술을 지원받아 CDM 사업을 할 수 있다는 주장에 일리가 있다며 공감을 표명하였다. 역시 인도 대표답게 실리 계산에 빨랐다. 그럼에도 불구하고 온실가스 감축은 오로지 선진국의 의무라는 것이 개도국의 확고한 정치적, 이념적 입장인 만큼 현재로서는 한국의 입장에 동조하기가 어렵다고 양해를 구하였다.

중국의 경우는 보다 더 강경하게 개도국의 이념적 입장을 강조하면서 강력하게 반대하였다. 뿐만 아니라 '개도국 주도 배출권 사업'을 아예 금지시키자는 제안을 상정하기까지 했다. 결론부터 얘기하면 헤이그 기후변화총회에서 내가 주장한 '개도국 주도 배출권 사업'은 결국 합의되지 못하였다. 다만 '개도국 주도 배출권 사업Unilateral CDM'을 명시적으로 금지한다는 제안을 삭제하고, 향후 재론한다는 수준에서 마무리가 되었다. 이렇게 가능성을 열어 놓은 것만으로도 이후 '개도국 주도 배출권 사업'이 현실화되는 기반을 마련한 셈이었다.

결국 개도국 주도 배출권 사업이 대세가 되다

개도국 대표들이 '개도국 주도 배출권 사업'을 받아들이는 데에는 상당한 시간이 필요했다. 헤이그 기후변화총회에서 난상토론이 벌어지고 5년 후인 2005년 2월 제18차 CDM 집행이사회에서 '개도국 주도 배출권 사업'이 전격적으로 채택되었으며, 2005년 4월 21일, 최초의 '개도국 주도 배출권 사업'으로 온두라스가 제안한 쿠야마파 Cuyamapa 소규모 수력발전 사업이 승인되었다. 나는 이 소식을 유엔의 아시아태평양 경제사회위원회Economic and Social Commission for Asia and the Pacific, ESCAP[3] 환경국장으로 근무하면서 듣게 되었다. 감개가 무량하였다. 이렇게 물꼬가 터진 '개도국 주도 배출권 사업'은 중국과 인도의 국내 사업자들이 스스로 발굴한 온실가스 감축 사업들을 대대적으로 시행하기 시작하면서 CDM 사업의 70~80% 가량을 차지할 정도로 급속히 성장하였다.

이렇게 상황이 변한 것은 2000년 헤이그 기후변화총회 이후 일부 개도국 환경단체들이 나서서 자신들이 추진하는 신재생에너지 사업에도 탄소 배출권이 부여되어야 한다고 주장하면서부터였다. 이에 따라 개도국 정부 대표들도 마침내 생각이 바뀌었고, 결국 CDM 집행이사회에서 공식 승인이 된 것이다. 결국 인도나 중국 대표들이 입장을 바꾼 것은 자국 내 사업자들이 스스로 시행하려고 하는 온실가스 감축사업에 배출권을 요구하기 시작했기 때문이다. 자국 기업들이 탄소 배출권을 판매하여 발생할 수익을 정부가 나서서 금지한다는 것이 어이없는 일이라는 것을 깨닫게 된 것이다.

---

3. United Nations Economic and Social Commission for Asia and the Pacific. 유엔의 아시아·태평양 지역위원회로서 아태지역의 경제·사회분야 지역 협력을 논의 시행하는 유엔의 아태지역 본부다.

온두라스의 쿠야마파 소규모 수력발전 사업의 경우처럼, 개도국의 사업자들도 얼마든지 신재생에너지 사업을 시행할 수 있으며, 이를 통해 탄소 배출권을 획득하게 되면 상당한 추가 수익이 발생하여 사업 수익성이 개선될 수 있다. 현지 뉴스에 따르면 온두라스의 쿠야마파 소규모 수력 발전이 최초의 '개도국 주도 배출권 사업'으로 승인되던 날 환경단체들과 사업 개발자들이 얼싸안고 환호하면서 감격하였다고 한다.

'개도국 주도 배출권 사업'은 탄소 배출권이라는 인센티브를 부여하여 개도국들이 자발적으로 온실가스 감축사업에 동참하게 만들었다는 점에서 그 의미가 크다. 그러나 더욱 중요한 것은 온실가스 감축이 선진국들만의 의무이며 개도국과는 관계가 없다는 기후변화 협상의 가장 강력한 이념적 경계선이 무너졌다는 점이다. 재미있는 것은 탄소 배출권 판매에 따른 수익에 대한 기대감이 커지면서 그동안 이념적인 차원에서 가장 강력하게 반대하던 중국과 인도의 경우 현지 사업 개발자들이 1,000여 개가 넘는 '개도국 주도 배출권 사업' 제안서를 제출하였다는 점이다.

'개도국 주도 배출권 사업'이 허용되면서 한국에서도 다양한 사업이 등록되었고 많은 국내 기업들이 혜택을 보았다. 그러나 당초에 유럽연합이 의심하였던 것처럼 한국 기업들만 특혜를 본 것이 아니라 오히려 중국과 인도에서 '개도국 주도 배출권 사업'의 대부분이 시행되었다. 이를 통해 중국이 가장 큰 CDM 사업 국가로 부상하였고, 인도도 사업 규모는 중국보다 작지만 사업 숫자 면에서는 훨씬 더 많은 '개도국 주도 배출권 사업'이 진행되었다.

뛰어난 생각을 이해하려면 시간이 필요하다!

한편 '개도국 주도 배출권 사업' 제안을 계기로 당시 협상장에서 강력하게 반발, 대립하였던 각국 대표들과 오히려 특별한 개인적 친분을 유지하게 되었다. 편협하게 한국의 이익만을 위해 제안한 것이 아니라 CDM 제도 자체의 장래 발전 잠재력을 활성화시키기 위해 제안을 한 나의 진심이 통하였기 때문이리라. 2005년 11월 제11차 몬트리올 기후변화총회에서 '개도국 주도 배출권 사업'을 극구 반대하던 당시 EU 대표를 만났다. "드디어 '개도국 주도 배출권 사업'이 승인된 것을 아느냐? 그때 왜 그렇게 극렬하게 반대했냐?"라는 나의 질문에 그는 씨익 웃으면서 이렇게 멋지게 대답했다. "It takes time to understand great ideas." 뛰어난 생각을 이해하려면 시간이 필요한 법이니까. 우문현답이라고 할까. 아마도 내가 처음 '개도국 주도 배출권 사업'을 제안하였을 때 그 저의를 의심하면서 강력 반대한 것이 미안했던 것 같다.

　　그후 그는 유럽연합 사무국에서 일하였는데, 2019년 2월 KDI의 환경연구팀과 유럽연합의 환경정책을 파악하기 위해 EU 사무국

본부를 방문하였을 때 우리 팀을 반갑게 맞이해주었다. 사무국에서 온실가스 감축 이행정책국장을 하고 있던 그는 자기 휘하의 과장, 직원 및 다른 관련 전문가들까지 7~8명을 대거 동원하여 겨우 3명뿐인 우리 측과의 협의에 참가하도록 성심껏 주선해주었다. 나에 대한 배려와 성의가 고마웠다.

또 당시 나의 제안에 가장 격앙된 감정적 반응을 보였던 영국 대표는 그후 기후에너지부와 산업부 차관까지 역임하였는데, 나와 각별한 개인적 친분을 유지하게 되어 서울에 있는 나에게 국제전화로 중국에 압력을 가해달라는 부탁까지 하는 사이가 되었다.

헤이그 기후총회 당시 '개도국 주도 배출권 사업'을 극력 반대하던 중국 대표는 그후 유엔 기후변화 사무국의 법률국장이 되어 2007년도 제13차 발리 기후변화총회에서 다시 만났는데, 나에게 일부러 다가오더니 악수를 청하면서 "그때는 이해를 못해서 반대했는데 미안하다."라고 쿨하게 사과를 하였다. 그와도 개인적인 친분 관계를 유지하고 있다. 당시 중국 부대표로 역시 내 제안에 극력 반대하였던 또 다른 중국 대표는 현재 아시아개발은행ADB의 기후변화 특별 전문가로 근무하고 있는데, 역시 각별한 친구가 되어 각종 기후회의에서 항상 반갑게 해후하고 있으며, 서로의 도시를 방문할 때 식사도 같이 하는 사이로 지내고 있다.

한국도 '개도국 주도 배출권 사업'으로 상당한 덕을 봤다. 사업의 숫자는 많지 않았지만, 사업규모가 커서 실제로 발급된 탄소 배출권의 상당 부분이 한국 사업장에서 발생했다. 최빈 개도국들을 위해 도입된 CDM의 혜택을 한국이 지나치게 많이 본다고 유럽연합 측에서 문제점으로 제기할 정도였다. 기후변화대사로 활동하던 당시 한 국내 세미나에서 발표를 하고 나오는데, 국내에서 CDM 사업을 개발하는 기후컨설팅 업체 소속의 한 젊은 직원이 다가오더니 "대사님께서 만들어주신 '개도국 주도 배출권 사업' 덕분에 저희가 사업을 잘하고 있습니다. 감사합니다."라고 인사를 하기도 했다. 물론 내가 처음 '개도국 주도 배출권 사업'을 제안할 때는 우리 기업이 역차별을 당하는 것을 방지하겠다는 생각이었지, 우리 기업이 탄소 배출권이라는 특혜를 많이 누리게 하기 위한 것은 아니었다.

내가 '개도국 주도 배출권 사업'을 대한민국의 입장으로 정하고 제안하겠다고 하였을 때 국내 관련 전문가들조차 비관적이었으며, 가능하지 않은 걸 밀어붙인다고들 생각했다. 국내 전문가들은 내가 협상대표니까 어디 되는지 두고 보자는 입장이었지, 나를 도와주거나 함께 뛰어준 사람은 없었다. 그야말로 나 혼자 각국 주요 대표들을 붙잡고 설득하느라 발로 뛰면서 고군분투 하였다. 국내외적으로 모두 비관적이고 막막한 상황이었지만 이루어져야 할 것은 언젠가는 결국 이루어진다는 믿음으로 '해야 할 말'을 했을 뿐이다.

내가 '개도국 주도 배출권 사업'에 대해 이렇게 길게 설명하는 이유는 우리에게 주어진 국제체제라고 하여서 그대로 운명처럼 받아들일 필요는 없으며, 우리의 입장과 논리에 입각하여 얼마든지 새로운 틀을 만들어 나갈 수 있다는 점을 보여주고 싶어서다. 당시 헤이그 기후총회를 참관한 국회 기후변화특위 국회의원들의 각별한 격려가 아직도 기억에 남는다. 그때 의원들은 우리나라 외교관이 큰 규모의 유엔 기후변화 협상 현장에서 실제로 마이크를 잡고 발언하면서 자기 주장을 하고, 각국 대표들과 논쟁하면서 우리가 제안한 아이디어가 협상의 주요 의제 중 하나로 논의되는 장면을 처음 본다고 놀라워했다. 그리고 점심도 못 먹고 동분서주하는 걸 보니 밥이 목에 넘어가지 않는다고 격려해주었다.

지금도 파리기후협약과 관련하여 그 후속 프로그램으로 '지속가능발전 체제Sustainable Development Mechanism, SDM'라는 시장 메커니즘의 운용에 대해 다양한 논의와 협상이 진행되고 있다. 내가 교토 의정서 상의 CDM을 선진국 주도에서 개도국 주도의 제도로 확대 발전시켰던 사례가 지금 이 순간에도 진행되고 있는 기후협상에서 선진국과 개도국 모두에게 참고가 되기를 기대한다.

지역 협력의 필요성을 설득하다:
정부 간의 공식 협력,
동북아환경협의체 설립

담판 8

1993년 2월 7일, 서울 소공동 롯데호텔
동북아환경협의체 사전 준비회의

최근 점차 심각해지는 미세먼지 문제 등 중국과의 환경협력이 크게 부각되면
서 동북아지역 내 환경협력의 필요성을 강조하는 목소리가 높아지고 있다. 그런
데 이미 1993년부터 동북아지역 환경협력을 위한 정부 간 공식 협의체가 설립
되어 활발히 운영되고 있다는 사실은 별로 알려져 있지 않은 것 같다. 동북아환
경협의체 설립은 지역 내 가장 중요한 두 나라인 중국과 일본의 정면충돌과 대
립으로 시작해보지도 못하고 좌초될 뻔했다. 밤늦도록 두 나라 대표의 방을 오
가며 진행된 '셔틀외교' 덕분에 동북아 환경협력 협의체가 출범할 수 있었던 비
화를 소개한다.

세계에서 환경문제가 가장 심각한 동북아 지역

 1992년 6월 리우 지구정상회의에서 돌아온 이후 내가 노력했던 과제 중 하나는 환경문제가 심각한 동북아지역에 정부 간 공식 환경협력체제를 결성하는 것이었다. 동북아지역은 대규모 산업단지와 중화학공업이 밀집되어 있어서 환경파괴의 위험이 가장 심각한 지역임에도 불구하고, 1990년대 초 무렵까지는 동북아지역 내 환경협력의 필요성에 대해 역내 국가 간에 공유된 인식이 거의 없었다. 세계 각 지역 차원에서 환경협력이 강화되고 있음에도 정작 내가 살고 있는 동북아에서는 아직 논의가 시작조차 되지 않고 있다는 점이 안타까웠다.

나는 환경문제야말로 정치나 경제 등 복잡한 갈등 구조를 가지고 있는 동북아 국가들이 지역협력을 시도할 수 있는 중립적이고 상호호혜적인 의제라고 생각했다. 그러나 지역협력 문제는 한국이 나서서 회의를 소집한다고 해서 중국, 일본, 러시아, 북한, 몽골 등에서 호응할 리가 없었다. 궁리 끝에 묘안을 찾아냈다. 태국 방콕에 있는 유엔의 아시아태평양 경제사회위원회UN ESCAP로 하여금 동북아 환경협의체 설립 회의를 소집하도록 하면, 유엔의 초청이니 무시하지 못하고 일단 설립 논의에 참석하러 올 것으로 판단했다.

외무부의 UN ESCAP 담당 서기관이었던 나는 92년 4월 베이징에서 열린 제48차 ESCAP 총회의 한국대표 연설문에 "동북아환경 협력체 수립에 관한 연구사업수행" 제안을 포함시키고, 92년 6월 리우 회의 대표 연설문에서는 "동북아시아 환경협력 메커니즘 설치의 필요성을 제기"하였다.

리우 지구정상회의에 참석하고 돌아온 나는 같은 해 7월 서울에서 개최된 ESCAP와의 연례회의에서 ESCAP이 동북아 환경협력 출범을 위한 연구 보고서를 준비하고 창립회의를 주도하도록 합의하였다. 나는 아시아태평양지역의 지역협력 업무를 당당하고 있는 UN ESCAP을 통해 동북아환경협의체$^{NEASPEC 4)}$ 설립 방안에 대한 보고서를 준비하도록 하는 한편, NEASPEC 설립을 위한 협의회를 1993년 2월 서울에서 개최하도록 준비하였다.

역시 방콕의 ESCAP에 준비회의 소집 역할을 맡긴 것이 효과가 있었다. 예상대로 유엔에서 초청을 하자 북한을 제외하고 중국, 일본, 러시아, 몽골 등 각국 대표가 서울회의 초청을 수락하였다. (이 당시만 해도 12년 후에 동북아환경협의체 설립을 주도하도록 요청한 바로 그 부서에 내가 담당국장으로 근무하게 될 줄은 꿈에도 몰랐다.) 각국 대표들이 아무런 이의 제기 없이 예정대로 서울에 속속 도착하였으니, 나는 일사천리로 회의가 진행될 것이라 예상했다.

---

4. North East Asia Sub-regional Program for Environmental Cooperation.

일본과 중국 두 나라의 반대

그런데 회의 개최 전날 저녁 일본 대표가 비공식 회의를 요청하여 만났는데, 다음과 같이 전혀 뜻밖의 얘기를 하는 게 아닌가.

"일본은 동북아지역 환경협의체 설립이 의미 있는 성과를 거둘 수 있을 것이라고 기대하지 않습니다. 일본으로서는 동북아지역 환경문제와 관련해서는 중국의 대기오염이 가장 중요한 관심사항으로, 이는 다자협의보다는 중국과의 양자협의를 통해 해결하는 것이 보다 효과적이라고 생각합니다. 뿐만 아니라 다자협력기구가 설립되면 유일한 선진국인 일본이 사업경비의 대부분을 부담하게 되어 재정부담이 발생할 것입니다. 일본으로서는 비용 대비 효과를 기대하기 어려운 다자협력보다는 양자협력에 재원을 투입하는 것이 보다 효과적이라고 봅니다. 유엔의 공식 초청 때문에 일단 회의에 오기는 하였지만 일본은 내일 열리는 회의에서 협의체 설립에 반대할 것입니다."

참으로 당황스러운 일이었다. 그런 입장이었다면 회의에 오기 전에 미리 자신들의 입장을 알려주고 불참할 수도 있었을 텐데 굳이 서울까지 와서 그런 말을 하다니.

곧 이어 중국 대표도 별도로 비공식 회의를 요청하더니, 다음과 같은 입장을 밝혔다.

"중국의 공산당은 자국의 환경오염을 철저히 관리하기 때문에 어떠한 환경오염도 국경 밖으로 내보내지 않고 있습니다. 따라서 지역환경협력을 논의할 이유가 없습니다. 특히 중국에 책임을 전가하기 위해 대기오염문제를 의제로 포함시키려는 시도에는 결코 동의할 수 없습니다."

회의 개최 직전에 가장 중요한 국가인 일본과 중국이 협의체 설립 자체를 반대하다니. 당황을 넘어서 곤혹스러운 사태였다. 낭패도 이런 낭패가 없었다. 이 준비회의 소집을 위해 1992년 6월부터 7개월 동안 어렵게 예산을 확보하고, ESCAP에 소요 재원을 지원하고, 협의체 운영 방안에 대해 검토 보고서를 작성하는 등 쏟아 부은 시간과 노력이 얼만데…. 당장 내일 아침 회의가 열리는 상황에서 일본과 중국의 입장을 바꿀 수 없다면 본회의는 개최하나 마나일 게 뻔했다. 그렇지만 그대로 주저앉을 수는 없었다.

일본의 창과 중국의 방패, 어느 겨울밤의 셔틀 외교

1993년 2월 7일 저녁, 나는 동북아환경협의체 설립을 위한 사전 준비 회의에 참석하러 서울에 도착한 일본과 중국 대표를 설득하기 위해 밤이 늦도록 비공식 협의를 진행하였다.

먼저 일본 대표를 상대로는 이렇게 말하였다.

"중국에서 발생하는 대기오염문제를 해결하기 위해서는 일본과 중국 간 양자 차원의 문제 제기만으로는 중국의 협력을 확보하기 어려울 것입니다. 중국 측은 일본 정부로부터 양자 차원에서 대기오염의 책임을 추궁당하고 싶지 않을 것이기 때문입니다. '동북아환경협의체'라는 다자협의의 틀에서 동북아지역 내 모든 국가들 간의 여러 공동 협력과제 중 하나로 다루어야 중국이 경계심 없이 대기오염 문제에 협력할 수 있을 것입니다."

그리고 중국 대표를 상대로는 이렇게 말했다.

"동북아환경협의체는 중국에서 발생하는 대기오염문제에 대해 중국의 책임을 추궁하는 것이 목적이 아닙니다. 동북아 6개국이 선린우호국으로서 동북아지역 내 환경보호를 위해 상호 협력하기 위한 틀을 마련하는 것입니다. 이런 6개국 간의 다자환경협의체가 설립되면, 중국이 필요로 하는 대기오염방지 기술의 이전 문제도 용이하게 논의할 수 있게 될 것입니다."

내가 일본 대표에게 강조한 점은 일본이 관심을 갖는 중국발 대기오염문제의 경우, 일본이 중국과 양자 차원에서 문제를 제기하면 중국은 자신들에게 책임을 추궁하려 한다고 여기고 절대로 그 논의 자체에 응하지 않을 것이다, 대기오염과 같이 민감한 문제는 양자보다는 다자 차원의 협력문제로 객관화시켜서 다루는 것이 보다 실용

적일 수 있다, 아울러 일본이 우려하는 재정부담에 대해서는 일본뿐 아니라 한국도 경제규모에 상응한 부담을 할 용의가 있다, 그러니 재원 문제 때문에 걱정할 필요는 없다 등이었다.

이렇게 설득하자 일본 대표는 그럼 중국이 대기오염문제를 의제로 채택하는 데에 동의한다면 지역협의체 설립을 검토할 용의가 있다고 답하였다. 이에 따라 나는 최선을 다해 중국 대표를 설득하였다. 대기오염문제는 중국에 책임을 추궁하기 위한 것이 아니며, 같은 지역에 살고 있는 선린우호국으로서 동북아 6개국이 환경 분야에서 상호 협력하기 위한 것이다, 지역환경협력이 증진되면 중국으로서는 일본, 한국과의 협력을 통해 환경문제 해결에 상당한 기술과 재정지원을 받을 수 있는 기회가 열릴 것이다 등으로 이야기하였다.

이러한 설득에 중국 대표는 그렇다면 대기오염문제를 다루지 않는다는 전제 하에 생태계관리 등 여타 환경문제를 논의하기 위한 협의체 설립이라면 반대하지 않겠다는 반응이었다. 참으로 난감하였다. 일본은 중국의 대기오염문제를 다룬다면 참여할 용의가 있는 반면, 중국은 대기오염문제만은 절대로 의제로 포함시킬 수 없다니…. 중국 방패 대 일본 창이라고나 할까. 말 그대로 모순이었다.

사실 한국 입장에서도 중국의 대기오염문제를 다루지 않는다면 협의체 설립 의미가 크게 훼손되는 상황이었다. 최근 미세먼지문제로 중국과의 환경협력이 중요하게 거론되지만 이미 1990년대 초반에 똑같은 상황이 벌어지고 있었다. 나는 중국 대표를 적극 공략하는 것이 필요하다고 판단했다. 대기오염문제는 누구의 책임을 추궁하는 차원이 아니며, 동북아지역 경제 발전의 사활이 걸린 화석에너지 문제의 부정적 영향에 대비하기 위한 차원이라고 설득하면서 중국이 관심을 가지고 있던 에너지 문제와 연결시켰다.

화석에너지 의존도가 높은 중국은 미래의 에너지 문제에 대해 국가안보 차원에서 지대한 관심을 가지고 있었다. 대기오염이 대부분 화석연료로부터 발생하기 때문에 두 가지 사안을 연계하는 것이 자연스러웠다. 에너지와 대기오염을 같이 연계하자는 네에는 일본도 이의를 제기하지 않았다. 그래서 타협을 본 것이 대기오염을 에너지와 연계해 의제로 다루기로 하여 겨우 중국과 일본의 합의를 받아냈다. 그리고 나니 자정이 넘었다. 일본 대표와 중국 대표 간의 합의가 도출될 때까지 나는 일본 대표 방과 중국 대표 방을 수없이 오가야 했다. 이 과정에서 일본과 중국 대표는 한 번도 직접 얼굴을 마주하지 않았다. 진정한 의미의 셔틀 외교라고나 할까.

마침내 출범한 동북아환경협의체

다음날 열린 본회의에서는 생태계 관리와 개도국 회원국의 능력 형성을 의제로 추가하기로 합의하고 동북아환경협의체[5] 출범에 합의하게 되었다. 당시 일본과 중국 양측의 완강한 반대에 그대로 주저앉지 않고 끝까지 합의 도출을 위한 대응 논리를 찾아내며 분투할 수 있었던 것은 아마도 꼭 지역협의체를 발족시키겠다는 절박함 때문이었을 것이다. 한 가지 덧붙이면, 당시 중국 대표는 이제는 고인이 된 총 슈콩 교수로 중국 외교부 국제기구국장까지 역임한 바 있다. 총 대표는 리우 지구정상회의와 여러 기후변화 협상 자리에서 중국 대표로 개도국의 입장을 강력히 대변하고 선진국의 지구환경 파괴의 책임을 유창한 영어실력과 명쾌한 논리로 설파하던 1990년대 초 지구환경 외교의 전설적인 인물이었다.

1992년 리우 지구정상회의 협상 당시 앞에서 소개한 특허의 강제실시와 공공소유기술 이전 등 기술이전 분야 협상에서 내가 개도국 입장을 대변하고 있었기 때문에, 총 대표는 나에 대해 각별한 동료 의식을 가지고 있었다. 아마 이처럼 나에 대한 호의적인 평가와 신뢰가 총 대표의 마음을 돌리는 데 어느 정도 일조를 하지 않았나 싶다. 협의체 설립 자체를 반대하던 중국은 일단 협의체가 발족하자 입장을 바꾸어 1994년 11월 28~29일, 이틀에 걸쳐 제2차 동북아 환경협력회의를 베이징에서 개최하는 등 지역환경협력을 적극 주도하였다. 총 대표에게 고마울 따름이다.

당시에 누구도 나에게 이런 지역협의체를 만들라고 지시하지

---

5. 최근에는 동북아 지역 내에 다양한 협의체들이 형성되었으나, 공식적으로 정부 간의 포괄적인 환경협력체제는 NEASPEC이 유일한 메커니즘이다.

않았다. 지금처럼 중국발 미세먼지문제가 극심해서 중국과의 협력이 절실해질 것을 미리 예상한 것도 아니었다. 다만 전 세계 모든 국가들이 자신들이 살고 있는 지역의 환경협력을 강화하고 있는 상황에서 동북아 지역에도 환경협력 협의체가 당연히 있어야 한다고 생각했을 뿐이다. 협상전략의 관점에서는 일본과 중국 대표가 협상 초기에 극단적인 입장을 취한 것이 자신들의 입장을 관철하기 위한 계산된 행동으로 보일 수 있다. 그러나 내가 보기에는 협상전략을 위한 계산된 행동이라기보나는 당시 중국과 일본 모두 동북아지역의 환경협력 협의체 필요성이 절실하지 않았기 때문이라 생각한다.

개혁개방과 경제성장에 매진하고 있던 중국에게 환경문제는 반가운 일이 아니었을 것이다. 일본 역시 다자협의를 통해서는 얻을 것이 별로 없다고 생각했을 것이다. 그러나 이것은 정치적 입장을 바탕으로 한 일본과 중국 양측의 외교부 대표들이 내세운 입장이었고, 이후 실제 협의에 참여한 중국과 일본의 환경부 담당자들은 상당히 적극적이었다. 1994년 이후 1990년대에는 일본이 적극적이었으며, 2000년대 들어서는 기여금도 부담하는 등 중국이 더욱 적극적으로 나섰다.

출범 당시 강경히 반대하던 중국은 그동안 적극적으로 동북아 환경협의체 활동을 주도해왔고 재원에도 기여하고 있다. 일본도 열심히 참여하고 있다. 동북아환경협의체는 한해도 거르지 않고 매년 정기회의를 개최하고 있으며, 이제 곧 서른 살이 되는 성숙한 지역 협의체로서 노후 석탄발전 개선, 대기오염, 저탄소도시, 사막화, 아무르 지역 호랑이 보호 등 동북아지역 내 생태환경문제를 포괄적으로 다루는 유일한 정부 간 지역환경협력 협의체로 든든하게 자리 매김하고 있다. 또한 동북아환경협의체 틀 안에서 1994년도부터 한중 양국 간에 환경협의체를 구성하여 황사문제를 다루어왔으며, 최근에는 미세먼지 등에 대한 별도의 전문가 그룹도 설립하여 운영하고 있다.

한 가지 아쉬운 것은 한·중·일 삼국 간에 미세먼지 등 민감한 문제에 대한 여론이 잠잠하던 시기에 환경협력이 나름대로 순조롭게 진행되었던 데 비해, 최근 미세먼지 관련 한국의 여론이 악화되면서 환경문제가 정치화되자 중국의 태도가 매우 예민해지고 방어적 자세를 취하는 등 오히려 협력이 어려워지고 있다는 점이다. 동북아지역 환경협력의 원활한 진행을 위해서는 환경문제의 정치화를 최대한 자제하면서 1993년부터 해왔던 것처럼 철저히 환경적 차원에서 역내 국가들이 서로 머리를 맞대는 지혜가 절실하다.

한국의 소프트파워 '녹색성장'의 탄생:
지구환경 보호와 경제성장의 새로운 기회

- 2005년 3월, 서울 롯데호텔
  제5차 아시아태평양 환경·개발 각료회의
- 2010년 9월, 카자흐스탄 아스타나
  제6차 아시아태평양 환경·개발 각료회의
- 2010년 11월, 멕시코 칸쿤 제16차 기후변화총회

외교부 국제경제국장으로 유엔 기후변화 협상에 한국 대표로 참석하던 나는 2004년 8월 유엔의 아시아태평양 지역위원회인 ESCAP의 환경개발국장 자리에 응모하여 직책을 맡게 되었다. ESCAP의 환경개발국장으로 재직하면서 기후변화 문제의 근본적인 해결을 위한 방안으로 유엔 체제 내에서 처음으로 '녹색성장'이라는 개념을 제안하고 주창하였다. 당시 나는 수많은 유엔의 기후변화 협상에 참여하면서 세계 각국이 환경보전에 들어가는 비용을 경제적 부담으로 받아들이는 고정관념에 질려 있었다. 지구환경보전이 부담이 아니라 경제성장과 고용 창출의 기회라는 긍정적 인식으로 전환되지 않는 한 지구환경의 미래는 없다고 보았다.

세계를 사로잡은 비전, '녹색성장'의 등장

"녹색성장Green Growth은 개도국의 경제성장을 제한하고 환경기준을 강요하기 위한 개념이 아니다. 오히려 개도국의 경제성장이 환경을 파괴하지 않는 방식으로 이루어지고, 기후변화 등 지구환경 위기가 개도국 경제에 타격을 주지 않고 환경적으로 지속가능한 경제성장의 기회가 되도록 지원하기 위한 새로운 경제성장의 패러다임이다. 아시아태평양 경제사회위원회UN ESCAP는 아시아태평양 지역의 개도국들이 환경을 파괴하지 않으면서 경제성장을 지속할 수 있는 다양한 정책수단과 재정, 기술 지원 방안을 마련하여 지원하도록 할 것이다."

2005년 3월 24일부터 29일까지 서울에서 열린 제5차 아시아태평양 환경·개발 각료회의The 5th Ministerial Conference on Environment and Development, MCED 5 6)의 협상장에서 '녹색성장'에 대해 반대하는 중국과 인도 대표를 설득하기 위해 했던 발언의 일부다. '녹색성장'이라는 개념은 이 회의에서 처음 공개되었고 일부 회원국들의 반대토론이 있었지만 결국 채택되었다. 당시 ESCAP의 환경개발국장으로 이 회의에 참석

6. Ministerial Conference on Environment and Development 5, MCED 5는 1980년부터 5년마다 개최되어 아시아태평양지역의 환경개발 문제에 대해 지역협력방안을 도출하는 각료급 회의다.

했던 나는 이후 '녹색성장'의 전도사가 되었다.

2005년의 제5차 MCED는 한국 정부 주관으로 서울에서 개최되었다. MCED는 5년마다 열리는 환경과 개발에 관한 아시아태평양지역의 최고위급 장관회의인 만큼, 나는 아시아태평양 국가들이 맞닥뜨린 시급한 현안에 대해 해결책을 제시할 수 있는 새로운 전략을 발굴 제시해야겠다고 생각했다. 그래서 이 회의에 '녹색성장'을 새로운 아시아태평양지역의 발전전략으로 상정하였으며, 회의 개회식에는 각국 담당 장관들 외에 주최국 한국을 대표해 노무현 대통령이 당시 반기문 외무부 장관과 함께 참석하였다.

고도 경제성장을 구가하는 아시아태평양지역 국가들의 가장 큰 당면 과제는 기후변화와 같은 지구환경문제와 고도 경제성장을 양립시킬 수 있는 새로운 전략의 수립이었다. 1990년대 초부터 시작된 지구환경 논의의 바탕에는 환경이 경제성장의 부담이자 비용이라는 고정관념이 자리 잡고 있었다. 기후변화 문제가 해결되기 위해서는 온실가스 감축이 경제성장의 기회가 될 수 있다는 새로운 패러다임이 필요했다. 나는 지구환경에 대한 투자가 경제성장을 촉진하고 고용을 창출하는 긍정적인 선순환이 가능하다는 비전을 세우고 그에 맞는 정책 수단을 정립하지 않는 한, 아시아태평양지역의 지속가능한 개발은 불가능하다고 보았다. 그런 생각에서 지구환경보전과 기후변화, 온실가스 감축에 대한 투자가 경제성장을 촉진하고 고용을 창출한다는 새로운 비전을 '녹색성장' 개념에서 찾았다.

산업 이익의 대변자에서 지구환경의 옹호자로

ESCAP의 환경개발국장 자리를 맡았던 것은 나에게 큰 도전이었다. 나는 1991년부터 한국 외교관으로 지구환경 협상에 참여해왔지만, 지구환경보다 우리의 경제나 산업 이익을 우선적으로 대변하여야 하는 점에 늘 마음 한구석이 불편했다. 또 유엔 협상장에서 선진국 개도국 모두 지구환경 보호가 자국 경제에 대한 엄청난 부담이라고 간주하고 상대방에게 책임을 전가하기 위해 눈에 불을 켜고 나서는 것, 그러면서 어떻게든 지구환경 보호의 책임을 지지 않으려고 각자의 입장을 아전인수 격으로 강변하는 것에도 지쳐 있었다.

나는 산업 이익이나 한 국가의 입장을 대변하기보다는 지구환경문제 해결에 실질적으로 기여할 수 있는 일을 하고 싶었다. 사실 내가 '공공소유기술 이전' 문제의 전도사 역할을 하였던 것도 한국에 유리하기 때문만은 아니었다. 각국 정부가 상호경쟁이 아니라 상호협력 할 때만 지구환경문제가 해결될 수 있다고 믿었기 때문이다. 그런 점에서 한국 외교관 신분으로 지구환경 보호에 기여하는 일을 해내기에는 너무나도 한계가 분명했다.

그런데 그 무렵에 마치 운명처럼 ESCAP의 환경국장을 모집하는 공모 안내가 뜬 것이다. 나는 주변의 권고를 받아 2004년 초 지원서를 제출하고 면접을 거쳐 마침내 선발이 되었다. 나는 면접 인터뷰에서 사실 ESCAP이 아시아태평양지역의 유일한 유엔 협의체로서

이 지역 국가들이 당면한 환경위기에 전략적으로 대처하는 구심체 역할을 제대로 수행하지 못한다는 점을 지적하는 등 ESCAP의 기존 역할에 대해 강하게 비판하였다. 그리고 아시아태평양지역의 높은 경제성장률, 인구밀도, 제한된 생태용량을 감안할 때 이 지역만의 독특하고 새로운 접근이 필요하다는 점을 지적하였다. 결과적으로 내가 선발된 것을 보면 그 비판과 앞으로의 비전을 제시한 내용이 공감을 얻었던 것 같다.

2004년 8월에 부임하고서 맞닥뜨린 현안이 앞서 언급한 제5차 아시아태평양 환경·개발 각료회의MCED 5의 주제 선정과 진행이었다. MCED 5는 아시아태평양 경제사회위원회가 1985년부터 5년마다 여는 큰 행사로, ESCAP은 이 회의를 통해 아시아태평양지역의 환경과 개발을 조화하기 위한 전략을 채택해왔다. 나로서는 내 생각에 따라 진정으로 아시아태평양 지역에 필요한 주제를 정하고 추진할 수 있는 둘도 없는 기회가 주어진 것이다.

나는 MCED 5가 환경과 개발에 관한 각료회의인 만큼 환경과 경제를 통합하는 주제를 선정해야겠다고 마음먹었다. '녹색성장'은 바로 그 고민 끝에 나온 것이다. 어느 조직이나 마찬가지이지만, 새로운 아이디어를 시작하는 일은 쉽지 않았다. 아무리 내가 개념과 세부적인 내용을 설명하여도 실무자들의 이해와 호응을 얻기 어려웠다. 한 번도 들어보지 못한 개념이니 당연히 참고할 자료도 없고, 그런 만큼 '녹생성장'의 아이디어를 제시하는 제안서를 쓰는 것이 어려

웠으리라. 결국은 마지막에 내가 직접 회의 공식문서를 손질하고 수정할 수밖에 없었다.[7]

이렇게 힘들게 '녹색성장' 제안서를 각료회의에 상정하였는데, 그 각료회의 내에서 가장 영향력이 큰 중국과 인도 대표가 '녹색성장'은 자신들의 경제성장에 환경기준과 조건을 강요하고 제한하기 위한 것이라며 결코 받아들일 수 없다고 강력하게 반대하고 나섰다. 눈앞이 캄캄하였다. 롯데호텔 소회의실에서 열린 협상에서 나는 최선을 다해 녹색성장이 환경기준의 강제가 아니라는 것, 개도국의 성장이 친환경적으로(녹색으로!) 추진될 수 있도록 도와주기 위해 정책수단과 재정기술 지원을 도모하기 위한 새로운 패러다임이라는 것, 녹색성장이 채택되어야 개도국에 대한 지원을 확보할 수 있을 것이라고 각국 대표들을 설득하였다.

정성이 통하였는지 새벽 2시를 넘긴 한밤중에 중국과 인도 대표가 마지못해 겨우 반대를 철회하여 주었다. 이런 우여곡절 끝에 2005년 3월 28일 이른 아침에 유엔 체제 내에서 최초로 '녹색성장'이 합의되고 마침내 29일 정식으로 채택되었다.

---

7. 이렇게 힘들게 작성된 문서가 Theme Paper for MCED5 Achieving Environmentally Sustainable Economic Growth in Asia and the Pacific 3 March 2005, UN ESCAP〈E/ESCAP/SO/MCED(05)/7)이다. www.unescap.org/sites/default/files/Theme%20Paper_Eng.pdf

'녹색성장', 계속 성장 중인 미래 아이디어

당시 서울에서 열린 MCED 5 회의에 직접 참석하였던 지구환경문제 논의의 거인이며 당시 유엔환경계획[UNEP]의 사무총장이던 클라우스 퇴퍼 총장은 '녹색성장'이 아주 훌륭한 아이디어라고 칭찬하면서 유엔환경계획에서 자신이 먼저 시작하였어야 했다며 아쉬워하였다. 그후 유엔환경계획은 2008년 세계 금융위기를 극복하기 위한 대안으로 '녹색경제[Green Economy]'를 들고 나왔다.

아시아개발은행의 대표 자격으로 MCED 5 회의에 참석한 빈두 로하니[Bindu Lohani] 국장은 나에게 '녹색성장'의 공식 회의 문서를 직접 읽어봤는데, 자신이 읽어본 유엔 문서 중 실질적인 의미가 있는 유일한 문서라고 농담을 하면서 누가 쓴 거냐고 물었다. 대부분 내가 직접 썼다고 하니, 그러냐고 하면서 즉석에서 나에게 축하한다고 손을 내밀었다. 로하니 국장은 그 후 나의 '녹색성장' 사업을 물심양면으로 지원하여 주었으며, 지금까지도 가까운 교분을 유지하고 있다.

OECD의 앙헬 구리야 사무총장은 '녹색성장'이 OECD가 앞으로 20년간 먹고 살 수 있는 주제라고 반가워하면서 '녹색성장' 전담 부서를 만들어 지금도 계속해서 '녹색성장' 보고서를 내고 있으며, 많은 국가와 연구소들이 녹색성장을 연구하고 있다. 세계은행, OECD, UNEP 등이 참여하는 녹색성장 지식 파트너십[Green Growth Knowledge Partnership, GGKP]도 운영되고 있다.

나는 '녹색'과 '성장'을 키워드로 계속 자료를 찾다 영국 런던대학교의 '지속가능한 자원 연구소Institute for Sustainable Resource'의 소장이자 경제학자인 폴 이킨스Paul Ekins 교수가 2000년에 발간한 책《Economic Growth and Environmental Sustainability: The Prospects for Green Growth》를 찾아냈다. 영국 경제가 온실가스를 감축하면서도 성장을 추구할 수 있다는 파격적인 주장을 담은 책이었다. 이킨스 교수에게 연락해 내가 가진 생각을 전하고 2005년 말 서울에서 열린 녹색성장 워크숍에 초대하였다. 나와 생각하는 바가 너무나도 비슷해 깜짝 놀랐다. 이킨스 교수는 일찍부터 영국 녹색당 회원이었을 뿐 아니라 유럽연합 내에서 상당히 인정받는 환경경제학자였다. 이후로도 서로 기회가 있을 때마다 초대하는 등 우리는 '녹색성장'의 확산을 위해 노력하였다.

이킨스 교수와 나는 만나면 시간 가는 줄 모르고 몇 시간씩 토론을 이어가곤 했는데, 특히 기후변화와 같은 지구환경문제가 사실은 '환경' 문제가 아니라 본질적으로 '경제' 문제라는 데 의견을 같이 했다. 이킨스 교수는 영국이나 유럽에서도 생소하게 받아들여지는 '녹색성장'에 대해, 어느 날 멀리 아시아에서 그에 대한 구체적인 정책수단을 발굴해 아시아 개도국들에 확산시키려 하는 것을 보고 바로 자신이 꿈꿔왔던 녹색성장의 비전이 구체적으로 실현되는 모습으로 생각했다. 이킨스 교수는 "우리는 녹색성장 동지(We are Green Growth brothers)"라 부르며 의기투합했고, 내가 개도국의 자발적 감축목표 국제 등록부와 같은 새로운 아이디어들을 제시할 때마다 "당신은 위대한 기후 발상가(You are great climate thinker)."라고 추켜세우기도 했다.

칸쿤 기후변화총회의 빅이벤트 한국의 '녹색성장 포럼'

2008년 5월 한국의 기후변화대사로 부임한 나는 그해 7월 9일 일본 홋카이도 도야코에서 열린 'G8 정상회담'의 이명박 대통령 연설문에 녹색성장을 포함시켰다. 미국 부시 행정부 등 선진국들이 G8 정상회담에 한국을 초청한 이유 중의 하나는 한국에게 온실가스 감축 의무를 부담시키려는 것이었다. 그런데 한국이 온실가스 감축을 경제성장의 기회로 보는 녹색성장이라는 새로운 패러다임을 천명하면서 자발적이지만 강력한 온실가스 감축 목표치를 국제등록부에 서약할 것이라고 입장을 밝히자 이를 환영하면서 호의적인 반응을 보였다.

이러한 선진국들의 반응에 고무된 이명박 대통령은 같은 해 8월 15일 광복절 기념사에서 '녹색성장'을 한국의 미래 성장전략으로 선포하였다. 또 당시 한승수 총리는 국제사회에 녹색성장을 확산시키면서 서울에 '글로벌 녹색성장기구Global Green Growth Institute, GGGI를 설립하였다. 이를 계기로 그전까지만 해도 한국에 대해 기후변화에 부정적인 국가라는 인식이 팽배하던 국제사회의 시선이 180도 바뀌었다. 한국이 온실가스 감축을 경제성장의 기회로 보는 새로운 패러다임을 들고 나오면서 한국의 전략에 대해 주목하기 시작한 것이다. 특히 관심을 보인 나라는 덴마크였다. 덴마크는 한국과 '녹색성장동맹Green Growth Alliance'이라는 사상 초유의 기후변화 대응 동맹을 맺고 지금까지도 녹색성장 포럼을 매년 개최하고 있다.

2010년 11월, 멕시코 칸쿤에서 열린 제16차 기후변화총회에서 한국이 개최한 '녹색성장 포럼'은 한국의 소프트파워를 증명하는 성공적인 행사였다. 어림잡아 적어도 4~5백 명의 전 세계 주요 언론과 각국 대표, 환경단체 전문가들이 구름처럼 몰려들어 회의장에서 가장 컸던 회의실을 발 디딜 틈 없이 메우고 복도까지 늘어섰었다.

기후변화 문제의 세계적인 전문가이며 《기후변화의 경제학Economics of Climate Change》의 저자인 니콜라스 스턴Nicklaus Stern 런던 정경대 교수가 사회를, 한승수 총리가 기조 발제를 맡았었다. 기후변화를 둘러싼 선진국-개도국 간의 대결이 아니라 기후변화를 경제성장의 기회로 보고 실질적인 대응 전략을 논의하는 최초의 긍정적인 시도이다 보니, 국제적인 언론과 전문가들의 관심이 집중될 수밖에 없었다. 일부 해외 언론은 칸쿤 회의의 유일한 긍정적인 뉴스는 한국이 주도한 녹색성장이라고까지 보도하였다.

연단에 패널리스트로 앉아 내려다보니, 한국이 주최한 회의가 과연 어느 정도 인기가 있는지 확인하기 위해 일찌감치 회의장 맨 앞줄에 자리 잡고 있던 일본의 지구환경연구소Institute for Global Environmental

Studies, IGES 이사장을 포함한 간부진들이 어리둥절한 표정으로 대거 포진하여 있던 장면이 기억에 남는다. 내가 패널로 참여했던 IGES 주최 행사는 불과 4~5명만 참석하여 조그마한 회의실이 텅 비었던 것과 너무 대비되었다. IGES는 일본이 교토 의정서를 채택한 1997년 이후 자신들이 기후변화문제에 대해 국제적인 리더십을 발휘하겠다고 야심차게 설립한 기후변화 전문 연구소로 연구원만 100여 명이 넘는다. 자신들의 행사에는 한 번도 인파가 몰린 적이 없는데 한국이 수최하는 행사가 기후변화총회의 가상 주목받는 행사의 하나가 되어 버렸으니, 아마도 매우 의아하고 당혹스러웠을 것이다.

한국이 제안한 녹색성장이 기후변화의 실질적인 전략으로 주목받자, 브라질을 포함한 일부 개도국들이 이의를 제기하고 나섰다. 자신들은 기후변화 문제를 선진-개도국 간 이념 대결의 문제로 끌고 가고 싶은데, 녹색성장이 기후변화 문제에 대한 실질적인 해결책으로 제시되면서 자신들의 이념적 주장을 약화시킨다고 판단한 것이다. 브라질이 들고나온 이유는 녹색성장이 환경만을 우선하고 온실가스 감축이 일반 시민들의 민생에 미치는 부담, 즉 사회 차원의 빈곤퇴치와 민생문제를 외면하고 있다는 것이었다. 그러나 이것은 반대를 위한 반대였다. 녹색성장은 경제와 환경의 통합을 위해 제안된 것이지, 사회문제까지 해결하기 위해 제안된 것이 아니라는 것을 알면서도 트집을 잡으려는 것이다. 기후변화 대응에 따른 일반 시민들에 대한 부담, 즉 사회문제의 해결은 "포용 성장Inclusive Growth"과 같은 별도의 다른 패러다임이 담당하여야 하는 것이지 녹색성장이 사회차원의 문제까지 감당하여야 하는 것은 아니다.

또 다른 반대 주장은 지속가능 발전Sustainable Development, SD이 UN 차원에서 합의된 유일한 패러다임인데, 한국이 국제적으로 합의된 바 없는 녹색성장 패러다임으로 지속가능 발전을 대체하려고 한다는 주장이었다. 역시 트집이다. '지속가능 발전'이란 경제(시장), 사회(사람), 환경(자연)의 3대 축을 통합하기 위한 가장 상위의 개념이고, 그중 '녹색성장'은 경제와 환경의 통합을 위한 전략이다. '지속가능 발전SD'을 추진하기 위한 이행 전략의 하나로 제안된 것이지 SD를 대체하기 위해 제안된 것이 아니었다.

녹색성장 전도사의 명암

2012년, 나는 ESCAP에서 '녹색성장'의 구체적인 정책수단과 각국의 성공 사례를 망라한 〈저탄소 녹색성장 로드맵Low Carbon Green Growth Roadmap〉이라는 보고서를 발간해 '2012 리우 회의 20주년 정상회의'에 제출하였다.[8] 이후로는 이 보고서를 바탕으로 각종 워크숍과 세미나 등을 열어 개도국들에 '녹색성장'을 전파하기 위해 진력하였다. 당시 내가 녹색성장 확산에 얼마나 전념했는지, 주변에서는 나를 '녹색성장 전도사'라고 불렀다. 심지어 누군가는 "당신은 유엔 관료처럼 보이지 않는다."고 말을 하기도 했다. 나로서는 대단한 칭찬의 말로 들렸다.

'저탄소 녹색성장 로드맵'의 5가지 녹색성장 추진 전략 개요

① 경제 성장의 단기적인 '양'보다는 장기적인 '질'에 중점을 두는 경제운용 정책의 전환

단기적인 총 생산량의 극대화가 아니라 장기적인 성장의 경제적 질economic quality, 사회적 질social quality, 환경의 질ecological quality 향상 추구.

② 보이지 않는 경제 제도Invisible Structure의 탈탄소화

우리 경제를 움직이는 에너지 가격, 세금, 에너지 효율 기준, 예비타당성 심사제도 등 각종 기준과 규범에 탄소잠재가격Shadow price of Carbon을 반영하는 제도의 전환.

③ 보이는 사회기반 시설Visible Structure의 탈탄소화

우리 눈에 보이는 빌딩, 도로, 철도 등 교통망, 도시 건설, 에너지와 전력 시스템 등 물리적 사회 기반 시설의 구축에 탄소잠재가격 반영.

---

8. 이 보고서는 세부적인 정책 수단들과 다양한 성공사례들을 모아서 별도의 참고 자료도 함께 출간되었으며 현재도 계속 업데이트 되고 있다. ESCAP 홈페이지와 구글에서 검색 가능하다.

④ 탄소 비즈니스 육성

- 탈탄소 사업의 경우 대부분 단기 수익성이 낮을 수밖에 없는 만큼, 정부의 체계적이며 지속적인 인센티브와 제도적 지원이 필수.
- 동시에 강력한 탈탄소 규제의 병행 시행. 세계 지속가능 기업위원회[WBCSD]에서는 2015년 파리 기후협정 논의를 앞두고 이미 온실가스 감축이 새로운 사업기회라고 선언하고 각국 정부에 예측 가능하고 점진적인 감축 일정을 제시하여 줄 것을 요청함. WBCSD에는 우리나라의 삼성을 포함해 전 세계 유수 기업들이 회원사로 참여하고 있음. 신재생에너지 100% 사용을 위한 'RE 100' 캠페인이 글로벌 기업들에 의해 주도되고 있으며, 앞으로는 온실가스 감축 능력이 마케팅과 기업 경쟁력의 주요 요소임.

⑤ 과감한 탈탄소 목표 설정과 국내법에 의한 강제 이행

시장의 기능만으로 탈탄소 전환을 기대하기 어려운 만큼, 강력한 목표치를 설정한 정부의 과감한 조치들, 예를 들어 생태세제개혁, 탄소잠재가격 적용, 배출권 거래제도 등의 조치 필요.

내가 추진한 가장 중요한 프로그램은 〈녹색성장 서울 이니셔티브[Seoul Initiative Network on Green Growth]〉다. 아태지역 개도국들에게 녹색성장을 확산시키기 위해 2005년에 시작한 프로그램인데 지금까지도 활발히 운영되면서 녹색성장 사업 발굴과 지원 및 정책대화포럼을 매년 개최하고 있다. 녹색성장이 2008년 8월 15일 한국의 발전전략

으로 선언되고 이후 한국이 국제사회에서 기후변화 대응의 선도국으로 소프트파워를 발휘하자, 카자흐스탄의 나자르바예프 대통령은 유럽과 아시아태평양을 연결하는 녹색성장의 다리가 되겠다는 의미에서 2010년 '그린 브리지Green Bridge'라는 것을 제안하였다. 또 남태평양 국가들도 녹색성장을 도입하겠다고 '마이크로네시아 정상회의'에서 녹색성장 선언을 하는 등 호응이 이어졌다.

그러나 늘 순탄한 것만은 아니었다. ESCAP의 상주대표 회의와 총회에서 인도, 이란, 러시아가 녹색성상에 대한 공격을 계속하였다. 당시 ESCAP 회의에 참석하는 인도 대표는 1992년 리우 지구정상회의 때 개도국들이 주장하던 "환경은 우리의 책임이 아니며 빈곤퇴치가 우선"이라는 식상한 주장을 반복하면서 사사건건 시비를 걸고, 아예 ESCAP의 사업 계획에서 삭제하려고 달려들었다. 1990년대에 듣던 '반 환경 성장 우선' 논리를 20년 가까이 지나 2010년대에 똑같은 말로 다시 들어야 한다는 것이 참으로 피곤하였다.

한 가지 곤란한 것은 1992년에는 나 역시 같은 UN 회원국의 대표였으나, ESCAP에 근무할 때는 입장이 뒤바뀌어 사무국 간부로 회원국의 의견을 반영하여 사업을 집행해야 하는 입장이 되었으니, 이에 대해 뭐라고 반박을 할 수가 없는 상황이었다. 참으로 답답한 적이 한두 번이 아니었다. 그나마 한국 대표가 나서서 녹색성장 주도국으로서 적극 옹호 발언을 해주면 다행이었는데, 그렇지 못할 때는 답답하기 이를 데 없었다. 2005년에 녹색성장 채택 당시의 인도 대표가 ESCAP 상주 인도 대표처럼 극렬 반 환경론자였다면 아마도 녹색성장 자체가 채택되지 못하였겠다고 생각하면 그나마 천만다행이었다 싶다.

세계적으로 G-20, OECD, World Bank, UNDP 등에서 녹색성장 논의가 활발하게 가속도가 붙고 있음에도 불구하고, 오히려 녹색성장의 발상지인 ESCAP에서는 인도 대표의 극렬한 반대와 러시아, 이란 등의 동조로 인해 정작 녹색성장 사업이 겨우 이름만 유지되고 있다. 2010년 아스타나에서 열린 제6차 아시아태평양 환경·개발 각료회의에서 카자흐스탄 정부가 녹색성장으로 유럽과 아시아를 연결하겠다는 그린 브리지 파트너십Green Bridge Partnership을 제안하였을 때에도 인도와 러시아, 이란의 반대가 심했다. 그린 브리지 파트너십은 강제적인 프로그램이 아니라 참여를 원하는 국가들만 참여하는 자발적인 프로그램이라고 설득하여 겨우 통과시켰다. 인도와 러시아 대표의 이러한 주장은 어디까지나 '반대를 위한 반대'였다. 그러면서도 나중에 인도의 대표적 기후변화 연구 기관인 TERIThe Energy Research Institute는 《Green Growth Journal》을 발간하기 시작했고, 푸틴 러시아 대통령은 내가 참석한 2018년도 상트 페테르부르그 국제경제포럼St. Petersburg International Economic Forum에서 녹색성장을 추구하겠다고 발표하기도 했다.

내가 이렇게 녹색성장 확산을 위해 노력하는 모습에 감동을 받았는지 《인터내셔널 헤럴드 트리뷴International Herald Tribune》의 방콕 주재

SPOTLIGHT

A green foundation of cold, hard cash

UN environment official works through Asian governments' wallets

By Thomas Fuller

BANGKOK

People in Asia are so obsessed with economic growth — money, money, money," said Rae Kwon Chung, a top United Nations official here. "But not the environment. They don't give a damn."

This is hyperbole of course: Dirty air and contaminated water are rising concerns across the region. But Chung, who runs a UN environment program in Asia, is not averse to being provocative if it makes people listen.

It is not news to anyone who lives in one of Asia's megacities that years of breakneck economic expansion have come at great cost to the environment. New Delhi and Beijing, two of the worst examples, both have levels of air pollution about three times as high as maximum levels suggested by the European Union and United States.

But rather than preach the virtues of cleaner air, says Chung, a former South Korean diplomat, it is more effective to aim for the wallet when trying to convince Asian governments of the urgency of the problem. Continued economic growth will not be possible if the environment is neglected, he tells officials.

"Our approach is not only to focus on the environment ministers but the finance ministers as well," Chung said in an interview at his office in Bangkok.

His mantra is green growth: If Asia is profligate with oil, coal, timber and other commodities, prices will spiral out of control and the economic miracle of recent years will flop, he said.

"What he's saying is not that radical," said Chee Yoke Ling, a lawyer based in Beijing and who specializes in environmental issues. Referring to the concept of green growth, she added, "This was discussed more than 15 years ago."

"But it was never translated into action," she said.

Chee said that Chung was right to spread his message among officials from finance and development ministries because that is where the money is and it is those officials who have the power and funds to change government policies.

"Environment ministries in any country are very weak," Chee said. "They don't have much sway."

With the steady rise of commodity prices in recent years, energy-saving policies are being built into the government's overall strategies. The Chinese government in April increased to 20 percent from 8 percent a tax on cars with large engines, like sport utility vehicles. Taxes on small cars were slashed.

China's current Five-Year Plan, its outline of economic strategy through 2010, stresses energy conservation and sustainable development.

Chung's central message is that the citizens and leaders of the region should discard any illusion that they can adopt an American lifestyle.

There are not enough resources in Asia to support it, he said. The region's population density is 1.5 times the global average yet the Asia-Pacific region has one-tenth as much available fresh water as, say, South America, according to UN statistics.

"The region is already living beyond its means," Chung said. "We need to move away from the 'grow first and clean up later' approach."

Yet Chung is more optimistic than many of his colleagues who work on environmental issues. The world should be thankful, he said, that China is not a democracy, because a centrally planned economy can react more quickly to the challenges of the environment. "If it were a completely democratic country, it would be very difficult to control it," he said. "I think China will be faster than any other country in improving the environment at the local level because they are centrally controlled."

For all his diplomatic background, Chung shuns the tiptoe approach of some of his colleagues. He exudes zeal.

Chung spent 27 years in South Korea's foreign service, with postings in New York, Paris and Jakarta.

He joined the United Nations two years ago because, he said, he wanted to do something "substantive and meaningful."

His official title is director of the environment and sustainable development division of the United Nations Economic and Social Commission for Asia and the Pacific. It barely fits on his name card.

Chung said that part of his job is trying to change mentalities. Asians tend to think of railways as transport for the poor, so they favor building massive highways. Yet too many roads in densely populated countries is inefficient and bad for the environment, he said.

Chung said that his native Korea was an example of the policies adopted with big cars and ways: "Over the weekend country becomes a parking...

Governments should cut tax systems, he said, incre on gasoline and cars. Re batteries should be tax-fr posable ones heavily taxed, cause batteries leak damag als into the environment wh discarded.

So, what is Chung's ultim... involves Angelina Jolie, ha chievously. Asia needs a sta who can champion the envi passionately as Jolie has ta sue of refugees and displa... Governments and UN o... only do so much, he said.

International Herald Tri...

Rae Kwon Chung, a UN official in Bangkok, says Asia's economies will not be able to grow further if the environment...

---

11 January 2008

Dear Mr. Chung,

I write to thank you for your professionalism and dedicated efforts made in support of my recent visit to Thailand, especially for your work as a United Nations Climate Change Panel Member, which I believe was a significant contribution to the successful outcome of the Climate Change Conference in Bali.

Your work on achieving "Green Growth" as a means of achieving environmentally sustainable economic growth, has provided an inspiration to your team in ESCAP in their efforts to build a regional approach to achieving climate change resilient societies. This has provided enormous support to my own efforts on climate change and I will look to ESCAP, in particular to your team, to become a major force for follow-up to Bali, in articulating the Asia-Pacific perspective of a framework beyond 2012.

Please accept my best wishes for the important work you and your colleagues are doing.

Ban Ki-moon

Mr. Rae Kwon Chung
Director
United Nations Economic and Social
Commission for Asia and the Pacific
Bangkok

《인터내셔널 헤럴드 트리뷴》 지에
실린 인터뷰 기사, 아래는 당시
반기문 유엔 사무총장이 보내준 친서.

원인 토마스 풀러 기자가 나를 인터뷰하여 2006년 8월 5-6일 자 신문의 'WEEKEND BUSINESS' 란에 〈A Green Foundation of cold, hard cash〉라는 제목으로 거의 지면의 반을 할애하는 개인 인터뷰 기사를 게재하여 주었다. 지금도 풀러 기자가 스스로 점심을 사면서 "International Herald Tribune is very pleased to treat you a lunch."라고 하던 모습이 눈에 선하다. 2007년 12월에는 발리 기후변화총회에 참석하는 길에 방콕에 들른 반기문 사무총장에게 ESCAP 전체 회의에서 녹색성장에 대해 보고를 한 적도 있었다. 반기문 총장은 뉴욕으로 돌아간 후 녹색성장에 대한 노고를 격려하는 개인 서한을 보내주기도 하였다.

왜 개도국이 선진국의 환경파괴 실수를 반복하여야 하나?

산업혁명 이래 선진국과 한국을 포함해 기존의 경제성장 방식은 '선성장 후 환경Grow First, Clean Up Later'이었다. '녹색성장'은 환경적으로 지속가능하게 성장한다는 것을 의미하는데, 과거 경제개발 과정에서 환경을 파괴하지 않으면서 성장한 나라는 없다. 역사에서 전례가 없는 새로운 성장방식을 추구하는 것이니만큼 어려움이 많을 수밖에 없었다.

먼저 '녹색성장'이란 말을 꺼낼 때마다 많은 정책 담당자, 경제 전문가들이 그게 과연 가능하냐고 의문을 제기했다. 내 대답은 한결같았다. 우리가 지구환경 파괴를 막으면서 경제성장과 고용 창출을 지속해 나가려면 '녹색성장'이 가능한지 아닌지는 따질 필요가 없다! '환경'에 대한 '투자'가 '성장'과 '고용'으로 이어지기 위해 어떤 조건들이 필요한지를 분석하여 실제로 '녹색성장'이 가능할 수 있도록 정책들을 개발하고 여건을 조성하고 실질적인 조치들을 취하여 나가는 것이 우선이다!

녹색성장 관련 워크숍에 온 개도국 공무원들은 하나같이 '한국처럼 재원과 기술이 있는 나라면 몰라도, 자신들처럼 돈과 기술이 부족한 경우에도 녹색성장이 가능하냐'고 물어왔다. 그들로서는 현실적인 질문이었을 것이다. 일본이나 한국 같은 아태지역의 선진 산업국들도 '선 성장 후 환경'이라는 발전 단계를 거친 만큼 후발 개도국들에게 "녹색으로도 성장할 수 있다."라는 메시지가 순순히 받아들여지기를 기대하기는 어려웠다.

그래도 나의 대답은 "물론 가능하다."였다. 선발 산업국들이 성장을 위해 치렀던 값비싼 환경파괴의 비용을 후발 개도국들이 알면서 굳이 반복할 필요는 없다. 녹색성장을 구현할 정책 수단들은 얼마든지 있다. 정책 수단을 시행하는 데에는 돈과 기술보다 오히려 정책 집행 의지와 이를 뒷받침하는 사회적 합의가 더 중요하다는 게 나의 대답이었다.

물론 최빈 개도국처럼 최소한의 생존문제를 해결하지 못하고 아직 경제성장을 위한 산업적 기반을 갖추지 못한 국가들에는 녹색성장보다 빈곤퇴치가 더 절실하다. 그런 점에서 녹색성장은 어느 나라에나 적합하다기보다는 최빈 개도국을 벗어난 수준의 중견 개도국, 어느 정도 경제성장의 산업기반이 마련된 국가들에 더 적합한 것이 사실이다.

이처럼 대부분 '녹색성장'이 '돈'과 '기술'의 문제라고 생각하지만 돈과 기술을 충분히 가지고 있는 선진국 중에서도 미국, 일본, 한국은 신재생에너지의 비중이 낮은 반면, 유럽은 높은 편이다. 이는 녹색성장이 돈과 기술의 문제라기보다 '정책'의 문제라는 것을 잘 보여준다. 유럽 각국이 도입한 다양한 신재생에너지 정책이 차이를 만든 것이다.

녹색성장의 사례, 생태도시 순천과 베스타스 풍력발전

녹색성장에 대한 반대는 결국 성공사례로만 반박할 수 있을 것이다. 우리나라 순천과 덴마크 풍력발전 기업 베스트는 녹색성장의 확실한 성공사례라 할 수 있다.

순천만은 수려한 자연경관과 흑두루미를 비롯해 여러 철새의 도래지로 생태적 가치가 높은 곳이다. 당초 고급 콘도나 아파트 단지를 개발할 계획이었지만, 시민환경단체들의 노력과 노관규 순천시장의 집념으로 생태보전지역으로 개발을 제한하고 순천만 갈대숲과 순천만 국가정원을 개장했다. 2019년 관광객 1300만 명이 다녀가 전국 관광객 유치 1위, 관광소비 매출 4332억 원을 기록하는 성공을 이어 나가고 있다. 인구 30만의 도시에 관광객이 1300만 명이라니. 내가 만든 ESCAP 보고서에도 순천시의 경험을 환경에 투자해 경제적 성공을 거둔 대표적인 사례로 포함시켰다.

물론 이 성공이 쉽게 이루어진 것은 아니었다. 순천만을 생태보선지역으로 지정하여 개발을 제한하자 초기에 시주들의 반발이 엄청났다. 200여 회 이상의 주민 간담회를 통해 흑두루미들에게 위협이 되는 280여 개의 전봇대를 제거하고 월동 먹이용 볍씨를 제공하자, 이곳을 찾는 흑두루미 개채 수가 증가하고 새들을 관찰하기 위해 갯벌 갈대밭 산책로를 설치하면서 관광객들이 몰려들었다. 경제효과가 나타나자 지역주민들도 협조하기 시작했다.

순천만 습지는 2006년 국내 연안습지 최초로 람사르 협약에 등록됐고, 2011년 세계적인 여행안내서 《미슐랭 그린가이드: 한국편》에 소개되었다. 2018년에는 순천시 전역이 유네스코 생물권 보전지역으로 지정되어 국제적인 '생태도시'로 공인되었다. 한때 농업 및 해양 쓰레기로 몸살을 앓던 순천만의 생태복원 가치는 연간 1747억원, 향후 100년간 경제 가치는 2조3569억 원에 달할 것으로 평가된바 있다. 2014년의 분석이다.

순천시민들은 오랫동안 인접한 여수와 광양이 제철과 화학단지로 개발된 데 비해 자신들은 낙후된 지역이라고 자조하였다. 그러나 이제는 오히려 여수와 광양에서 일하는 사람들이 공기가 맑고 자연 생태가 잘 보존된 순천에 살면서 여수나 광양으로 출퇴근을 하는 경우가 늘고 있다고 한다. 땅값도 오히려 순천이 더 올라가고 있다는 얘기도 들린다.

주민들로부터 목숨까지 위협받는 상황에서도 끝까지 의지를 굽히지 않고 순천을 최고의 생태관광도시로 발전시키고 순천만 국가정원까지 일구어 낸 노관규 시장의 집념과 열정에 경의를 표한다. 한 사람의 지도자가 얼마나 큰 변화를 이끌어낼 수 있는지 보여준 대표적 사례이자 진정한 녹색성장의 성공 사례가 아닌가. 순천의 사례는 환경에 투자하는 것이 경제적 성공으로 이어질 수 있다는 것을 보여주었다는 점에서 기쁘다. 환경과 경제의 선순환이 가능하다는 나의 주장을 실증하여 주었으니 말이다.

순천이 지역의 사례라면 기업 사례로는 덴마크의 풍력발전기업 베스타스^{Vestas}를 들 수 있다. 덴마크 정부는 1970년대 오일쇼크 이후 중동에 대한 에너지 의존도를 낮추겠다는 장기 정책목표를 설정하고 풍력발전 기술 개발을 적극 지원하였고, 이에 힘입어 베스타스는 1980년대부터 세계 풍력발전 시장을 선도해나가기 시작했다. 초기에는 수익 창출이 어려웠지만, 다른 기업이 시도하지 않는 윈드터빈 기술의 선두주자가 됨으로써, 한동안 세계 풍력발전 시장에서 독점적 지위를 차지할 수 있었다. 지금도 세계 풍력발전 시장에서 20%

의 점유율과 120억 유로에 달하는 매출을 자랑하고 있다. 바람에 투자하여 돈을 벌다니, 멋지지 않은가.

이런 사례에서 알 수 있듯 녹색성장은 그저 구호가 아니다. 세계가 '환경에 발목 잡힌다'는 부정적인 생각 대신 녹색성장의 실제 성공사례들에서 배운다면 지구환경문제 해결의 실마리가 풀릴 것이다.

전통문화와 생활양식에서 찾은 대안:
현대의 과소비 라이프스타일에 대한 해법

 1992년 10월, 파리 OECD 환경정책위원회 회의장

선진국과 개도국은 라이프스타일의 문제를 두고도 대립하였다. 선진국들은 환경을 무시하고 오염물질을 다량 배출하는 개도국들의 생산방식이 지구환경 파괴의 원인이라고 지목한 데 비해, 개도국들은 선진국들의 과소비가 지구환경 파괴의 원인이라고 주장한다. 일부 선진국은 만약 경제성장 중인 개도국들이 미국식 과소비 라이프스타일을 따를 경우 지구환경의 파괴가 가속화될 것이라 걱정한다. 나는 자연과 인간의 조화를 추구하던 동아시아의 전통문화에서 지속가능한 소비패턴의 해법을 찾자고 제안했다.

세계가 모두 미국식 라이프스타일을 따른다면…

1992년도 리우 지구정상회의에서 가장 논란이 되었던 문제 중의 하나는 소비패턴, 즉 라이프스타일의 문제였다. 선진국들은 환경을 무시하고 오염물질을 다량 배출하는 개도국들의 생산패턴이 지구환경 파괴의 중요 원인이라고 지목하였다. 이에 대해 개도국들은 개도국들대로 선진국들의 과소비가 지구환경 파괴의 원인이라고 주장하면서 충돌하였다.

미국의 조지 H. W. 부시(아버지 부시) 대통령은 "미국의 라이프스타일은 협상 대상이 아니다."라는 유명한 말을 남기면서 소비패턴을 〈의제 21〉에 포함시키는 데 강하게 반대하였으나, 마지막 순간에 반대를 철회하여 결국 '지속 가능한 생산과 소비패턴'이 〈의제 21〉에 포함되었다.

선진국 중에서도 북유럽의 스웨덴과 노르웨이 등은 1992년 리우 지구정상회의 협상 초기부터 소비패턴 문제를 매우 중요한 우선과제로 중점을 두었다. 이유는 간단하다. 만약 중국이나 인도와 같은 개도국들이 경제성장 과정에서 미국과 같은 생활방식, 라이프스타일을 답습하게 된다면, 즉 집집마다 큰 자가용을 2~3대씩 굴리고 전기를 비롯해 에너지를 펑펑 사용하게 되면 지구환경에 엄청난 재앙이 될 것이라는 우려에서였다.

이러한 우려에 대해 중국의 협상 대표였던 총슈콩 교수는 소비패턴의 문제는 필요 이상으로 과소비를 하는 선진국의 문제이지 이제 겨우 빈곤문제를 극복하려고 하는 개도국에 해당하는 문제가 아니라고 열변을 토하였다. 앞서 이야기했던 동북아환경협의체NEASPEC 회의에 중국 대표로 참석한 바로 그 사람이다. 중국뿐만이 아니었다. 인도도 선진국의 이러한 태도에 극도의 반감을 가지고 소비패턴 논의에 대해 부정적인 입장을 표명하였다. 그럼에도 불구하고 노르웨이와 스웨덴 대표는 소비패턴에 관한 각료급 회의를 개최하는 등 개도국들에게 '지속 가능한 소비패턴'의 중요성을 인식시키기 위해 노력하였다.

이러한 상황에서 당시 OECD 가입협상 담당참사관으로 파리에 근무하던 나는 OECD의 환경정책위원회에 참석하여 다음과 같은 제안을 하였다.

"개도국들에게 지구환경을 보호하기 위해 소비를 줄이고 근검절약 하여야 한다는 훈계가 받아들여질 거라고 기대해서는 안된다. 대다수 개도국들은 이미 수천 년 전부터 자연과 조화를 이루며 자연을 파괴하지 않는 삶의 방식을 조상들로부터 전통으로 물려받아 오고 있었다. 그러다 근대 산업화 과정에서 서양식 삶의 방식을 받아들이면서, 개도국에도 서양식 과소비 풍조가 확산되고 있다. 지구촌을 휩쓰는 세계화Globalization가 서양식 소비패턴과 상업주의를 개도국에 무차별적으로 확산시키는 상황에서 개도국에게만 책임을 추궁하는 것은 설득력이 없다. 이런 상황에서는 지구환경 때문이 아니라, 개도국 자신의 전통 가치와 삶의 방식을 계승하고 자신들의 정체성을 보존하는 차원에서 소비패턴의 문제를 검토하고 수용하는 것이 필요하다고 제안하면 개도국들도 긍정적으로 받아들일 수 있을 것이다."

이러한 나의 제안에 대해 노르웨이와 스웨덴의 대표들은 바로 그거라는 표정으로 적극 환영하였다. 그 인연으로 이후 오슬로에서 열린 소비패턴 각료 회의 등에 나를 계속 초청하기도 했다.

두 나라의 대표단이 내가 제안한 아이디어에 얼마나 크게 공감했던지 1998년 유엔 대표부에서 참사관으로 근무할 때에는 양국이 각각 5만 달러씩 10만 달러를 보내주면서 나에게 '동아시아의 소비 추세와 전통가치'에 대한 유엔 전문가 회의를 한국에서 개최하여 달라고 요청하기까지 했다. 아마도 한국 외교관이 다른 나라로부터 유엔 전문가 회의를 개최하여 달라고 재정지원을 받은 경우는 이때가 처음이 아닌가 생각한다.

개인적인 사사로운 친분이나 인연이 아니라 오로지 아이디어만으로 평가하고 신뢰하면서 자신들의 예산을 적극적으로 확보하여 보내주는 북유럽 사람들의 냉철하고 논리적인 행동이 참으로 인상 깊었다. 노르웨이 환경장관 자문관이었던 폴 호프세쓰, 스웨덴 환경부의 울프 오토슨. 잊을 수 없는 이름들이다. 이들은 1999년 1월의 추운

겨울에 제주도까지 와서는 내가 준비하고 주관한 전문가 회의에 직접 참석하기까지 했었다.

과소비의 세계화에 대응하기 위한 전통가치의 회복

나는 유엔 대표부에 근무하면서 전문가 회의 준비를 위해 영국의 환경 컨설팅업체인 ERM^{Environment Resource Management}에 내가 생각하는 주요 쟁점들을 중심으로 토론 자료를 만들도록 용역을 주었다. 그리고 동아시아의 소득 상승과 소비패턴의 추세, 세계화의 영향, 동아시아의 문화적 가치와 소비패턴 등을 중심으로 논의를 구성했다.

세부적으로는 필리핀, 태국, 인도네시아, 한국의 전문가들로 하여금 유교, 불교, 힌두교, 기독교 등 전통가치와 소비패턴에 관한 보고서를 준비하여 발표하도록 하였다. 처음 이 논의가 시작된 OECD 사무국은 직원을 보내 참관하도록 했다. 의외인 것은 중국의 반응이었다. 중국은 외교부, 환경처, 국가개혁개발위원회에서 각 1명씩의 전문가를 참석시켰다. 소규모 전문가 회의에 이렇게 3개 부서에서 대표를 보냈다는 것은 상당한 관심을 가졌다는 표시였다.

소비패턴 문제에 대해 부정적인 입장을 견지하고 있던 중국 대표들에게 나는 소비패턴의 문제를 꼭 선진국이 지구환경 보호를 위해 개도국에게 강요하는 것으로 볼 필요가 없다고 설명하였다. "중국처럼 개혁 개방 과정에 미국 등 서양의 생활방식이 밀려들어오고 있는 상황에서 자연과의 조화를 강조하는 중국 고유의 유교적인 전통가치를 계승 발전시키고 중국인의 정체성을 지키기 위해서도 필요한 것이다."라고 하자 큰 관심을 표명하였다. 다만 아쉽게도 당시 중국은 공자의 유교사상을 부정적으로 평가하던 때여서, 유교적 가치를 전면에 내세우는 것에 대해 정치적 거부감을 가지고 있었다. 지금 중국 정부가 공자학당을 세우며 공자를 내세우는 것과는 상황이 완전히 달랐다.

최근 중국의 경제성장과 이에 따른 부유층들의 과소비를 볼 때 노르웨이나 스웨덴 대표가 보이던 우려가 기우가 아니었다는 생각이 든다. 최근 들어 공자사상을 내세우고 있는 중국이 지금이라도 내가 주장하였던 유교적인 전통가치를 소비패턴과 지구환경문제에 접목시킨다면 상당한 성과를 거둘 수 있지 않을까 기대한다.

그러나 이러한 문제는 중국만의 문제가 아니다. 사실은 우리나라의 과소비도 다른 선진국들보다 심하면 심했지 덜하지 않다. 우리는 세계에서 미국 다음으로 가장 큰 대형 자가용, 대형 가전제품을 사용하는 등 소비부문의 1인당 생태 발자국이 이미 일본이나 유럽 국가들을 추월한 지 오래다. 제주도에서 소비패턴 전문가 회의를 개최하던 1999년 초만 해도 우리나라는 소위 IMF 금융위기의 충격 속에서 소비가 많이 위축되었었는데, IMF 금융위기에서 회복되자마자 다시 과소비가 재현되었다.

제주에서 개최된 전문가 회의에서는 지속가능 소비패턴에 대한 제주 이니셔티브가 채택되고 권고안도 마련되었지만, 아쉽게도 내가 기대했던 만큼의 성과는 거두지 못하였다. IMF 위기 때 위축되었던 소비패턴이 우리 유교적 전통가치의 회복과 지구환경에 대한 인식의 확산을 통해 금융위기 이후에도 계속 되기를 바랐으나, 역시 기대가 너무 컸던 것 같다.

새로운 미래의 소비패턴을 기대하며

노르웨이와 스웨덴 대표를 비롯해 지구환경을 걱정하면서 미국식 과소비 풍조가 개도국에 확산되는 것을 억제하여 보려는 일부 선진국의 시도는 의미 있는 접근이지만, 전 세계를 휩쓰는 세계화의 물결을 막기에는 역부족이었다. 지구환경문제를 선도하는 유럽 나라들에서는 자전거가 운동만이 아니라 유의미한 교통수단으로 인정받을 만큼 도시생활에서 유행이 된 데 비해, 중국을 포함한 개도국에서는 자동차가 자전거를 밀어내고 어디를 가나 교통체증이 날로 악화되고 있다. 서울의 교통체증도 말할 나위가 없다. 교통체증이야 말로 불필요한 온실가스 배출의 대표적인 상징이다. 참으로 아이러니하지 않은가.

그러나 전통문화 가치의 회복을 통해 지구환경문제를 해결하고자 했던 1999년도의 시도가 비록 당장 눈에 보이는 성과를 거두지는 못했지만, 그렇다고 그러한 접근 자체가 틀렸다고는 생각하지 않는다. 청빈사상과 무위자연의 정신적 가치를 추구하여온 동아시아가 오히려 미국식 물질주의와 상업주의에 매몰되고 있는 상황에서, 서구 유럽 선진국인 노르웨이와 스웨덴이 과소비와 지나친 상업주의를 경계하는 사업을 적극 지원하는 반면 미국은 아직도 자신들의 과소비 생활방식은 신성불가침의 영역이라고 목소리 높이고 있다. 참으로 안타까운 일이다.

이제 우리 경제력이 물질 소비의 최대 수준까지 도달한 지금 필요 수준을 훨씬 넘어 과도하게 쓰레기를 배출하는 과소비 패턴에서 벗어나기 위한 자발적인 사회 운동이 움틀 때도 되었다. 우리 선조들이 추구하였던 선비사상과 '안빈낙도'와 같은 전통가치, 전통 생활방식이 지구환경을 지키기 위한 지속 가능한 소비패턴의 새로운 물결을 만들 수 있지 않을까 기대를 가져본다.

누가 무임승차를 하는가:
서로를 악당시하는 선진국과 개도국

기후변화비용을 지불하지 않는 선진국 소비자들

2009년 4월 27일, 미 국무성에서 개최된 주요 경제국 포럼에 참석한 각국 기후변화대사들을 당시 존 케리 상원 외교위원회 위원장이 미 의회 의사당 연회실로 초청하여 오찬을 주최하였다. 케리 위원장은 미국 정치인 중 누구보다도 기후변화 문제에 관심이 많으며, 2015년 파리 기후변화총회 때는 국무장관 자격으로 참석하여 파리기후협정의 막판 극적인 타결에 기여한 숨은 영웅이기도 하다.

　미국의 일반 여론을 비롯해 대다수 정치인들은 미국은 기후변화에 적극 참여하고 있는데, 중국이나 인도 등 개도국들이 온실가스 감축을 위한 어떠한 노력도 하지 않고 무임승차를 한다는 인식을 가지고 있다. 케리 위원장은 오찬사를 통해 중국, 인도 등 주요 개도국의 온실가스 배출이 급격히 증가하고 있다고 지적하면서 개도국들이 더 이상 무임승차를 해서는 안 되며 기후변화 대응에 적극 참여하여야 한다고 강조하였다.

　케리 위원장이야 개인적으로 기후변화 문제에 대한 열정과 진정성이 누구 못지않은 존경할 만한 인물임에는 틀림없지만, 나는 개도국들이 무임승차를 하고 있다는 미국 주요 정치 지도자들의 인식에 대해서는 강한 이견을 가지고 있었다. 케리 위원장의 오찬사가 있은 후 나는 바로 손을 들어 질문을 하였다.

　"위원장님, 한국을 포함하여 중국 등 주요 개도국들의 온실가스 배출량이 급속히 증가하고 있다는 것만으로 이들 개도국들이 무임승차 하고 있다는 것은 정확하지 않은 지적입니다. 중국 등 대다수 개도국들은 아직도 1인당 배출량이 미국 등 선진국들보다 월등히 낮습니다.

이들의 온실가스 배출은 그들의 빈곤을 타개하기 위한 생존용이지만, 미국 등 부유한 나라의 많은 소비자들이 도심 한복판에서 대형 배기량의 4륜구동 SUV를 모는 것이야 말로 무임승차입니다. 그들은 자신들이 배출하는 이산화탄소의 기후변화비용을 지불하지 않고 있습니다. 물론 그렇다고 해서 중국, 한국 등 개도국들이 아무런 행동을 취하지 않아도 된다는 의미는 아닙니다. 한국을 포함해 많은 개도국들은 이미 자발적으로 온실가스 감축을 위해 노력하고 있습니다. 현재의 기후변화협약 자체가 개도국들의 감축 노력을 담아낼 틀을 제공하지 못하여 마치 이들이 아무런 감축 행동을 하지 않는 것처럼 인식되고 있는 것은 문제가 있습니다. 이러한 문제를 해결하기 위해 한국은 개도국의 자발적인 온실가스 감축 목표치를 국제적으로 서약하고 담보할 '국제등록부'의 설치를 제안하였습니다. 이러한 제안에 대해 긍정적인 이해를 기대하겠습니다."

과소비를 할 여력이 없는 개도국

국제사회 대부분의 개도국들은 자기들은 에너지를 풍족하게 쓰면서 구체적인 온실가스 감축 목표치를 발표하지 않는 미국이야말로 기후위기 상황에서 아무런 행동을 취하지 않는 무책임한 국가라고 믿고 있는데, 미국은 오히려 개도국들이 아무런 행동을 취하고 있지 않다고 믿고 있다. 이런 상황이니 선진국과 개도국 사이에 협상이 진전될 리가 없었다.

누구보다 지구환경문제에 열심이고 진심인 케리 위원장 역시 오찬사에서 미국만 온실가스 감축을 할 수는 없으며, 무임승차를 하는 중국 등 주요 개도국들이 감축 의무를 받아들여야 한다고 강조하였다. 이에 대해 내가 위의 발언처럼 개도국이 무임승차를 하고 있다는 생각은 오해라는 점과 오히려 선진국의 에너지 과소비가 무임승차라고 지적하면서 개도국의 감축 목표를 등록 서약할 '국제등록부'라는 나의 제안을 설명하였다.

케리 위원장은 나의 발언에 대해 선뜻 좋은 지적이라고 인정하면서 공감을 표명하고 '국제등록부'에 대해서도 흥미 있는 아이디어라고 긍정적으로 평가해주었다. 진정성 있는 진지한 답변이었다.

사실 나는 다양한 계기를 통해 미국측 인사들이 개도국 특히 중국이 무임승차를 하기 때문에 미국이 기후변화행동에 나설 수 없고, 중국이 감축 목표를 수락하기 전까지는 미국이 어떠한 감축 목표도 수락할 수 없다는 주장을 수도 없이 많이 들었다. 그때마다 나는 실제로 무임승차를 하는 것은 에너지를 과소비하는 선진국 소비자들이지 빈곤 때문에 과소비를 할 여력이 없는 개도국 소비자들이 아니라고 지적했다. 그러나 케리 위원장처럼 나의 지적을 선뜻 좋은 지적이라고 긍정적으로 수용하는 인물은 없었다. 똑같은 주장을 미 의회 의원 보좌관들과의 세미나에서도 주장한 바 있는데 돌아오는 반응은 무거운 침묵뿐이었다. 어떤 의미의 침묵이었는지 나로서는 알 길이 없다.

3부
기후변화체제의 결정적 장면들

법적 구속력을 가지는 기후변화체제 구축의 꿈은
코펜하겐 기후총회를 마지막으로 무산되었으며,
결국 국제사회는 파리 기후총회에서 각국의 '자발적인 기여'에
의존하는 현재의 기후체제에 합의할 수밖에 없었다.
현재 각국이 서약한 자발적인 감축만으로는 이미 날로
심각해지고 있는 기후위기를 피할 수 없다는 경고가 나오고 있다.
코펜하겐 회의에서 어떻게 구속력 있는 기후체제 합의의
마지막 기회가 무산되었는지, 법적 구속력이 없는 자발적인
파리기후체제는 어떤 우여곡절 끝에
겨우 합의에 이르게 되었는지 살펴보자.

미완에 그친 코펜하겐 합의:
구속력 있는 기후체제의 무산

장면 1   **2009년 12월, 코펜하겐 기후변화총회 회의장**

인류 역사상 최초로 미국 오바마 대통령을 비롯하여 28개 주요국 정상들이 좁은 방에 모여 밤을 새우며 직접 문안 협상에 참여하였던 코펜하겐 합의문은 초청되지 못한 국가들의 극렬한 반발로 결국 공식 유엔 문서로 채택되지 못하였다. 미국과 중국은 목표치의 검증을 둘러싸고 극한 대립을 해소하지 못함으로써 결국 구속력 있는 기후변화체제 구축의 마지막 기회가 무산되고 말았다.

덴마크 정부의 성급함과 불발된 코펜하겐 합의문

내가 기후변화대사로 참석했던 2009년 12월 코펜하겐 기후변화총회는 구속력 있는 기후체제를 구축할 마지막 기회였으나 결국 불발로 끝나고만, 두고두고 아쉬운 순간이었다. 당시 나는 중국으로부터 감축 목표치의 국제적 검증을 수락하라는 미국의 압력에 대응할 전략에 대해 조언을 요청받았으며, 거꾸로 미국으로부터는 중국에게 검증을 수락하도록 압력을 행사하여 달라는 요청을 받았다.

코펜하겐 기후변화총회에 이르기까지 구속력 있는 기후변화체제를 수립하고자 하는 기후협상은 수많은 곡절을 거쳤다. 선진국의 법적 구속력 있는 감축 의무를 규정한 교토 의정서를 미국의 부시 행정부가 비준을 거부함에 따라 한동안 기후변화 협상은 타격을 받은 채 숨을 고르고 있었다. 2004년 러시아가 교토 의정서를 비준한 것을 계기로 선진국에 대한 구속력 있는 의무감축체제 출범의 불씨가 되살아났다. 국제사회는 다시 한번 선진국과 개도국이 모두 참여하는 보편적인 기후변화체제를 마련하기 위한 노력을 시작하였다.

2007년 발리 기후변화총회는 2년 후인 2009년도 코펜하겐 기후변화총회를 시한으로 정해두고 거기에서 새로운 보편적 기후체제를 채택하기로 합의하는 성과를 거두었다. 2007년 초에 신임 유엔 사무총장으로 취임한 반기문 총장이 기후변화를 "우리 시대의 최우선 과제"로 규정하고 국제사회의 노력을 촉구한 것도 큰 영향을 미쳤다.

2009년 1월, 미국에 오바마 행정부가 들어서면서 미국도 적극적으로 코펜하겐 기후변화총회 사전협상에 참여하기 시작했다. 또한 그동안 어떠한 감축 목표치 수락도 거부하던 중국을 포함해 주요 개도국들도 감축 목표치를 발표하였고, 우리나라도 2020년까지 예상 배출량 대비 30% 감축이라는 목표치를 천명하는 등 코펜하겐 회의를 맞아 선진국과 개도국이 함께 참여하는 구속력 있는 기후체제가 합의될 것이라는 기대가 그 어느 때보다도 높아지고 있었다.

이렇듯 높은 기대감 속에 코펜하겐 기후변화총회에는 이제까지 사상 최대 수준인 5만 명에 달하는 참가자들이 운집하였다. 60만 명 인구의 도시에 5만 명이 모였으니, 당시 호텔 숙소 구하기를 비롯해 도시 전체가 전쟁터를 방불케 했다. 원래 코펜하겐의 12월은 비성수기여서 호텔 숙소 가격이 매우 저렴하지만, 이때는 가격이 천정부지로 올랐을 뿐 아니라, 단 하루만 숙박을 해도 무조건 2주일치 숙박비를 지불해야 하는 등 바가지 상술이 횡행하였다.

문제는 이뿐만이 아니었다. 너무나 많은 참가자들이 밀려들자 회의장 출입증 발급 시스템에 과부하가 걸려 영하 10도의 날씨에 칼바람이 몰아치는 회의장 밖에서 출입증을 받기 위해 7~8시간씩 줄을 서는 아수라장이 연출되기도 하였다.

새로운 기후변화체제를 마련한다는 뜨거운 열기와 대조되는 행정적인 난맥상과 숙소 상황 등 어수선한 분위기 속에 코펜하겐 기후변화총회가 시작되었다. 2009년 12월 7일부터 18일까지 열렸던 제

15차 코펜하겐 기후총회는 바로 이 난맥상만큼 참으로 아쉬움이 많이 남는 협상이었다. 새로운 보편적인 기후변화체제를 만들겠다고 시작되었지만, 마지막 순간 주최국 덴마크의 조급함과 실수로 합의문 채택이 거부되면서 국제사회는 2015년의 파리기후총회까지 또다시 6년을 기다려야 했다.

회의가 막바지에 다다른 12월 17일 목요일 밤부터 시작된 주요국 정상회의에는 오바마 미국 대통령, 고든 브라운 영국 총리, 샤르코지 프랑스 대통령, 메르켈 독일 총리, 메드베데프 러시아 대통령, 하토야마 일본 총리, 한국의 이명박 대통령 등 28개국 정상과 반기문 유엔 사무총장 등이 작은 회의실에 모여 20여 시간 이상 정상 간의 직접적인 협상을 통해 '코펜하겐 합의' 문안의 초안을 도출하였다.

그러나 이렇게 어렵게 마련된 초안에 대해 베네수엘라, 볼리비아 등 주요 28개국 회의에 초청받지 못한 중견 개도국들이 자의적으로 선발된 28개국에 의해 합의된 문안은 효력이 없다고 주장하면서 총회는 일순 파국에 휩싸였다. 공식적인 회의 종료 시한을 넘긴 12월 20일 일요일 오후까지 잠도 자지 않으면서 2박 3일간 논스톱으로 협의가 계속된 '코펜하겐 합의Copenhagen Accord'는 결국 유엔 공식문서로 채택되지 못하였다. 참고문서Information Note로 '유념(take note)'한다는 수준에서 그치고 말았다. 유엔 회원국 간의 협의 없이 주최국 정부가 일방적으로 28개국을 선발해 진행했다는 절차상의 문제점 때문에 이에 포함되지 못한 중견 개도국들이 강력히 반발하면서 결국 합의문 채택이 불발된 것이다. 주최국 덴마크 정부의 성급함이 초래한 불상사였다.

'검증'을 둘러싼 미국과 중국의 정면충돌

당시 코펜하겐 총회에서는 중국을 포함해 많은 개도국들이 각국 능력에 상응한 자발적인 온실가스 감축 목표치 설정을 약속하는 등 어느 정도 협조적인 분위기가 조성되고 있었다. 중국도 2020년까지 2005년도 대비 GDP 당 이산화탄소 배출량 40~45%의 감축과 비 화석연료의 비율을 15%까지 높이겠다는 목표치를 제시하는 등 협조적이었다. 물론 개도국들이 이렇게 자발적인 목표치를 발표하게 된 데에는 선진국들의 목표치가 당연히 법적 구속력이 있다는 전제가 깔려 있었다.

그런데 문제는 이러한 감축 목표치에 대한 검증verification 문제에서 터졌다. 중국이 목표치를 발표하자 미국이 목표치에 대한 검증 문제를 제기한 것이다. 목표치 발표는 자발적이지만, 그에 대한 이행은 철저히 점검하여 구속적인 의무와 같은 효과를 보겠다는 미국의 계산이 깔린 대응이었다. 이러한 미국의 입장은 앞에서 이미 설명한 버드-헤이글 결의안이 규정한 개도국과의 실질적인 법적 동등성을 확보하기 위한 전략이었다. 그러나 중국은 개도국의 목표치가 자발적인 만큼 이에 대한 검증 절차는 내정간섭과 주권침해라고 강력히 반대하였다. 이렇게 '감축 목표치'보다 오히려 '검증' 문제가 최대 현안으로 떠오르면서 검증 문제를 앞장서서 반대하는 중국에 대해 전 세계 언론과 환경단체 등의 비난이 집중되었다. 이들은 검증을 거부하는 것은 목표치의 신뢰에 치명적인 약점이 될 것이라고 지적하였다.

사실 중국도 '검증'이 '주권침해'라는 자신들의 주장이 설득력이 부족하다는 것을 느끼고 있었다. '검증'은 '투명성'의 문제이지 '주권침해'의 문제는 아니기 때문이다. 그리고 중국에 대해서만 검증을 하는 것이 아니라 미국을 비롯해 세계 다른 나라들에 대해서도 검증을 하는 것이다.

이렇게 상황이 전개되어 가던 도중 회의장 복도에서 중국의 수석대표인 시에 장관과 우연히 마주쳤는데, 시에 장관이 일부러 통역을 부르더니 나에게 따로 양자 회담을 하자고 제안하였다. 사실 중국은 UN 기후변화 협상의 주요 주축[1] 중의 하나로 막강한 협상력을 가지고 있어 따로 아쉬울 것이 없었다. 우리와는 협상 전략도 다르기 때문에 중국 대표단이 우리와 양자 회담을 한 사례도 없었으며, 그 후로도 협상장에서 별도로 양국이 협상 현안을 두고 회담을 했다는 얘기는 듣지 못했다.

---

1. UN 환경협상에서 개도국 그룹을 영어로 'Group of 77 and China'라고 부른다. 중국의 위상이 개도국 전체와 버금가기 때문에 개도국 중의 하나가 아니고 '개도국 전체와 중국'이라고 중국을 별도로 추가하여 부르는 것이다.

시에 장관은 앞서 설명한 2009년 4월 미국 워싱턴 주요 경제국 포럼에서 내가 제안한 '국제등록부' 아이디어에 관심을 보였던 적이 있었다. 그때의 기억으로 아마도 나를 주요 사안에 대해 의논을 해볼 만한 상대라고 보았던 것 같다. 시에 장관이 왜 나를 보자고 하는지는 짐작할 수 없었지만 다음 날 아침 약속된 시간에 우리 대표단 여러 명과 함께 중국 대표단 회의실로 갔다. 좀처럼 얻기 힘든 기회인 만큼 가급적 많은 우리 대표들에게 중국과의 양자협의를 직접 참관하는 기회를 주고 싶었다.

중국 대표단 회의실로 가는 길에 미국 수석대표와 마주쳤다. 중국의 시에 장관을 만나러 가는 길이라고 하니, 자신은 방금 만나고 나오는 길이라고 했다. 얘기가 잘 통하지 않는다고 머리를 흔들면서 나에게 시에 장관을 만나면 압력을 좀 넣으라고 몸짓까지 하였다. 지난 4월 주요 경제국 포럼에서 국제등록부 제안이 좋은 생각이라며 중국의 반응이 어떠냐고 물어본 바로 그 대표였다. 나를 미국 편으로 생각하고 중국에 압력을 넣으라고 한 것은 내가 미국으로부터도 신뢰를 받고 있다는 긍정적인 신호이니 그런 요청을 받는 것이 기분 나쁘지는 않았다.

미국의 공격에 대한 반격 기회를 잡지 못한 중국

내가 시에 장관을 만나러 가기 직전에 이미 미-중 수석대표 간에 담판을 하였고, 결과는 실패였던 것 같다. 우리가 자리에 앉자마자 시에 장관은 검증 문제로 중국이 처한 어려움을 얘기하면서 나에게 솔직하게 어떻게 대처하면 좋을지 조언을 달라고 부탁하였다. 우리 측에서 7명 정도, 중국 측에서도 7~8명 정도의 대표들이 긴 테이블 양측에 마주한 상태에서 자신의 휘하 직원들도 있는데, 내게 조언을 달라고 하다니. 나를 믿고 조언을 줄 수 있겠냐고 물어보는 시에 장관에게 인간미와 대인의 풍모를 느끼면서 고마운 생각이 들었다. 나는 진심을 담아 다음과 같이 이야기하였다.

"검증을 일방적으로 거부하기보다는 조건부로 검증 수용 의사를 밝히는 것이 어떨까요? 미국이 IPCC가 제시한 바대로 1990년도 온실가스 배출량 수준 대비 최소 25%의 법적 구속력 있는 감축 목표치를 수락한다면, 중국도 검증에 응할 용의가 있다고 조건을 제시하면 좋겠습니다. 미국은 아직도 자신의 감축 목표치를 발표하지 않고 있습니다. 사실은 그것이 더 큰 문제인데, 현재 중국 등 개도국 목표치의 검증 문제가 협상의 최대 현안으로 부각되고 있는 것은 본말이 전도된 것입니다. 이러한 상황을 타개하는 가장 좋은 방책은 협상의 핵심 현안으로 떠오른 '검증' 문제에 대해 미국이 법적 구속력 있는 감축 목표치를 수락할 것을 조건으로 연계하는 것이 대응책이 될 수 있을 것입니다.

1990년도 대비 25%를 감축하라는 조건은 미국으로서는 이행이 불가할 뿐 아니라 받아들일 가능성이 없는 만큼, 미국이 이를 거부하게 되면 자연스럽게 협상의 쟁점이 중국의 '검증' 수락 여부에서 미국의 법적 구속력 있는 감축 목표치의 수락 여부로 바뀔 것이고, 그렇게 되면 오히려 중국이 공세를 취할 수 있게 되고 미국이 수세로 몰릴 것입니다."

당시 미국은 공화당이 주도하는 의회가 오바마 민주당 행정부의 적극적인 기후변화 대응에 대해 비협조적 태도를 견지하면서 오바마 행정부가 제시한 감축 목표치를 승인해주지 않고 있어 감축 목표치를 공식적으로 발표하지 못하고 있었다. 그런데 중국이 GDP 단위당 온실가스 배출량을 2020년도까지 40~45%를 줄이겠다고 발표하였음에도 불구하고, 감축 목표치도 제시하지 못하고 있는 미국이 검증 문제를 제기하면서 오히려 중국에 대해 공세를 취하는 아이러니한 상황이 전개되고 있던 것이다.

노련한 협상가인 시에 장관에게 내 제안의 숨은 뜻을 굳이 길게 설명할 필요도 없었다. 내 제안을 들은 시에 장관은 즉시 기가 막힌 아이디어라고 하면서 박장대소를 하였다. 뭔가 새로운 한 줄기의 빛을 본 듯 얼굴이 환해지면서 만면에 미소를 지었다. 그러나 나의 제안을 좀 더 곰곰이 생각하던 시에 장관은 너무 좋은 아이디어인데, 자신이 중국 공산당으로부터 받은 훈령은 검증에 대해 '절대 수용 불가'이며, 여기에는 어떠한 융통성도 없기 때문에 '조건부로 검증을 수용할 수 있다'는 입장을 표명하는 것은 자신의 재량권 밖이라고 하면서 아쉬움을 표했다.

결국 중국은 마지막까지 내가 제안한 조건부 검증 수락 입장을 제시하지 않았다. 덕분에 미국의 법적 구속력 있는 감축 목표치 수락 여부는 거론도 되지 않은 채, 마치 중국의 검증 거부가 협상의 최대 걸림돌인 양 중국에 대한 비난이 집중된 채 회의가 종료되었다.

구속력 있는 기후변화체제 구축의 마지막 기회와 무산

중국이 '검증'을 주권침해 문제로 받아들여 예민하게 반응하면서 결국 미국은 감축 목표치를 발표하지 않고도 아무런 비난을 받지 않고 코펜하겐 회의를 끝낼 수 있었다. 미국 입장에서는 성공적인 협상이라고 할 수 있을 것이다. 복기해 보면 지나치게 경직된 중국 협상 자세의 한계에서 비롯된 일이다. 그러나 이러한 경직된 협상 노선은 중국만의 문제는 아니었다. 미국이야말로 1997년의 버드-헤이글 결의안을 절대적인 협상 지침으로 삼아 전 세계를 상대로 구속력 있는 기후체제 성립을 저지하였지 않았는가. 그럼에도 중국이 기후변화의 걸림돌, 비협조자라는 이미지로 낙인 찍힌 데 비해 미국은 기후체제의 리더 중 하나라는 긍정적 이미지를 구축한 것은 협상전술의 차이라고 해야 할 것 같다.

나는 코펜하게 총회에서의 이 장면이 25년 이상 계속된 기후변화 협상 역사 중 두고두고 가장 아쉬운 부분이다. 이때 만일 중국이 내가 제안한 대로 미국의 법적 구속력 있는 25% 감축 목표치 수락 여부를 '검증' 수락의 조건으로 내세웠다면, 기후변화 협상 흐름이 완전히 다르게 흘렀을 수도 있다.

2009년의 코펜하겐 기후총회에서 법적 구속력이 있는 기후체제를 만들어내야 한다는 국제사회의 기대는 그 어느 때보다도 강렬했다. 코펜하겐에서 '검증' 문제가 핵심 쟁점으로 부각된 것은 코펜하겐 총회 자체가 구속력 있는 기후체제를 염두에 둔 협상이라는 것을 말해준다. 법적 구속력이 없는 기후체제를 논의하는 것이라면 검증 문제를 논의할 필요 자체가 없어지니까 말이다.

이러한 사실은 파리기후체제를 보면 확실히 알 수 있다. 아무런 법적 구속력이 없기 때문에 파리기후체제 어디에도 '검증'이라는 단어가 등장하지 않는다. 대신 '검토review'라는 말이 등장한다. 참으로 편리한 단어인데 얼마나 실제 성과로 이어질지는 예측하기 어렵다.

구속력 있는 감축 의무에 기초한 강력한 기후체제의 희망은 2013년 폴란드 바르샤바에서 열린 제19차 기후총회에서 번역도 어려운 희한한 용어가 등장하면서 사라지고 말았다. 이른바 'INDC'로

'Intended Nationally Determined Contribution'의 약자다. "각국이 각자 스스로 결정하고 의도하려고 하는 기여"라는 말이다. 의무Commitment도 아니고 행동Actions도 아니고 '기여'다. 그것도 의도하는 기여라니. 서약하는 것도 아니고. 이 정도 미약한 수준으로 기후위기에 대한 대응이 될 수 있을까.

2009년 코펜하겐에서 중국이 '검증'의 수락 조건으로 미국으로 하여금 구속력 있는 25% 감축 목표치를 천명하도록 공세를 취하였다면, 코펜하겐 이후의 기후 논의 향배는 완전히 달라졌을 수도 있었다. 선진국에 대해서는 법적 구속력 있는 감축을, 개도국에 대해서는 국제적인 검증을 받는 기후체제 구축으로 기후협상의 쟁점이 진전될 수도 있었을 것이다.

중국은 감축 목표치까지 발표하고도 오히려 협상 파국의 모든 책임을 뒤집어쓴 '배드 가이bad guy'로 낙인찍히게 되었고, 미국은 감축 목표치도 발표하지 않으면서 검증 가능한 기후체제를 주창하는 '굿 가이good guy'라는 이미지를 차지하게 되었다. 오바마 행정부가 의회에 요청한 목표치가 사실은 별로 의미 있는 수준이 아니라고 환경전문가들로부터 비판을 받는 처지에 '굿 가이' 이미지로 부활하다니….

중국은 코펜하겐 회의 이후 교조주의적 비협조 노선에서 탈피해 어느 정도 건설적인 참여자 입장으로 기후변화 협상에 대한 입장을 크게 바꾸었다. 자신들은 감축 목표까지 발표하면서 최선을 다했는데 오히려 협상 파국 책임의 화살이 자신들에게 집중된 원인에 대한 심각한 복기의 결과였을 것이다.

코펜하겐 회의 실패의 충격이 어느 정도 가라앉은 2010년 4월 중국 정부는 베이징에서 처음으로 기후변화에 대한 정부 주관 국제회의를 개최하였다. 기후변화문제에 대해 의도적으로 거리를 두던 입장을 바꾸어 기후변화문제에 대한 자신들의 국제적 지도력을 회복하겠다는 첫 번째 대규모 시도였다. 시에 장관의 초청으로 베이징을 방문한 나는 시에 장관과 중국 외교부의 기후변화 담당 대사를 만나 중국이 어떻게 코펜하겐 협상 결과를 복기하고, 위에서 설명한 것과 같은 보다 전향적인 협상 노선을 새로이 정립하였는지 직접 들을 수 있었다.

중국이 조금만 일찍 이러한 전향적 입장을 취하였다면 기후위기에 대응하는 세계질서가 파리기후협정처럼 자발적 서약과 검토에 의존하는 체제가 아니라, 법적 구속력이 있는 기후변화체제로 전개되어 나갈 수도 있었으리라. 생각하면 두고두고 아쉬운 일이다.

기후위기를 막아낼 최후의 보루
파리기후협정:
더욱 절실해진 각국의 정치적 의지

장면 2 2015년 12월, 파리기후협상 회의장

국제사회는 20여 년의 길고 긴 협상 끝에 파리기후협정이라는, 선진국과 개도국이 동시에 참여하는 보편적인 기후체제에 합의하였다. 날로 악화되는 기후위기를 감안할 때 파리기후체제가 마련된 것은 참으로 다행이지만, 법적 구속력이 없는 자발적 기여에 의지하는 감축체제가 과연 기후위기를 막아낼 만큼의 실질적인 효력을 발휘할 수 있을지는 의문이다. 이제 기후위기를 타개하려는 각국의 정치적 의지에 희망을 걸 수밖에 없게 됐다.

나홀로 일방주의 미국

나는 1991년도부터 기후변화 협상에 참여하기 시작하여 2015년 파리기후협상까지 수많은 기후변화 협상을 현장에서 참여하였다. 협상에 참여하지 않은 이들이 생각할 때 기후변화 협상을 이해하려면 대단히 복잡하고 엄청난 전문지식이 필요하다고 여기기 쉬운데, 실제 기후협상의 핵심 내용은 의외로 간단하다.

1992년에 처음 합의된 'UN 기후협약'에 의하면, 먼저 선진국은 2000년도까지 1990년도 배출량 수준으로 온실가스 배출을 안정화시켜야 한다는 명시적 목표와 의무를 갖는다. 이에 비해 개도국의 경우는 구체적 감축 목표치 없이 자발적인 노력만 하도록 규정되어 있다. 이후 1997년에 채택된 '교토 의정서'는 2012년까지 선진국들이 1990년도 배출량 수준에서 5.2%를 감축하도록 규정하였다. 이러한 합의대로 이행이 되었다면 2015년 파리기후협정까지 이어지는 기후변화를 둘러싼 선진-개도국 간의 수많은 협상과 대규모 회의는 필요 없었을 것이다.

그러나 1997년 교토 의정서 협상을 앞두고 개도국도 선진국과 동등한 법적인 책임을 부담하여야 한다는 버드-헤이글 결의안이 미국 상원에서 만장일치로 통과되면서 보편적 기후체제의 구축에 걸림돌이 되기 시작했다. 그렇지 않아도 미국은 자신들의 (지구환경에 대한) 역사적 책임에 부정적이었는데, 이 결의안이 통과되자 역사적 책임을 부인하고 중국 등 주요 개도국이 선진국과 동등한 법적 구속력 있는 감축 의무를 부담하지 않는 한 어떠한 의무도 수락하지 않겠다는 입장을 견지하였다.

미국은 2015년 파리기후협상의 마지막 순간까지도 선진국과 개도국의 의무를 차별화하는 것을 완강히 거부하고 선진-개도국 공히 동일한 의무를 부담해야 한다는 입장을 고집했다. 미국은 감축 의무 규정에 있어 선진국과 개도국을 구분하지 않고 "모든 회원국"이라는 하나의 문구로 규정할 것을 주장하면서 협상 타결을 가로막았다. 존 케리 국무장관이 협상 막판에 직접 협상장에 나타나 1997년 이래 견지하였던 기존 입장을 번복하고 선진국과 개도국 간의 의무 차별화를 처음으로 받아들이기 전까지 요지부동이었다.

미국이 기후변화 협상을 파국으로 몰고간 건 물론 이때가 처음이 아니다. 미국은 기후변화 협상의 결정적 계기마다 협상 타결을 좌절시켰다. 2000년 헤이그 기후변화총회에서 온실가스 감축 목표치의 50% 이상을 해외 감축이 아니라 미국 국내 감축으로 달성하여야 한다는 유럽의 주장을 거부하여 합의를 무산시킨 것이 그 시작이었다. 마지막 순간에 유럽이 원래의 조건을 철회하였음에도 불구하고 부시 행정부는 이마저 거부했다. 개도국들의 의무가 선진국들과 차별화 되어 있다는 것이 이유였다. 2001년 3월, 부시 행정부는 알 고어 전 부통령이 1997년 직접 참석하여 서명한 '교토 의정서'에 대해 중국과 인도 등이 동일한 의무를 부담하지 않는다는 이유로 비준을 거부했다.

2007년 발리 기후총회에서도 미국은 선진국의 의무에 대해 '법적 구속력을 가지는 의무(commitment)'라는 용어를 사용하는 것을 마지막 순간까지 반대했다. 개도국과 마찬가지로 '법적 구속력을 가지지 않는 행동(action)'이라는 용어를 미국에도 적용하여야 한다고 고집하였다. 다른 모든 선진국들이 '의무(commitment)'라는 용어를 수락하였는데 오직 미국 한 나라만 합의에 반대하고 '행동(action)'이라는 용어를 고집했다. 오죽하면 당시 파푸아뉴기니 대표가 "미국은 합의에 참여하든지 아니면 협상장을 떠나라."라고 발언한 것이 대서특필 되었을까.

결국 최종 합의는 선진국 문안에 'commitment'와 'action'을 동시에 표기하여 선진국 스스로 자신들의 선호에 따라 'commitment'든 'action'이든 선택할 수 있도록 한 뒤에야 미국은 이를 수용하였다. 선진국과 개도국의 의무를 차별화해서는 안 된다는 미국의 일관된 입장은 2015년의 파리기후협상에서도 또다시 똑같이 반복되어 회의 막판에 케리 국무장관이 등장해 미국 입장을 번복하기 직전까지 협상을 파국으로 몰고 갔다.

파리협정 4조 4항

2015년도 파리기후협정 협상에서 미국은 구속력이 전혀 없는 자발적인 신고와 검토를 규정한 협약 문안에 대해서도 끝까지 합의를 거부하였다. 협약 문안이 선진국과 개도국을 구분(bifurcation)[2]하여 감축 목표치의 범위에 약간의 차별 요소를 포함하고 있다는 이유 때문이었다. 미국은 다시 한번 선진국과 개도국의 의무가 완벽히 동등하여야 한다는 그 유명한 버드-헤이글 결의안의 입장을 고수하였다.

　도대체 당시 초안 상 선진국-개도국 간의 목표치 규정이 얼마나 차이가 있길래 전 세계 거의 200여 나라의 정상과 대표단, 또 수만 명의 환경단체와 언론이 참여한 회의를 파탄낼 뻔한 것일까. 아래 소개하는 문장이 바로 선진국과 개도국의 차별화를 규정한 문제의 파리협정 4조 4항이다.

Developed country Parties should continue taking the lead by undertaking economy-wide absolute emission reduction targets. Developing country Parties should continue enhancing

---

2. 파리기후협상 당시 자발적 감축 목표치를 설정하고 보고, 검토하는 데에 있어 선진국과 개도국을 구분하여 약간의 차별을 두는 방안을 양측을 둘로 나눈다는 의미에서 'bifurcation'이라 불렀고, 선진국-개도국을 구분하지 않고 그냥 'all parties'라고 통칭하자는 미국의 주장을 'non-bifurcation'이라고 불렀다.

their mitigation efforts, and are encouraged to move over time
towards economy-wide emission reduction or limitation targets
in the light of different national circumstances.

선진국은 경제 전반에 대한 절대 감축 목표를 이행함으로써 선도적 역할을 하고, 개도국은 감축 노력을 제고하고 점진적으로 경제 전반에 대한 감축 목표치를 설정하도록 권장한다, 는 뜻이다.

한번 더 풀이서 설명하면 대강 다음과 같다. "선진국은 경제 전반에 대한 절대 감축 목표치를 바로 시작하고, 개도국은 시간을 두고 점진적으로 경제 전반에 대한 목표치를 설정하라." 어떻게 봐도 상식적이지 않은가. 이게 파리협상 자체를 파탄시켜야 할 만큼, 미국이 도저히 수락할 수 없는 어마어마한 차이일까. 당시 미국 협상 대표가 절대 받아들일 수 없다고 주장하는 선진-개도국의 차이는 바로 이만큼의 차이였다.

2007년의 발리기후협상 때까지는 그래도 선진국은 감축과 관련해 '의무 또는 행동(commitment or actions)'으로, 개도국은 '행동(actions)'이라고 규정하여 법적 구속력 있는 기후체제에 대한 일말의 기대를 걸고 있었다. 그러나 2015년 파리기후협정에서는 아예 '의무(commitment)'라는 용어 자체가 사라졌다.

이러한 사정을 잘 모르는 외부에서 보면 마치 무슨 대단히 복잡하고 어려운 문제가 있어서 전 세계의 이목이 집중되고 수천 명의 대표들이 참여하는 가운데 회의가 난항을 겪고 있는 줄로 상상하겠지만, 실제로는 겨우 이 정도의 선진-개도국 간의 차이가 협상을 파국으로 몰고 가는 것이었다. 개도국들은 미국이 끝까지 자국 입장만 고수할 경우 협상장을 떠날 준비를 하고 있었다. 그들 입장에서는 중국과 인도가 미국과 동일한 규정의 적용을 받는다는 것은 도저히 있을 수 없는 일이었다.

존 케리 미 국무장관의 리더십과 파리기후협상 타결

파리기후협상 종료 이틀을 앞둔 2015년 12월 9일 수요일, 여전히 협상 타결 전망은 보이지 않았다. 개도국들도 미국이 끝까지 선진-개도국 간의 구분을 거부하는 경우 파리협상을 보이콧 하겠다고 강경한 입장을 견지하고 있었다. 2007년 12월 발리기후협상 마지막 순간과 똑같은 상황이 다시 반복되었다. 더 안타까운 점은 발리기후협상 때는 원래 기후위기를 인정하지 않는 공화당 부시 정부였기에 그러려니 했지만, 2015년은 민주당 오바마 정부가 아닌가. 평소에 그렇게 기후변화의 중요성을 강조하는 민주당 정부의 입장도 공화당 정부 입장과 완벽한 판박이여서 더 허탈했다. 2007년 발리 이후 8년의 세월이 흘렀지만, '미국 한 나라' 대 '나머지 전 세계 모든 국가'의 대결 구도가 또다시 반복되었다.

이러한 교착 상태를 타개한 인물은 존 케리 미 국무장관이었다. 파리기후협상도 파국으로 끝날지 모른다는 위기감이 감돌던 12월 10일 목요일 밤 자정에 소집된 비공식 주요 협상 그룹 대표 장관회의에서 케리 장관은 미국 협상 대표단을 배제한 채 자신의 비서진만 대동하고 회의장에 나타났다.

그간의 협상이 지지부진하고 더구나 자신이 장관으로 있는 국무성 출신 협상 담당자들이 협상 진전을 막고 있음을 뒤늦게 파악하고는 기존 실무 협상팀을 배제하고 자신이 직접 나타난 것 같았다. 내 기억에 미 국무장관이 비공식 협상장에 직접 나타나 미국 입장을 발언한 것은 이때가 처음이자 마지막이 아닌가 싶다. 그만큼 절박한 상황이었다.

회의에 참석해 첫 번째 발언을 신청한 케리 국무장관의 선언에 협상 대표들 모두 귀를 의심했다. 그동안 그토록 미국이 반대하였던 '선진-개도국 간의 차별'이 미국에 전혀 문제가 되지 않는다고 기존 미국 협상팀의 입장을 180도 뒤집는 폭탄 발언을 한 것이다. 이는 1997년 버드-헤이글 결의안이 통과된 이래 18년 만에 처음으로 미국이 선진-개도국 간의 차별화에 반대하지 않는 최초의 사례였다.

이 발언에 앞서 수요일 오후 미국 대표단이 개최한 행사에서도 케리 장관은 선진국과 개도국 간에는 역사적 책임과 경제적 능력 면에서 차이가 있는 만큼, 차별화(bifurcation) 하는 것은 당연하다고 발언하였다. 그때도 케리 장관의 발언과 미국 협상팀의 입장 사이에 너무 큰 괴리가 있어 다들 놀라고 있었다. 당시 나는 반기문 유엔 사무총장의 기후변화 수석자문관 자격으로 협상에 참여하고 있었는데 순간 내 귀를 의심할 수밖에 없었다. 지난 20여 년간 미국 협상 대표가 그토록 끈질기게 주장하고 금과옥조로 신성시하던 버드-헤이글 결의안의 '동등한 법적인 의무(Legal Parity)' 원칙을 일거에 뒤집는 내용이었기 때문이다. 케리 국무장관의 발언 한 마디로 협상 타결의 마지막 장애물이 제거되었다.

이런 우여곡절을 거쳐 힘들게 합의된 문안이 파리기후협정 4조 4항이다. 선진국은 경제 전반에 대한 절대적 감축 목표치를 정해야 하며, 개도국은 감축 기대치를 높이도록 노력하고 점차 경제 전반의 목표치 설정을 도입하도록 권고한다는 차별화된 조항이다. 선진국과 개도국을 차별화할 수 없다는 미국의 입장에 대응하여 전 세계 나머지 국가들이 지난 20여 년간 사투를 벌인 결과 얻어낸 성과라고 하기에는 너무 딱한 수준이다.

알려지지 않은 진정한 환경 영웅

오바마 대통령과 케리 장관은 유엔 총회 등 다양한 기회 때마다 미국의 차별화된 책임을 스스로 인정하고 기후위기에 있어 미국이 선도적 역할을 할 것이며, 개도국의 온실가스 감축 노력을 지원하겠다는 의사를 표명했었다. 그렇지만 실제 협상에 임하는 미국 실무협상 대표단의 태도는 조금도 달라지지 않았다.

나는 이러한 상황에 대해 이미 반기문 총장에게 파리기후협상이 타결되기 위해서는 미국 오바마 대통령의 정치적 발언과 협상팀의 입장 사이에 존재하는 괴리gap가 해소되어야 한다고 보고한 바 있었다. 한편으로는 국가 지도자와 협상팀 간의 입장차이가 서로 역할 분담을 하는 고도의 '좋은 경찰/나쁜 경찰(good cop bad cop)'식 협상 선술이라는 생각까지 들었으나, 미국 실무협상 대표에 개인적으로 확인한 바에 의하면 그렇지는 않았다. 실무협상팀은 그간의 관성대로 기존 입장을 답습한 거고, 그에 비해 파리기후협정을 타결하겠다는 오바마 대통령과 케리 장관의 입장은 처음부터 확고하였다.

2019년 마드리드 기후변화총회에서도 케리 전 장관은 미국의 온실가스 배출을 제로로 하자는 'Net-Zero USA 비전'에 대해 열변을 토하고 있었다. 내가 존경하는 진정한 기후변화의 영웅 중 한 사람이다. 물론 오바마 대통령도 빼놓을 수 없는 파리협정의 구세주임에 틀림 없다. 케리 장관에게 반드시 합의안을 가져오라고 지시한 것은 오바마 대통령이었기 때문이다.

2009년 4월, 미국 워싱턴에서 열린 주요 경제국 회의에 참석하였을 때 주요 경제국 대사들과 함께 백악관에 초대되어 오바마 대통령을 만난 일이 있다. 당시 오바마 대통령은 미국의 선도적 역할을 약속하면서 다 함께 노력하자며 즉석에서 인사말을 하였다. "정치인으로서 가장 어려운 일이 기후변화와 같은 장기적인 문제를 국민들에게 설득하는 일이다."라고 언급한 것이 아직도 생생하다.

　오바마 대통령은 단기적인 경제적 이익에 민감한 유권자들에게 장기적인 문제인 기후변화 문제 등에 대해 지지를 호소하고 얻어내는 것이 쉬운 일이 아니라는 것을 잘 알고 있었다. 그는 정치인이면서도 기후변화 문제의 핵심을 꿰뚫고 있었다. 나는 오바마 대통령에게 한국이 녹색성장 전략을 통해 기후변화를 새로운 경제성장의 기회로 보고 전향적으로 대응하고 있다고 설명하였는데, 엄지손가락을 치켜세우며 "very good"이라고 하던 장면이 아직도 기억에 남는다.

　오바마 대통령이나 케리 장관 등에 대비되는 정치인 한 사람이 있다. 바로 알 고어 전 미국 부통령이다. 2008년 12월, 알 고어 부통령이 서울을 방문하여 삼성동의 그랜드 인터컨티넨탈 호텔에서 연설한 직후 나는 "오바마 대통령 당선자에게 미국의 교토 의정서 비준을 권고할 용의가 있느냐."고 질문하였다. 알 고어는 내 질문에 대해 '교토 의정서'는 선진국에만 의무를 부담시키고 개도국에 대해서는 무임승차를 허용하는 제도이기 때문에 미국이 참여해야 할 의미가 없다고 대답하였다. 교토 의정서야말로 고어 자신이 직접 참석하여 서명한 협약임에도 불구하고 그의 답변은 기존의 공화당 정부 협상 대표단 답변과 판박이처럼 똑같았다. 고어 부통령의 대답은 기후변화의 위기를 알리고 대안을 모색한 것에 대한 공로로 2007년에 노벨평화상까지 수상한 사람의 답변으로서 너무나 실망스러웠다.

결국 우리 손에 달린 파리협정의 미래

2015년 파리협약으로 채택된 기후체제는 결국 선진국과 개도국 모두 자발적인 감축 목표, 소위 "각국이 스스로 결정한 기여"라는 이름으로 목표치를 제시하고 이를 5년마다 점검하고 누구도 법적 의무를 지지 않는, 너무나 미약한 형태로 마무리되고 말았다. 선진국의 구속력 있는 감축 의무를 규정하려는 지난 20여 년간의 개도국과 유럽의 노력은 물거품으로 끝나고 말았다.

그러나 앞서 교토 의정서 비준 거부의 사례처럼 결국 미국 트럼프 행정부는 아무런 법적 구속력이 없는, "각국이 스스로 결정한 기여"라는 것마저도 미국의 경제 이익을 저해한다며 파리기후협정에서 탈퇴하고 말았다. 교토 의정서에 서명한 후 비준을 거부한 역사가 다시 되풀이된 것이다. 국제기후체제를 구속력이 없는 자발적인 기여에 의존하는 형태로 약화시켜 놓고 정작 자신들은 그것마저도 탈퇴해버렸다.

미국은 바이든 행정부의 취임 이후 파리협정에 다시 복귀하였지만 그럼에도 미래에 대한 불안은 사라지지 않고 있다. 파리기후협정 자체가 한계가 분명하기 때문이다. 수만 명의 협상대표와 환경 운동가들이 수십 번의 길고 긴 협상을 통해 얻어낸 것이 구속력이 없는 자발적인 기여라니 딱한 일이다. 지금처럼 강제력이 없는 기후체제에 타협할 것이었다면, 이미 2000년 헤이그 총회에서도 얼마든지 합의할 수 있었다.

　이제 파리협정의 미래는 우리 손에 달려 있다. 어떠한 기후체제를 가지고 있느냐의 문제가 아니라 각국이 과연 어느 정도의 정치적 의지를 가지고 온실가스 감축행동에 과감히 나설 것인지에 우리의 미래가 달려 있다.

총성 없는 전쟁터, 유엔 본부 회의장:
'동해' 명칭이 없는, 한일 간 '동해 결전'

'동해' 명칭 문제의 폭발력

유엔 지명표준화 회의UN Conference on the Standardization of Geographical Names는 유엔 경제사회
이사회 산하 유엔 통계위원회에서 매 5년마다 주기적으로 개최하는 회의로, 국제
적으로 지명 표기를 통일해 나가는 중요한 자리다.

우리나라는 1993년 8월 개최된 제6차 유엔 지명표준화 회의부터 동해의 명
칭을 일본해가 아닌 동해로 변경하거나 최소한 일본해라는 명칭과 병기하여야
한다는 주장을 제기했다. 우리 주장에 대해 일본 정부는 극도로 민감하게 반응
하면서 동 건이 공식 의제로 다루어지는 것조차 완전 봉쇄하는 입장을 견지하
고 있다.

1998년, 제7차 회의를 앞두고 일본은 이미 우리가 지난 회의에서 '동해' 표기
문제를 제기했던 만큼 이 주제가 다시 논의될 것에 대비하여 만반의 대비를 하고
있었다. 당시 뉴욕 유엔 대표부에서 참사관으로 근무하고 있던 나는 외교부 본부
로부터 서울에서는 실무 담당 사무관 1명만을 출장시킬 것이니 실무협상 대표로
참석하여 동해 문제를 적극 제기하라는 훈령을 받았다.

사실 나는 이미 1991년에 개최된 북서태평양해양보전회의에서 동해 명칭 문
제로 일본과 정면 대립한 경험이 있어 이 문제에 대해 약간은 경험이 있다고 할
수 있었다. 1994년 9월 서울에서 열린 북서태평양해양보존회의 문서에 일본해

표기가 등장한 것이 중앙 일간지들에 자극적으로 보도되면서 외교부가 매우 곤혹스러워지는 사태가 일어났다. 다행히 나는 1991년 10월 블라디보스토크에서 개최된 동 회의의 준비회의에 참석했을 당시 동해 문제를 분명히 제기하고 기록을 남겨놓아 화를 피할 수 있었다. 그런데 몇 년이 지나 유엔 본부에서 다시 나와 동해 문제의 끈질긴 인연이 이어진 셈이다.

나는 유엔을 무대로 삼아 북한과 공동보조를 취하면서 동해 표기 문제를 둘러싸고 일본과 표결 대결을 주장하여 일본을 잔뜩 긴장시켰으며, 그로 인해 유엔 본부의 미국, 영국 대표들까지 비상 출동하게 만들었다. 일본에게는 악몽 같았고, 나에게는 천당과 지옥을 오고 간 롤러코스터 같았던 그 날 무슨 일이 벌어졌던 걸까?

일본에게 찬반 투표 대결을 요구하다

1998년 1월 22일 제7차 지명표준화 회의 마지막 날 전체회의에서 나는 아래와 같이 발언하였다.

"의장, 본 대표단은 결의안 초안 작성위원회Drafting Committee에서 합의하여 전체회의에 상정한 바 있는 '공해의 명칭에 관한 결의안'을 즉각 본회의 의제로 상정하고, 동 결의안의 채택 여부를 표결로 처리하여 줄 것을 요청합니다."

일반적으로 UN 협상에서는 아주 불가피하고 예외적인 경우가 아니면 대부분의 모든 결의안 채택을 만장일치로 채택하며, 표결은 최대한 자제하는 것이 관례다. 그중애서도 유엔 지명표준화 회의는 차분하고 조용한 가운데 별로 급할 것 없는 문제를 다루며, 때로는 따분한 분위기 속에 진행되기 때문에 다자 협상에서 최후의 수단으로 간주되는 표결을 요청하는 것은 매우 이례적인 일이었다.

내가 공해의 명칭에 관한 결의안에 대해 표결 처리를 요청하자 차분하게 진행되던 유엔 지명표준화 회의장에 비상이 걸렸다. 갑자기 한국 대표가 표결을 강력히 요구하고 일본 대표는 표결만은 절대 안 된다고 결사 저지하려는 보기 드문 상황이 벌어진 것이다. 사실 이미 오전 10시에 개최 예정이었던 본회의 직전에 이미 유엔본부 담당국장과 한국, 일본, 북한 대표들 간에 오전 9시부터 열띤 공방이 벌어진 참이었다. 본 회의를 30여 분이나 지연 시키면서까지 이어진 비공식 사전 논의에서 한국을 대표하는 나와 일본 대표 사이에 합의가 이루어지지 않음에 따라 나는 본회의가 개회되자마자 발언권을 신청하고 의장에게 '공해의 명칭에 관한 결의안'에 표결을 요청한 것이다. 일본 대표부의 차석대사, 공사 이하 참사관 등 다수 일본 고급급 외교관들이 대거 집결하고, 미국, 영국 대표부의 공사들도 속속 회의장으로 모여들었다. 북한 대표부의 참사관도 도착하여 한국의 입장을 지지하고 있었다.

유엔 다자외교에 있어 선진-개도국 어느 쪽의 전폭적인 지지도 확보하기 쉽지 않은 우리나라가 앞장서서 먼저 표결을 요구하고, 일본처럼 유엔 외교에 있어

서 상당한 세력을 확보하고 있는 전통적인 유엔 외교의 강자가 표결을 결사 저지
하려는 사례는 아마 그 전후로도 거의 없을 것이다.

우회로를 찾다: 동해 대신 공해에 관한 결의안

이미 많이 알려진 바와 같이 우리는 국제적으로 '일본해'로 더 많이 쓰이는 '동해'
의 명칭을 회복하기 위해 다양한 계기마다 적극적인 외교를 전개하고 있었다. 유
엔에서 사용하는 지도를 포함하여 많은 지도들이 '일본해'라는 표기를 사용하고
있으며, 이에 대해 우리는 1992년 8월 제6차 유엔 지명표준화 회의부터 '동해' 표
기, 적어도 '일본해/동해' 두 개의 명칭이 병기되어야 한다고 주장하기 시작했다.
'일본해'라는 표현은 우리가 국권을 상실한 시기에 일본에 의해 일방적으로 국제
수로기구IHO에 통보된 것이어서, 우리로서는 국권회복 차원의 문제에 해당했다.

국내에서는 외교부 차원에서뿐만 아니라 국내 지리학 전문가 차원에서 1994
년 11월 동해연구회가 설립되어 국제적인 관심의 확산을 위해 노력하고 있었다.
그러나 일본이 국제적인 공식 논의 자체를 원천 봉쇄하고 있어, 의미 있는 진전을
이루는 것이 난관에 부딪혀 있었다. 지금도 마찬가지지만 우리가 '동해' 표기 문제
를 제기하는 데 대해 일본은 극도로 예민하게 반응한다. '일본해' 표기에 대해 어
떠한 문제제기도 허용하지 않겠다는 입장을 견지하면서 한국이 '동해' 문제를 제
기할 때마다 의제 상정 자체를 봉쇄하거나, 토의를 거부하고 있다.

답답하기 그지없는 상황에서 실마리를 찾을 수 있을까 싶은 마음에 먼저 이

미 채택된 결의안들을 살펴보았다. 지명표준화 회의의 주요 목적이 세계지도에 사용될 지명들의 표준화인 만큼, 상당수 결의안들이 강, 호수, 산맥, 해저 등 다양한 지형들이 다수 국가의 국경에 걸쳐 있을 경우 지도상의 표기명을 표준회하는 원칙을 규정하고 있었다.

흥미로운 것은 모든 결의안들이 아주 단순하고 동일한 원칙을 반복적으로 강조하고 있다는 점이다. 다수의 국가가 다른 지명을 사용하고 있을 때는 우선 합의 도출을 위해 상호협의를 해야 하며, 합의 도출이 불가한 경우는 복수의 지명을 병기하라는 것이었다. 어떻게 보면 너무도 당연한 상식적인 내용이다. 우선 관계국 간에 상호 협의하고 합의가 이루어지지 못하면 복수의 명칭을 병기하라는 것. 이거야말로 우리가 주장하는 바와 일치하는 내용이 아닌가. 우리가 일본에 요구하는 것도 우선 상호 협의를 하자는 것이고 그래도 합의가 이루어지지 않는다면 병기하자는 것이었다.

나는 '동해'와 같은 공해(公海)에도 이러한 원칙을 적용한 결의안이 있는지 찾아보았다. 공해에도 이러한 원칙을 적용한 결의안이 있다면 그 결의안을 근거로 상호 협의와 병기를 요청하면 되겠다 싶었기 때문이다. 이상하게도 공해의 지명 표준화에 대해서는 그와 같은 결의안이 없었다. 그러자 문득 이런 생각이 들었다. 공해에 관한 결의안이 없다면 우리가 그러한 결의안을 제안하면 되는 것이 아닐까.

산맥, 호수, 강 등에 대한 결의안처럼 '공해'에 대해서도 우선 상호 협의하고 합의가 이루어지지 않으면 병기하라는 동일한 내용을 담은 결의안을 제안하고, 그것을 근거로 '동해'의 지명표기문제 해결에 사용하면 어떨까 하는 생각이었다. 어차피 일본 대표가 눈을 부릅뜨고 회의장을 지키고 있는 한 '동해'라는 명칭을 직접 언급하면서 국제 표준지명으로 지정하자고 제안하는 것은 불가능한 만큼, 동해를 언급하지 않는 '공해' 지명표준화에 관한 결의안을 통과시켜 이 결의안을 근거로 '동해'와 '일본해'의 병기를 요구하면 되는 게 아닌가.

나는 즉시 7차 유엔 지명표준화 회의 의장을 담당하고 있던 남아공 대표를 접촉하여 내 아이디어를 설명하고 자문을 구하였다. 그 의장은 우리 동해연구회 초청으로 우리나라를 방문한 적이 있어 동해 문제를 이미 알고 있었고, 우리의 입장에 대한 이해가 있는 국제 지명표준화 분야 전문가였다. 그는 나의 얘기를 듣더니, '이제 드디어 비밀열쇠를 찾았군' 하는 표정으로 미소를 지으면서 아주 좋은 생각이라고 반응하였다. 그리고는 결의안 초안을 만들어 오면, 초안 검토위원회에 제출되도록 해주겠다고 선뜻 나섰다.

네덜란드가 대신 결의안을 제출해주다

내가 기존 결의안들을 참조하여 공해에 관한 결의안 초안을 만들어 가지고 가니, 의장은 공해high sea라는 표현을 "어느 국가의 주권도 미치지 않는 해양 형태standardization of maritime features beyond any sovereignty"의 지명표준화라고 표현을 수정하여 주었다. 이 수정은 동해가 '공해'가 아니라는 견해도 있음을 감안한 배려였다. 바다는 영해와 공해로 나누어지지만, 이외에도 200해리까지 연안국의 경제적 이익을 보호하는 '배타적 경제수역^{EEZ}'이라는 수역이 있다.

동해의 경우 연안국인 한국, 북한, 러시아, 일본의 배타적 경제수역이 상호 중복하고 있어서 어느 나라의 배타적 권한도 미치지 않는 차원에서 공해가 존재하지 않는다는 견해도 있었다. 따라서 '공해'라고 할 경우 동해가 공해에 해당되는지 여부를 두고 논란의 소지가 있을 수 있었다. 동해의 지명표준화에 적용하기 위해서는 '공해'라는 표현보다는 좀 길고 생소하지만 "어느 나라의 주권도 미치지 않는 해양"이라는 표현이 우리 입장에서는 보다 적절한 것이었다. 이 글에서는 편의상 동 초안을 '공해' 명칭에 관한 결의안 초안이라고 하겠다.

의장은 이렇게 자문을 해주었을 뿐만 아니라 동 초안을 초안 작성위원회 의장인 네덜란드 대표가 제안하는 초안으로 제출토록 주선하여 주었다. 네덜란드 대표는 내용을 훑어보더니, 즉석에서 알겠다고 하였다. 네덜란드 대표는 공해 지명에 대해서만 결의안이 없다는 것을 알고 있었으며, 이러한 결의안이 당연히 필요하다는 투로 자신이 직접 제출하겠다고 약속해주었다. 아마도 이 짧은 초안이 얼마나 폭발력이 있을지는 꿈에도 몰랐을 것이다.

네덜란드의 명의로 초안을 제출하자고 한 의장의 아이디어는 신의 한수였다. 초안이 한국 명의로 제출될 경우 일본이 즉시 의문의 눈초리로 검토할 것이고 이것이 동해 지명표기 문제에 근거를 제공할 수 있다고 간파하게 되면 즉각 저지할 것이기 때문이다. 네덜란드 대표가 나서주기로 하면서 나는 전혀 앞에 나서지 않고 동해 지명표기 문제를 해결할 수 있는 실마리를 확보하게 되는 것이다. 생각만 해도 가슴이 뛰었다.

초안 검토위원회는 각국이 제안한 여러 결의안 초안들을 검토하고 문안을 다듬어서 전체회의에 상정하는 역할을 담당하는 위원회로서 일반적으로 이 위원회에서 이의 없이 통과되면 전체회의에서는 의례적으로 토론 없이 박수로 결의안을 채택한다. 따라서 네덜란드가 제출하는 초안이 초안 검토위원회를 무사히 통과하면 다음날 전체 회의에서는 의례적인 채택 절차만 거치면 되었다. 오후 늦게 네덜란드 대표가 자신의 명의로 제출한 동 초안이 아무런 문제없이 통과되어 결의안 초안 형식으로 내일 개최될 전체회의에 상정될 예정이라고 알려주었다. 더구나 검토위원회에는 일본 대표도 참석하고 있었고 아무런 이의를 제기하지 않았기 때문에 내일 전체회의에 상정되면 그대로 채택될 거라고 얘기해주었다. 나는 마음속으로 쾌재를 불렀다. 드디어 동해 표기 문제 해결의 실마리를 풀었다는 생각에 흥분을 감출 수가 없었다. 나는 사무실에 돌아와서 서울 본부에 다음날 아침 초안이 통과되면 동해 문제 해결의 실마리가 확보될 것이라는 낙관적인 보고를 보냈다.

결의안 초안 인쇄 중지라는 어이없는 사태

다음 날 아침, 흥분된 가운데 뜬눈으로 밤을 새다시피 하고 일찍 회의장에 나가 사무국에서 배포하는 결의안 초안의 인쇄물들을 받아서 살펴보았다. 그런데 말도 안 되는 일이 벌어졌다. 다른 초안들은 다 인쇄되어 배포가 끝났는데 네덜란드 대표 명의로 제출된 '공해' 명칭에 관한 초안만 없는 것이 아닌가.

나는 즉시 사무국 담당국장에게 자초지종을 따졌다. 그러자 담당국장은 상사의 명령으로 지난 밤 자정에 해당 초안의 인쇄와 배포를 중지하였으며, 자신도 왜 그렇게 된 것인지 이유를 모르겠다고 어이없는 답변을 하였다. 당시 지명표준화 회의를 관장하는 유엔 공보국은 공교롭게도 일본인 사무차장의 지휘 하에 있었다. 사무국 간부가 회원국들 간에 합의된 결의안 초안의 인쇄를 중간에 가로채 중단시켰다는 것은 도저히 묵과할 수 없는 일이었다. 나중에 알고 보니, 내가 들뜬 기분으로 뒤척이던 그 밤중에 도쿄의 일본 외교부 본부와 뉴욕의 일본 유엔 대표부 간에는 비상이 걸렸다. 초안 검토위원회에 참석하였던 일본 대표부 참사관이 해당 위원회에서 통과된 16개의 결의안 초안들을 모두 모아서 도쿄 외무성 본부에 보냈는데, 도쿄에서 네덜란드 명의로 제출된 공해 명칭에 관한 초안의 의미를 간파하고는 이 초안의 배포를 중지시키라고 일본 대표부에 긴급 훈령을 내렸고, 밤사이 유엔 사무국 일본 출신 사무차장에게 압력을 가해 이 초안의 인쇄와 배포를 중지시킨 것이다.

감히 사무국 직원이 회원국의 업무 집행을 일방적으로 중단시키다니, 있을 수 없는 일이 벌어졌다. 나는 담당국장에게 즉각 해당 초안을 인쇄하여 배포하라고 요구하였다. 담당국장은 난감해하며 당사국인 일본 대표부와 한국 대표 간에 합의되는 대로 따르겠다고 하였다. 일본 대표부도 이미 담당 공사 등 관계자들이 대거 회의장에 나와 있었다. 나는 회의실 옆의 작은 방에 일본 대표부 직원들과 마주 앉았다. 대부분 이미 서로 평소 알고 지내는 구면들이었지만, 사안이 사안인 만큼 분위기는 긴장감이 감돌았다. 나는 사무국장에게 북한 대표단도 초청하라고 요구하였다. 초청을 받은 북한 대표부의 참사관도 기꺼이 회의에 동참하여 나를 적극 응원하여 주었다. 나와 어떠한 사전 협의도 한 적이 없지만, 이심전심으로 동포애를 보여주었다.

담당국장을 둘러싸고 마주 앉은 일본과 남북한 대표는 인쇄에서 누락된 '공해' 명칭 초안의 처리 여부를 놓고 열띤 공방을 벌였다. 나는 이미 합의된 초안의 인쇄를 중단시킨 일본 정부 행동의 불법성을 성토하였고, 이를 절대로 간과하지 않겠다고 목청을 높이면서 동 초안의 즉시 배포와 본회의 상정을 요구하였다. 그렇지 않을 경우 일본 대표부의 불법적 조치와 일본 출신 사무차장의 불법적인 방해에 대해 정치적으로 문제를 제기하겠다고 경고하였다. 만일 반기문 사무총장 때였다면 감히 일본이 그런 일을 벌일 수 있었을까? 생각하면 두고두고 아쉬운 일이다.

일본은 이 초안에 대해 충분히 논의가 이루어지지 않았다고 주장하면서 배포에 반대하였다. 그러나 내가 초안 검토위원회에 참석하였던 일본 대표가 해당 초안에 대해 이의를 제기하지 않고 동의하지 않았냐고 반론을 제기하자 무척 곤혹스러워했다.

자신의 상사인 일본 출신 사무차장의 지시로 인해 원하지 않는 상황에서 책임 추궁을 당하는 입장에 놓인 담당국장도 일본 주장에 호의적이지 않았다. 동 초안은 산맥, 호수, 강 등 여타 지형에 대한 명칭 결의안들과 동일한 내용, 즉 '관계국 간 상호 협의 및 병기 원칙'을 담고 있기 때문에 아무런 논쟁의 여지가 없어서, 본회의에서 표결을 하게 되면 별 문제 없이 통과될 거라고 친절하게 설명까지 해주었다. 나는 사무국장의 이러한 설명에 고무되어 초안의 배포와 표결 회부를 강경하게 요구하였고, 일본 측은 표결은 절대 받아들일 수 없다고 극력 반대하면서 제발 표결만은 하지 말아 달라고 거의 읍소하다시피 하였다.

이렇게 사전 협의가 결론 없이 길어지면서 당초 오전 10시에 개회하기로 되어 있던 본회의 개최가 30분이 넘게 지연되다가 더 이상 지연시킬 수 없는 상황에서 일단 본회의를 개회하고 본회의에서 공방을 이어가게 되었다.

미국과 영국의 일본 지지와 일본의 맹목적 미국 지지

나는 개회하자마자 초안 배포를 누락한 사무국의 책임을 추궁하고 즉각 해당 초안을 배포할 것과 일본이 굳이 반대할 경우에는 해당 초안에 대해 표결할 것을 요구하였다. 이에 대해 일본은 해당 초안에 대한 충분한 논의가 없었다는 이유로 초안 자체의 배포와 표결에 반대하였다. 이렇게 본회의장에서 공방이 길게 이어지자 일본 대표부의 차석대사까지 현장으로 달려 나왔으며, 결국 당시 일본 대표부 대사가 우리 대사에게 이 건에 대한 표결을 중단하여 줄 것을 요청하기까지 했다.

그런데 또 놀라운 일이 전개되었다. 평소 나와도 잘 알고 지내며 친분이 있는 미국 대표부 공사가 급하게 열띤 공방을 주고받느라 정신이 없는 내게 직접 다가 오더니, "나는 지금 여기서 무슨 일이 벌어지고 있는지 모르지만, 지금 워싱턴에 서 지시를 받았는데 현재 논의되는 사안이 어떤 것이든, 무조건 일본을 지지하라 는 지시를 받았다."고 하면서, 미국은 표결을 하게 될 경우 무조건 일본을 지지할 것이라고 친절하게 알려주면서 표결을 하지 않는 게 좋겠다는 의견까지 밝혔다.

미국 대표는 다른 회의에 참석하고 있다가 국무성의 지시를 받고 부랴부랴 달 려온 것이었다. 미국만이 아니다. 영국 공사도 내 자리까지 찾아와서 영국은 일 본을 지지할 것이라고 통보하였다. 미국, 영국이 내 자리까지 찾아와서 개인적으 로 직접 얘기를 한 것은 나에게 그만 적당히 하라는 무언의 압력이었다. 다급해 진 일본 정부가 미국에 지원을 요청하고, 미국은 즉각 다른 회의장에 있던 직원 으로 하여금 달려가서 묻지도 따지지도 말고 일본을 지지하라고 지시한 것이다. 그것도 말단 실무 직원이 아니고 공사 직급의 고위급 미국 대표가 일본을 지지 하고 나서니 일본 정부의 요청을 받은 영국 등 일부 선진국들도 일본 입장을 지 지하기 시작했다.

순간 나는 1992년 6월의 리우 지구정상회의 때의 일화가 떠올랐다. 당시 미 국은 협상 마지막 순간까지 "지속 가능한 소비패턴Sustainable Consumption Pattern"의 안 건 채택에 반대했다. 지구환경 파괴의 원인에 대해 선진국은 개도국들의 '지속가 능 하지 않은 생산패턴Unsustainable Production Pattern'이 문제라고 개도국의 책임을 추궁 한 반면, 개도국들은 선진국들의 과도한 낭비적 소비가 지구환경 파괴의 원인이라고 주장하면서 대립하였다. 회의 막바지에 미국을 제외한 모든 나라는 '지속가능한 소비와 생산'이라는 주제로 '생산'과 '소비' 두 가지 측면을 동시에 지속가능하게 추구해야 한다는 절충안에 합의했다. 그러나 미국은 마지막 순간까지 "미국의 라이프스타일은 협상 대상이 아니다.American lifestyle is not up for negotiations"라는 아버지 조지 부시 대통령의 선언에 따라 결사반대를 고집했다.

그때 미국의 주장에 유일하게 끝까지 찬성, 동조한 것은 오로지 일본 한 국가 뿐이었다. 해당 사안이 백악관 승인 사항이라고까지 주장하면서 버티던 미국 대표는 회의 마지막 순간 미국에게 집중된 압력을 더 이상 버티지 못하고 "미국, 아직도 반대냐, 아니면 찬성이냐?"라는 의장의 최후통첩성 추궁에 그간의 반대를 철회하고 합의에 동참하겠다고 발표하였다. 그러자 회의장의 모든 시선이 일시에 일본 대표에게 쏠렸다. 사실 선진국 중 1인당 자원의 소비가 가장 적은 일본은 지속가능 소비패턴 문제에 대해 굳이 반대할 이유가 없었는데도 마지막 순간까지 별다른 자신의 논리나 근거를 제시하지 않으면서 미국의 입장을 맹목적으로 지지하고 있었기 때문이다.

의장이 일본 대표를 쳐다보면서 "일본은 어떻게 생각하는가?"라고 묻자, 일본 대표는 대답을 못하고 당황한 채 뒤를 돌아다보면서 경황이 없었다. 문제는 미국이 이 건에 대해 마지막 순간에 입장을 바꾸면서 미처 일본에게 자신들의 입장 변경에 대해 통보하는 것을 깜빡한 것이다. 일본 대표가 답을 못하고 쩔쩔매는 모습은 미국 입장에 따라 맹목적 반대를 해왔다는 것을 만천하에 그대로 보여주었다. 의장의 거듭된 추궁에 당황한 일본 대표는 너무나도 겸연쩍게 낮은 목소리로 이렇게 발언해버렸다. "미국이 찬성이라면, 일본도 찬성"이라고. 순간 긴장감이 넘치던 회의장에는 박장대소가 터져 나왔다. 다들 일본의 이러한 어이없는 답변에 실소를 금치 못하였다. 주권국가 대표로서 참으로 민망한 장면이었다.

동해 명칭 없는 공해 결의안의 의도를 간파한 일본 외교의 순발력

일본에 대한 무조건 지지를 표명하는 미국 대표의 모습을 보며 나는 '아 이것이 그때 리우 지구정상회의에서 일본이 받은 수모에 대한 미국의 보상이 아닐까'라는 생각이 들었다. 물론 앞서 언급한 가나 아크라 기후 협상장에서 일본 대표가 한국, 싱가포르, 멕시코 등을 향해 미국 입장을 대변하여 선진국의 의무를 수락하라고 도발했던 장면도 오버랩 되었다. 이후로도 미국, 일본, 영국 대표를 상대할 때마다 두고두고 기억에 남는 장면들이다.

그런 상황에서 나는 표결이 어렵다는 것을 직감하였지만, 의도적으로 버틸 수 있는 데까지 강경한 입장을 굽히지 않았다. 물러설 때 물러서더라도 최대한 밀어붙여두겠다는 심산이었다. 일본, 미국, 영국, 한국, 북한까지 열띤 공방에 참여하자 지명표준화 회의장은 일촉즉발의 긴장감이 팽팽하게 고조되었다. 아마도 유엔 지명표준화 회의 사상 이렇게 긴장감이 감도는 순간은 없으리라 생각한다. 일본 유엔 대표부로서도 이렇게 불의의 일격에 당황하고 미국, 영국 등 우방국들에게 체면 불구하고 허겁지겁 절박한 긴급 지지 요청을 보내기가 쉽지 않앉을 것이다.

사실 불의의 일격을 당한 일본 외교부 본부의 충격은 상당했을 것 같다. 뉴욕 시간으로 늦은 밤에 사무국을 접촉하여 인쇄에 들어간 초안을 빼내야 하니 일본 대표부로서도 간단한 일은 아니었을 것이다. 내가 그 구체적인 내막까지는 알 수 없지만 사무국 담당국장에 연락하여 그러한 조치를 하는 것이 그리 간단한 일일 수는 없다. 나도 유엔 아시아태평양 경제사회위원회ESCAP의 환경국장을 해봐서 알지만, 일반적으로 사무국의 국장 정도 되면 이만큼의 무리한 요청에 쉽게 응할 이유가 없다. 이미 회의의 정식 절차에 따라 인쇄에 들어간 초안을 왜 자신이 개입하여 문제 소지를 만들겠는가? 분명 쉬운 일은 아니었을 것이다. 한국 대표인 내가 펄펄 뛸 것을 뻔히 알면서도 해당 초안을 인쇄 중간에 빼냈다는 것은 지금 생각해도 어이가 없다. 사무차장이 일본인이 아니었다면 도저히 불가능한 일이다. 일본이 지독히도 운이 좋았다고나 할까. 정작 내가 놀란 것은 도쿄의 일본 외교부가 수많은 초안들 중에 해당 초안을 콕 집어내어 그 의미를 간파하고 외교력을 총동원하였다는 사실이다. 그 정도로 기민하게 대처하였다는 것에 감탄하지 않을 수 없다.

동해 명칭 논의의 기록 삭제를 시도한 일본의 집요함

미국, 일본 및 이에 동조하는 몇몇 선진국들이 해당 초안에 대해 충분한 논의가 없었다는 이유를 대면서 초안 표결에 반대하고 나섰다. 초안에 대해 전문가 회의 등에서 좀 더 논의 검토하고 차기 회의에서 처리 여부를 결정하자는 것이었다. 표결을 지지하는 나라가 없는 상황에서 더 이상 표결을 주장할 수는 없었다. 대신 나는 이러한 토의 내용이 회의 보고서에 상세히 기록되어 차기 회의에서 동 초안이 충분히 논의되고 채택되어야 함을 강조하였다. 나의 발언을 지지하는 나라는 북한 밖에 없는 상황에서 취할 수 있는 최선의 선택이었다.

그 후 이 건에 대한 후속 논의가 어떻게 되었을까. 결론부터 말하자면, 해당 초안에 대한 논의는 아직까지도 이루어지지 못하고 있다. 일본의 반대에 막혀서다. 흥미로운 것은 이러한 열띤 공방 속에서 단 한번도 '동해'라는 명칭이 언급되지 않았다는 점이다. '동해'라는 주인공은 나타나지 않은 채 '공해'라는 허깨비만 난무한 한바탕 소동이었지만, 동해 지명표기 논의에 있어 가장 급박했던 분수령의 하나가 아닐까 싶다.

공해 명칭 초안을 둘러싼 공방의 여파는 여기서 그치지 않았다. 본회의가 끝나고 나서 생각해 보니 미심쩍은 구석이 있었다. 결의안 초안의 인쇄까지 중간에 빼낸 사무국이 영 미덥지 않았다. 본회의에서의 열띤 공방에 대해 회의 보고서에 정확히 반영하지 않을 것 같다는 불길한 예감이 들었다. 나는 함께 일하는 담당 서기관으로 하여금 사무국의 녹취 담당 부서를 접촉하여 본회의 토의 내용을 녹음한 테이프를 확보토록 하였다. 내부 참고용이지 외부에는 줄 수 없다고 버티는 것을 빈 테이프를 사다주면서까지 가까스로 구해서 잘 보관하였다가 후임에게 인계하였다.

1년 후인 1999년 2월, 나는 국내로 돌아와 외교부의 환경 심의관으로 귀임하였다. 그때까지 회의 보고서는 나오지 않았다. 회의 보고서가 1년씩이나 나오지 않는 것은 지극히 이례적이고 문제가 있다는 뜻이었다. 나는 후임에게 녹취 테이프를 인계하면서 지금까지 회의 보고서가 나오지 않는 것이 미심쩍으니, 회의 보고서가 나오면 즉시 이 테이프의 내용과 비교하여 내가 요청한 대로 차기 회의에서 동 건을 논의하고 채택하기로 하였다는 점이 정확하게 반영되었는지를 확인할 것을 당부하였다. 나중에 들으니 아니나 다를까, 사무국이 배포한 보고서에는 본회의에서의 공해 초안에 대한 논의 내용 자체가 완전히 누락되었다고 한다. 녹취 테이프를 근거로 보고서의 수정을 강력히 요청한 후에야 겨우 공해 초안 논의의 전말이 어느 정도 보고서에 반영되었다. 만일 그때 내가 힘들게 녹취 테이프를 구해놓지 않았으면 '공해' 초안을 만들며 고군분투 하였던 모든 노력이 아무런 기록도 없이 사라질 뻔했다.

일본 입장을 대변하는 유엔 법률국장과의 설전

이후에도 나는 동해 표기 문제로 유엔 사무국의 법률국장과도 설전을 벌였다. 당시 우리 입장은 유엔 지명표준화 회의 차원에서 문제제기를 계속하면서 한편으로는 주요 지도 제작사들을 접촉하여 동해 표기를 확산시키는 노력을 하자는 것이었다. 이와 관련하여 유엔 대표부 차원에서 당장 문제가 되는 것이 유엔에서 사용하는 유엔 지도에 '일본해' 명칭이 쓰인 것이었다.

우리가 민간 지도 제작사들에게 동해 표기를 요청할 때는 우리 주장의 역사적 타당성, 과거의 동해 표기 사례 등을 근거로 제시하면서 이해를 구하는 방식이었다. 그러나 나는 유엔 지도에 동해 표기를 요청할 때는 이런 식으로 이해를 구하는 방식일 필요가 없다고 생각했다.

나와 함께 법률국장을 만난 우리 담당 공사는 일단 동해 문제의 역사적 배경을 설명하고 이해와 협조를 요청하였다. 이러한 요청에 대해 법률국장은 유엔 사무국의 입장에서는 지명 표기 문제가 정치화 하는 것이 바람직하지 않다고 본다면서, 사무국은 중립을 견지해야 한다고 이야기하였다. 이미 통용되고 있는 '일본해'를 그대로 사용할 수밖에 없다면서 이러한 사무국의 입장을 양해해달라고 우리를 타이르듯 얘기하는 것이었다.

'유엔 지도는 유엔 회원국을 위해 존재하는 것이기 때문에 우리는 유엔 회원국 자격으로 당당히 유엔 지도가 우리의 입장을 반영하여야 한다고 요구할 권리가 있다. 유엔 회원국의 기여금으로 월급을 받고 유엔 회원국의 입장을 존중하여야 할 유엔 사무국의 법률국장이 회원국 대표에게 자신의 입장을 이해하라고 하는 것은 받아들일 수 없다'라고 반박하였다.

"동해 표기 문제는 이미 회원국 간에 이견이 있는 만큼 사무국이 어느 한편의 견해만을 유엔 지도에 반영한다면, 그 자체가 이미 중립적인 것이 아니며 어느 일방의 편을 드는 정치적 행동이 되는 것이다. 따라서 중립을 유지하기 위해 일본해를 고수한다는 설명은 논리적으로 성립될 수 없다. 더구나 유엔의 지명표준화 결의안들은 이견이 있는 경우 병기할 것을 규정하고 있지 않은가. 유엔 사무국은 회원국의 입장을 경청하고 회원국의 입장에 따라 업무를 수행하기 위해 존재하는 것이지, 회원국이 사무국의 입장을 양해하고 이해하기 위해 존재하는 것은 아니다. 따라서 유엔의 정식 회원국인 한국의 대표로서 당신이 요청한 사무국의 입장을 양해해달라는 요청은 받아들일 수 없으며, 법률국장이 한국 정부의 입장을 '이해'하고 유엔 지도의 작성에 한국 정부의 입장을 반영하여 주기 바란다."

이러한 나의 강경한 발언을 들은 법률국장은 얼굴이 붉어졌지만, 나에게 반론을 제기하지는 못했다. 아쉽게도 나의 반론에도 불구하고 아직 유엔의 지도에 우리의 입장은 반영되지 못하고 있다.

4부

새로운 지구환경 패러다임: 탈탄소를 넘어 지속가능 경제-사회-환경 선순환 발전 모델을 향하여

우리가 당면한 생태-사회 위기는 산업혁명 이래 구축된 '고탄소' 문명에서 '탄소 없는' 탈탄소 문명으로의 전환, 또한 탄소가격을 지불하지 않는 '자유 시장'에서 탄소가격을 지불하는 '지속가능 시장'으로의 전환을 요구하고 있다. 더 이상 경제성장과 환경 간의 악순환을 계속할 수는 없다. 환경보호와 사회발전이 경제성장을 촉진하는 지속가능 선순환 발전 모델로 전환하는 새로운 지구환경 패러다임을 제안한다.

'자유 시장'에서 '지속가능 시장'으로:
녹색성장과 포용성장의 경제학

위기의 일상화와 새로운 정상상태

독일 메르카토르 기후변화연구소Mercator Research Institute on Global Commons and Climate Change, MCC의 '탄소시계Carbon Clock'에 의하면 지구온난화를 1.5℃에 멈추기 위해 우리에게 남은 시간은 이 글을 쓰는 시점 기준 7년 1개월 밖에 남지 않았다. 과연 7년 1개월 안에 인류가 지구온난화를 1.5℃로 제한하고 이후 탈탄소사회로의 변화를 계속할 수 있을까?

'인류에게 22세기는 오지 않는다' '2050년 지구는 거주 불능이다' 등 경고 메시지들이 나오고, 전문가들은 기후위기와 극단적 날씨, 생물 다양성 손실, 식량과 물 부족 등의 생태위기가 거대한 태풍이 되어 인간의 생존 자체를 위협할 것이라고 경종을 울리고 있다. 그러나 우리가 당면한 위기는 생태위기뿐만이 아니다. 코로나 사태로 인한 보건위기와 날로 악화되는 소득격차가 불러오는 사회위기, 세계적인 불황에 따른 경제위기까지 그야말로 위기의 연속들이다.

지속가능 개발의 3대축인 경제, 사회, 환경 모든 분야에서 위기가 닥치고 있다. 지속가능 개발 목표Sustainable Development Goals, SDG를 채택한 지 7년째인 지금 인류는 SDG에 대한 총체적 도전에 직면하고 있다. 날로 악화되는 기후위기가 서서히 우리의 생존 기반을 위협한다면, 코로나 사태가 보여주듯 바이러스 하나가 순식간에 그동안 이룩한 경제성장과 대량생산-소비체제를 무너뜨릴 수 있음을 여실히 보여주고 있다.

더욱 심각한 문제는 이러한 위기들이 일시적인 현상이 아니라 새로운 정상상태New Normal가 될 것이라는 점이다. 아인슈타인이 "어제와 똑같이 살면서 다른 미래를 기대하는 것은 정신병과 같다."라고 말했듯이 3중으로 밀어닥치는 위기를 과거의 발전 방식과 경제운용 지식으로 해결할 수는 없다.

에너지 전환에만 초점을 맞춘 탄소중립 목표치 발표의 한계

최근 기후위기만큼 자주 들리는 단어가 탄소중립과 'Net Zero 2050'이다. 2018년 인천 송도에서 개최되었던 제48차 IPCC 총회는 기후변화를 1.5℃로 억제하기 위해서는 2030년까지 온실가스 배출량의 45%를 감축하고 2050년까지는 온실가스 순 배출량이 제로가 되어야 한다는 〈지구온난화 1.5℃ 특별보고서〉를 발표하였다. 그 후 Net Zero 2050이 새로운 기후위기 대응목표로 등장하였다.

2019년 12월 유럽연합의 '2050 탄소중립' 선언을 계기로 '탈탄소' 문명으로의 전환을 새로운 목표치로 설정하고 각국이 동참을 선언하고 있다. 우리나라는 2020년 10월에 '2050년 탄소중립'을 선언하였다. 미국은 트럼프 행정부 당시에는 별 반응이 없다가 2021년 1월 바이든 행정부가 'Net Zero 2050'을 천명하고 국제적인 동참을 촉구하면서 일본, 중국 등이 동참 의사를 밝혔다. 현재 전 세계 대부분의 국가들이 2035년에서 2060년 사이 탄소중립을 선언하고 있으며, 2021년 10월 기준으로 미국, EU, 중국을 포함 41개 국가가 탄소중립을 입법화하고 있다.

탄소중립에 대해 지구 차원에서 정치적 의지가 결집되는 것은 반가운 일이다. 그러나 탄소중립을 위한 전략과 정책이 구체화되지 못한 채 발표되는 각국의 선언이 정치적 구호에 그칠 위험성이 우려되는 것 또한 사실이다.

국제사회가 온실가스 감축 목표치를 선언한 것은 이번이 처음이 아니다. 1992년 채택된 유엔기후변화협약은 선진국의 온실가스 배출량을 2000년까지 1990년도 수준으로 안정화 한다고 명문화한 바 있으며, 2005년 발효된 교토 의정서는 선진국의 배출량을 2012년까지 1990년도 대비 5.2% 감축한다고 규정하였으나 무산되었다.

2009년도 코펜하겐 기후총회에서도 세계 100여 개 국가가 2020년까지 과감한 감축 목표치를 발표한 바 있으나, 이 또한 잊히고 말았다. 우리나라도 우여곡절 끝에 2009년에 예상 배출량 대비 30% 감축이라는 과감한 목표치를 발표하였으나, 2020년도 우리나라의 온실가스 배출량은 목표치 대비 19%를 상회하였다.[1]

국제사회는 그동안 수차례에 걸쳐 감축 목표치를 발표하고 잊어버리기를 반복했다. 교토 의정서의 경우 세계 각국이 비준하고 정식 발효까지 되었음에도 불구하고 목표치를 달성하지 못한 국가에 대한 어떠한 벌칙이나 제재도 논의된 바 없다.

이런 역사의 실패가 있기 때문에 세계 각국이 발표하는 탄소중립 목표치에 대한 정치적 선언들이 반가우면서도 한편으로 걱정이 되지 않을 수 없다. 2015년 채택된 파리기후협정은 자발적인 서

---

1. 2011년 당시 우리나라는 2020년도 온실가스 배출량을 7억76백만톤으로 예상하고 30%를 감축한 5억 43백만톤을 목표치로 발표하였으나, 2020년도 배출량은 6억48백만톤으로 목표치 대비 19% 정도를 초과하였다. 사실 이것도 2020년 코로나 사태로 경제성장률이 급락하면서 온실가스 배출이 7.3%나 감소한 결과다.

약과 검토에 기초한, 법적 구속력이 없는 기후체제라고 이미 설명한 바 있다. 유엔환경계획UNEP은 〈배출량 격차 보고서Emissions Gap Report〉에서 이러한 자발적 감축량만으로는 탄소중립의 달성이 어렵다고 경고하고 있다.

탄소중립을 위해 중요한 것은 온실가스 감축 목표치의 발표가 아니다. 화석연료에서 재생에너지로의 전환이라는, 에너지와 산업의 전환에만 초점을 맞춘 현재까지의 시도는 모두 실패로 끝났으며, 앞으로도 그럴 것이다. 우리 경제와 삶의 기반이 되는 에너지와 산업에만 부담을 주어서는 성공할 수가 없기 때문이다. 소비와 생산활동 전반에 걸쳐 탄소가격을 반영하는 근본적인 접근이 필요한 이유다.

경제성장과 환경보전, 사회발전의 악순환 구조

현재 우리가 당면한 빈부격차, 실업, 고용불안, 저출산 등 경제·사회위기와 기후변화, 전염병 등 생태위기는 그간의 경제발전 방식의 결과이며, 이러한 기존 발전 방식의 밑바탕에는 '자유 시장'이 있다.

현행 경제학 교과서의 기반인 '자유 시장'은 일반적으로 자유경쟁에 기반을 두고 있다는 의미에서 그런 이름으로 불리지만, 나는 물과 공기 등 환경을 자유재 즉 공짜로 간주한다는 의미에서 '자유 시장'이라고 부른다.

제2차 세계대전 이후 1973년의 제1차 석유파동 때까지 지속되었던 시장경제체제의 황금기에는 경제성장이 환경을 개선하고 삶의 질도 제고하는 경제-환경-사회 3대축 간의 선순환 기능이 작동하였다. 이러한 경험으로부터 경제가 성장하면 자동적으로 환경도 개선되고 사회복지도 개선될 것이라는 낙관적인 믿음이 고정관념처럼 자리잡게 되었다. 그러나 세계화 과정에서 격화된 가격경쟁과 2008년 금융위기 이후 최근의 상황은 이러한 선순환 구조가 작동하지 않고 있음을 보여준다. 더 이상 경제성장이 자동적으로 환경보존과 삶의 질을 개선하지 않을 뿐 아니라 오히려 악화시키는 악순환 구조가 심화되고 있다.

이러한 악순환 구조를 탈피하기 위해서는 물, 공기, 기후처럼 우리 생존과 삶의 질에 직접적인 영향을 주는 환경보존과 사회발전을 외부효과로 간주하고 시장가격에서 배제하는 '자유 시장'으로부터 벗어나야 한다. 즉 환경이라는 '천연자원'과 사회라는 '인적자원'을 비용으로만 간주하는 경제운용 방식에서 환경과 사회를 투자의 대상으로 보고 시장가격에 환경보존과 사회발전을 반영하는 '지속가능 시장'으로의 전환을 시도해야 하는 것이다. 여기서 '지속가능 시장'이란 시장가격의 결정에 있어 수요/공급만이 아니라 외부요인으로 간주되던 탄소배출, 삶의 질 등의 환경적·사회적 편익이 가격 결정에 반영되는 시장을 말한다.

세계은행은 일찍이 환경에 투자하는 '녹색성장'과 사람에 투자하는 '포용성장'을 목표로 내세웠으며, OECD도 이를 강조하고 있다. 그럼에도 불구하고 '지속가능 시장'으로의 전환이 어려운 이유는 환경보존과 사회발전에 소용되는 비용을 시장가격에 반영하는 것이 경제에 부담이 되며 성장을 저하시킨다는 생각 때문이다. 사실 단기적인 측면에서만 보면 이는 어느 정도 사실이다. 그러나 앞서 보았던 아인슈타인의 말(어제와 똑같이 살면서 다른 미래를 기대하는 것은 정신병과 같다)처럼 탄소가격을 시장가격에 반영하지 않으면서 탈탄소와 탄소중립을 추진하는 것은 어불성설이다.

단기 재정 건전성에서 장기 지속가능성으로

생태적으로 건전한 녹색성장과 삶의 질이 높은 포용성장으로 전환하기 위해서는 단기 경제성장률의 극대화보다는 장기 경제성장의 생태적, 사회적 질의 제고에 중점을 두는 경제운용방식의 전환이 필요하다. 단기 경제성장의 양^{Quantity}보다 장기 성장의 질^{Quality}에 주목해야 한다.

최근 우크라이나 사태에 따른 경제위기와 코로나 국면 속에서 더욱 더 단기 성장률 극대화에 집착할 수밖에 없는 상황이지만, 환경보존과 사회발전에 대한 투자가 장기적으로 오히려 생태와 삶의 질을 제고시키며 더 높은 경제성장을 촉진할 수 있다는 비전과 이를 실천하기 위한 사회적 합의와 정치적 지도력이 필요하다.

물론 단기 경제성장에 대한 투자가 자동적으로 환경보존과 사회발전을 촉진하지 않듯이 환경과 사회에 대한 투자가 자동적으로 더 높은 장기 경제성장을 보장한다고 할 수는 없다. 온실가스 감축에 대한 투자와 사회, 즉 사람에 대한 투자가 장기적으로 성장을 촉진하는 '녹색성장'과 '포용성장'을 실현하기 위해 구체적이고 현실적인 정책을 발굴하고 시행하는 노력이 필요하다.

환경과 사회에 투자하여 경제성장의 환경적·사회적 질을 높이고 장기적으로 지속가능한 경제성장을 추구하는 데에 있어 커다란 장애는 재원 조달이다. 전통 경제학에서는 재정 건전성과 물가상승 억제에 중요한 우선순위를 두고 정부의 재정지출과 적자 통제를 우선시한다. 그러다 보니 제한된 정부 재원에서 환경과 사회에 대한 투자는 항상 뒤로 밀릴 수밖에 없다.

그러나 이러한 입장은 생산 공급능력은 부족한데 시장의 수요는 무한대라는 과거 경제학 태동기의 상황에 입각한 접근으로, 현재 우리나라를 비롯해 선진국 경제는 오히려 생산부문의 공급능력은 거의 무한대인데 수요가 부족하여 경제가 성장하지 못하는 상황이다. 수백 년 전 상황에 맞게 출현한 이론을 현재 상황에 그대로 적용하는 것은 무리가 있다. 그런 만큼 단기적인 재정 건전성에 집착하는 정태적 접근보다는 녹색성장과 포용성장을 통해 성장의 지속가능성을 개선하면서 장기 경제성장률도 제고하여 장기 재정 건전성의 향상을 도모하는 동태적 전략적 접근이 필요하다.

3P(People-Planet-Profit) 선순환 모델

내가 녹색성장을 제안하고 추진하였을 때 많은 사람들이 환경에 대한 투자가 과연 경제성장을 촉진할 수 있는지 그 증거가 있냐고 반문하곤 했다. 내 주장은 우리가 그렇게 되도록 다양한 정책들을 시행해야 한다는 의미이지 녹색성장이 저절로 이루어진다는 의미는 아니다.

단기 성장률의 극대화가 아니라 환경과 사회에 대한 투자를 미래 자산에 대한 투자로 보는 장기 성장전략을 추구할 때 비로소 경제-사회-환경 간의 선순환 구조의 구현을 통한 장기 지속가능성이 확보될 수 있다. 유엔에서는 이를 흔히 3P(people-planet-profit)라고 지칭하고 있다. 사람과 지구와 이윤이 상호 선순환하는 모델을 의미한다.

물과 공기, 기후를 공짜=자유재로 취급한 결과 현재의 생태·사회적 위기를 초래한 전통 경제학 전문가들로부터는 현 위기에 대처하는 해답을 구할 수 없다. 뒤에 자세히 살펴보겠지만 우리에게 앞으로 필요한 경제학은 경제만이 아니라 생태, 기후, 삶의 질, 지속가능성 등을 높이는 경제학이어야 한다. 기존의 경제를 위한 경제학은 이미 그 효용이 끝났다. 경제성장이 더 이상 자동적으로 환경과 삶의 질을 향상시키지 못하기 때문이다.

우리가 위기의 일상화에서 벗어나기 위해서는 '경제를 위한 경제학'을 공부한 경제 전문가들의 처방에 우리의 미래를 맡기기보다 오히려 환경보존, 삶의 질, 지속 가능성에 관심을 가지고 있는 전문가들이 녹색성장 경제학과 포용성장 경제학의 정립과 실천을 위해 노력해야 한다. 전통 경제학자들이 환경과 삶의 질을 외부 효과로 보고 경제학에 포함시키지 않는다면, 경제학 바깥에서 새로운 경제학의 수립을 요구할 수밖에 없다.

실제로 녹색성장이라는 아이디어를 처음 국제사회에 제기한 것은 세계은행이나 IMF, OECD 같은 전문 경제기구의 전통적인 경제 전문가가 아니라 유엔에 근무하던 나 같은 환경 전문가였다. 그러나 지금은 이러한 국제기구들이 녹색성장을 적극 주도하고 있다. 다음 장부터는 장기 선순환 발전 모델을 구현하기 위해 내가 유엔에 있으면서 고민하고 시도하였던 아이디어들을 소개한다.

기후변화의 경제학이 아닌 '기후경제학':
경제학의 공포 마케팅에서 벗어나기

경제학자들의 예측은 과연 얼마나 맞았는가?

2015년 파리기후협약이 합의되었을 때, 전 세계 주요 언론의 헤드라인을 장식한 것은 기후협약의 타결을 축하하는 메시지가 아니라 바로 다음과 같은 부정적인 메시지였다. "파리기후협정으로 2030년까지 매년 세계경제에 1조 내지 2조 달러 총생산 감소가 일어날 것이다." 이는 《회의적 환경론자》의 저자이며 기후변화대응 반대론자인 롬보그Bjorn Lomborg가 발표한 내용을 그대로 옮겨 전한 것이었다. 그는 유럽연합의 경제성장은 2030년까지 매년 3,050억 달러에서 6,100억 달러 즉 GDP의 1.6% 내지 최대 3%가 감소할 것이며, 미국은 매년 3,080억 달러 즉 GDP의 약 1.4%, 중국은 매년 최대 4천억 달러 즉 GDP의 약 2.8%가 감소할 것이라고 주장했다.

이렇게 온실가스를 감축하면 그에 동반해 GDP가 감소한다고 예측하는 것은 기후변화대응을 반대하는 롬보그 등만이 아니다. 기후변화대응을 선도하는 IPCC도 한 보고서에서 기후변화를 2℃로 억제하기 위한 온실가스 감축이 세계 총생산을 2100년까지 연간 0.3%, 1.5℃로 억제하는 경우에는 0.5% 감소시킬 것이라고 예측한 바 있다.

온실가스 감축이 경제성장을 축소시킬 것이라는 고정관념은 기후변화대응 찬성론자이든 반대론자이든 차이가 없다. 일찍이 미국 상원에서 여야 만장일치 97-0 표결로 통과되어 미국이 교토 의정서에 가입하는 것을 좌절시킨 그 유명한 버드-헤이글 결의안도 이미 1997년도에 온실가스 감축이 미국 경제에 심각한 악영향을 줄 것이라고 단정했었다. 이러한 부정적인 인식은 미국의 트럼프 대통령에 이르기까지 확실하게 계승되어 왔으며, 우리나라를 포함한 대부분 국가들의 정치 지도자를 비롯해 기업계, 또 일반인들에게까지 광범위하게 뿌리내리고 있다. 기후변화 협상장도 예외가 아니다. 그런데 정말로 그럴까?

한 가지 짚고 넘어가야 할 점이 있다. 우리가 수시로 접하는 각종 경제 예상 전망들, 예를 들어 당장 금년 말 또는 내년도의 경제 성장률, 물가상승률, 실업률 등 우리에게 익숙한 이런 예상치들이 얼마나 정확하였는지 기억하는가? 경제학자들은 내년도 아니 금년도의 경제성장률도 정확히 예측을 못해서 수시로 수정하는데, 2050년, 2100년까지의 초장기 경제성장률을 예측한다는 것이 과연 얼마나 정확할까. 아니 경제학자들이 그런 예측을 한다는 것 자체가 과연 타당한 일인지 의문을 가져야 할 일이다.

경제학은 기본적으로 시장의 수요와 공급의 균형을 다루는데, 여기서 균형은 단기적인 균형을 의미하는 경우가 대부분이다. 30년, 50년 후의 수요-공급의 균형을 예측한다는 것은 아무리 훌륭한 경제 모델을 사용한다 하더라도 현존 경제학 능력 밖의 일이다.

온실가스 감축이 성장을 저해한다는 공포 마케팅

물론 탈탄소경제로의 전환이 단기적으로는 성장을 저해할 수 있다. 그러나 30년 후의 성장률까지 낮춘다고 그 장기 경향성을 예측하고 단정하는 것은 납득하기 어렵다. 현존 경제학이 기술혁신, 경제와 산업구조의 변화까지 모델을 만들어 예측할 수 있는 수준에 아직 이르지 못하였기 때문이다.

나는 기후변화대사 시절, 《기후변화의 경제학》의 저자이며 전 세계은행 수석 경제고문, 또 런던 정경대 교수인 니콜라스 스턴에게 "온실가스 감축이 기술혁신을 촉발하여 오히려 장기적으로는 더 높은 경제성장을 초래할 수도 있는데, 왜 기후변화가 경제성장을 축소시킬 것이라는 부정적인 경제 분석 결과만 퍼져 있고, 긍정적인 분석 결과는 찾을 수가 없는가?"라고 질문한 적이 있다. 스턴이 나에게 한 대답은 다음과 같았다. "현재 경제학 수준으로는 기술 혁신을 계량화할 수 없기 때문에 예측 모델에 사용할 수가 없다."

기술혁신을 계량화할 수 없다면 (아마도 틀림없이 기술혁신이 일어났을, 그런 미래를 상정하는) 모델링 자체를 실행하지 않는 게 정상이다. 현실과 동떨어진 모델링을 통해 얻어진 데이터를 마치 진실인양 퍼트리는 행위는 최근 코로나 사태에 횡행하는 가짜뉴스와 다를 바 없다.

화석연료 문명을 탈탄소사회로 전환하는 문제는 말이 끌던 '마차 시대'에서 내연기관을 사용하는 '자동차 시대'로 넘어가는 것과 같은 문명의 전환이라 할 수 있다. 그런데 여기에 단기적 시장 균형을 다루는 경제학 모델을 적용하는 것은 '자동차' 문명으로 넘어가면 '마차'의 생산량이 줄어들 것이라고 예측하는 것이나 마찬가지 아닌가.

유선전화에서 무선전화, 다시 스마트폰 시대로의 혁신이나, IBM 대용량 컴퓨터에서 개인 PC로의 전환과 같은 기술혁신과 이에 따른 산업의 구조적 전환은 경제학의 모델링 범주 밖의 일이다. 더더구나 탈탄소사회로의 전환은 현존 경제학이 상상할 수 있는 모델링의 대상이 될 수 없다. 그럼에도 불구하고 단기 시장균형을 다루는 경제학자들이 경제 모델링이라는 현미경을 들고 탈탄소사회로의 거대한 전환에 들이대면서 경제성장이 축소된다고 겁을 주고 있고, 전 세계 언론, 정치, 기업 지도자들은 이러한 데이터를 의심할 바 없는 진실인양 받아들이고 있다.

자동차와 마차의 비유를 한 번 더 인용하면 현 상황은 '자동차 시대로 넘어가면 마차의 숫자가 줄어들 것'이라는 소식에 전 세계 정치, 산업계, 일반 시민들 대다수가 겁을 먹고 온실가스 감축이 우리 경제와 나의 삶에 엄청난 파국적인 영향을 줄 것이라며 공포심에 떨고 있는 형국이다. 그런데 생각해보라. 마차 대신 내연기관 자동차가 늘었듯, 내연기관 자동차가 줄어들면 전기자동차가 늘어날 것이다.

우리는 기존 경제학 모델링이 퍼뜨리고 있는 탈탄소사회 전환에 대한 공포 마케팅의 노예가 된 게 아닌지 생각해봐야 한다. 롬보그가 사용했다고 하는 CGE^{Computable General Equilibrium} 경제 모델링은 원래 단기 전망을 위한 것인데 이를 장기 전망에 사용하는 것 자체가 어불성설이다. 비록 그가 사용한 CGE 경제 모델링이 미국 스탠포드 대학교의 정교한 에너지 모델링 포럼^{Energy Modeling Forum}의 모델이라 해도 결과는 다르지 않다. 계량경제학자들이 연구실에서 자의적으로 만들어낸 CGE 모델링의 가정대로 이 세상이 향후 30년, 50년간 굴러 간다고 믿으란 말인가.

최근 나타나고 있는 상황 몇 가지만 훑어보자. 우리나라 기업들이 전기자동차, 수소자동차, 전기자동차용 2차 전지, 수소발전, 태양광 산업의 리더로 떠오르고 있으며, 국내 조선업이 새롭게 발주되는 LNG 추진선 수주를 싹쓸이 한다는 소식이 들려오고, 세계 최초로 수소트럭을 유럽에 수출하였다는 소식도 들려온다. 놀랍게도 우리 기업들은 이미 기후변화로 인해 새롭게 등장하는 저탄소 기술시장을 블루오션으로 개척하고 있으며, 세계적인 기후변화 기술혁신의 선두 주자로 떠오르고 있다. 뿐만 아니라 수소경제 정책을 선도하고 있는 우리나라는 최근 중국 광둥성에 1,300만 달러 규모의 발전용 수소연료전지 수출을 최초로 성사시켰다. 앞으로 수소연료전지 발전분야를 우리가 주도할 수 있다는 청신호가 켜진 것이다.

온실가스 감축이 경제성장을 축소시킬 것이라고 겁주는 경제 예측 기사는 수많이 보아 왔지만, 계량경제 모델링에 의해 우리 기업이 새로운 기후변화 기술혁신의 리더로 부상할 것이라고 예측했다는 기사는 들어본 적이 없다. 어느 경제학자나 투자 전문가 등이 이러한 예측을 했다는 얘기를 들어본 사례가 있는가? 한 마디로 온실가스 감축, 기후변화 대응과 같은 장기적인 산업전환은 경제학 모델링 대상 범위 밖의 문제인 것이다.

부정적 경제 모델링의 예측을 벗어난 EU의 경제 성장

유럽연합의 경우 1990년 대비 2020년 이산화탄소 배출량은 43% 감축했지만 GDP는 1990년 6.5조 달러에서 2020년 15.29조 달러로 30년간 235% 증가하였다. 이러한 유럽연합의 사례는 앞서 본 계량경제학 모델링들이 틀릴 수 있다는 것을 현실적으로 실증한다.

가장 적극적으로 온실가스 감축 정책을 도입한 유럽연합은 2030년까지 1990년 배출량의 45% 수준으로 배출량을 감축하겠다고 2020년 9월 16일 발표하였으며, 2021년 6월에는 이 내용을 규정한 '유럽기후법European Climate Law'을 통과시켰다. 우르줄라 폰데라이엔Ursula von der Leyen EU 집행 위원장은 이러한 상향된 목표치가 "달성 가능하며 유럽에 유익하다."라고 선언했다. 앞서 롬보그가 유럽연합의 성장률이 2030년까지 최소 1.6%에서 최대 3% 감소한다고 주장한 것을 단호하게 묵살한 것이다.

니콜라스 스턴은 기후변화대응을 하였을 때와 하지 않았을 경우의 경제, 사회, 환경 비용과 편익을 비교 분석하는 《기후변화의 경제학》을 발표하였지만, 정말 우리에게 필요한 것은 그 편익을 비교 분석하는 '기후변화의 경제학'이 아니라 단기 시장 균형에도 탄소가격을 반영하는 '기후경제학Climate Economics'이다.

나는 녹색성장을 주장하면서 항상 '기후경제학'의 필요성을 피력하였다. 온실가스 감축이 경제성장의 새로운 기회가 될 수 있다는 것을 제시하고, 새로운 경제성장의 기회를 극대화하기 위해 어떠한 정책 수단들이 도입되어야 하는가를 연구하는 새로운 기후경제학이 필요하다.

마침 최근 들어 기후변화와 경제성장의 상관관계에 대해 긍정적으로 보는 새로운 종류의 보고서와 분석들이 나오고 있다. 2013년 발족한 '경제와 기후에 관한 글로벌 위원회Global Commission on the Economy and Climate'는 2014년 〈Better Growth, Better Climate〉라는 제목으로 '신 기후경제New Climate Economy' 보고서를 발간한 이래 기후변화를 새로운 경제성장의 기회로 보는 보고서들을 계속 발표하고 있다.

OECD 역시 2019년에 〈Investing in Climate, Investing in Growth〉 보고서에서 온실가스 감축이 적절한 재정정책과 구조조정과 함께 시행된다면, 2050년까지 G-20 국가들의 경제성장률이 오히려 2.8% 증가할 것이고, 기후변화가 억제되어 나타나는 부수적인 편익까지 감안한다면 거의 5%의 성장효과가 있을 것이라고 발표했다. 그리고 흥미롭게도 2021년까지의 단기 효과도 G-20 국가들의 경우 약 1%의 성장 효과가 있을 수 있다고 예측했다. 국제재생에너지기구 International Renewable Energy Agency, IRENA는 보고서에서 파리기후협정의 목표치를 달성하기 위해 2050년까지 온실가스를 70% 감축할 경우, 세계경제 성장률은 오히려 2.5% 높아지고 고용률도 0.2% 증가한다고 발표했으며, 재생에너지 산업의 일자리 4천2백만 개가 창출되어 현재의 4배에 달할 것이라고 예측했다.

이렇게 온실가스 감축이 경제성장과 고용의 기회가 된다고 생각하는 것, 이것이 바로 녹색성장이 아닌가. 2005년, 유엔 ESCAP 환경국장으로 재직하며 처음 주장하기 시작했던 녹색성장의 개념이 2019년도에 OECD와 IRENA의 공식 보고서에 의해 인증을 받은 기분이다. 온실가스 감축과 그에 따른 경제 효과에 대해서는 이렇게 상반된 예측과 보고서들이 난무하고 있다. 어느 보고서와 예측을 믿고 행동할 것인지는 전적으로 우리의 선택에 달려 있다.

탈탄소 전환의 필수조건: 정부의 선도적 역할

왜 이처럼 같은 문제에 대해 정반대의 예측과 주장이 난무할까. 사실 여기에는 한 가지 전제조건이 숨어 있다. OECD나 IRENA의 보고서는 경제성장이나 고용이 "증가할 수 있다."라고 한 것이지, 아무런 조치를 취하지 않아도 자동적으로 성장과 고용이 증가한다고 한 것이 아니다. "증가할 수 있다."라는 말은 정부가 재정지원을 하고, 산업 구조조정을 적극 주도하는 정책을 시행하여 기술혁신이 일어난다는 전제조건이 있음을 의미한다.

역사상 석탄에 의한 1차 산업혁명, 석유와 전기에 의한 2차 산업혁명, IT와 인터넷에 의한 3차 산업혁명은 과학기술의 진보와 시장 주도 혁신에 의해 자동적으로 발생하였던 반면, 탈탄소사회로의 전환은 기술발전과 시장의 역할만으로는 자동적으로 이루어지지 않을 것으로 보인다.

다음에 올 탈탄소 4차 산업혁명에서는 정부의 역할이 중요하다. 즉 온실가스 감축과 경제성장의 선순환이 가능할지의 여부는 전적으로 정부의 역할에 달려 있다. 물론 소비자들의 긍정적인 참여, 정치적 지지와 기업의 적극적인 호응도 당연히 필요하다. 여기서 정부의 역할이란 재정지원과 산업구조조정 등의 정책을 통해 민간부문의 탈탄소 전환을 지원한다는 의미이지, 모든 경제정책을 정부가 결정하는 공산주의 방식을 뜻하지 않는다. 부디 오해하지 말기를 바란다.

OECD 보고서는 긍정적인 경제성장 상승효과가 나타나기 위한 전제조건으로 정부의 재정지원과 선도적인 산업구조조정 정책이 필요함을 강조하고 있다. 자유시장 경제체제의 보루인 OECD가 온실가스 감축의 경제성장 효과를 극대화하기 위해 정부의 개입이 필요 전제조건이라고 밝히고 있는 것이다. 정부의 정책적 개입의 필요성을 지적하는 것은 IRENA도 마찬가지다. 이러한 정부의 정책을 개발하고 효과를 분석하는 것이 바로 내가 주창하는 기후경제학이다.

2030년까지 온실가스를 55% 감축하는 '유럽 그린딜European Green Deal'을 시행하기로 결정한 유럽연합은 2021년부터 2027년까지 이 프로젝트에 1조8천억 유로를 투입하기로 결정하였다고 발표하였다. 유럽연합의 연간 총생산이 약 15조 유로인 것을 감안하면, 탈탄소사회로의 전환을 위해 평균 년간 총생산의 1.7%에 해당하는 대규모 정부재정을 온실가스 감축에 투입하겠다는 선언이다. 여기서 내가 분명히 하고 싶은 점은 녹색성장이든 그린뉴딜이든 정부의 개입과 선도적 역할이 필수적이며, 시장에만 맡겨서는 탈탄소사회로의 전환이 불가능하다는 것이다. 이유는 간단하다. 시장은 기본적으로 단기적 정태 균형을 추구하는 데 비해, 탈탄소사회로의 전환은 장기적이며 역동적 균형을 모색하는 과정이기 때문이다. 시장이 무능력해서가 아니라, 장기적인 구조조정은 시장이 담당할 수 있는 역할이 아니다.

앞에서 나는 녹색성장이 돈과 기술만의 문제는 아니라고 하였는데, 그러면 정부의 재정 투입 능력이 부족한 국가들은 온실가스 감축과 녹색경제로의 전환이 불가능한 것일까? 재정 지원만이 유일한 정책 수단일까? 대답은 '아니다'이다. 정부가 취할 수 있는 정책에는 직접적인 재정지원도 있지만, 더욱 강력하고 확실하며 정부의 재정 지원이 필요 없는 정책수단도 있다. 바로 다음 장에서 살펴볼, 세금에 의한 시장가격 조정 정책이다.

탄소 비용을 시장가격에 반영하기:
탄소세 생태세제개혁과 탄소잠재가격

소득이 아니라 탄소에 세금을

대다수 경제학자들은 탄소세$^{Carbon\ Tax}$가 가장 강력한 탈탄소사회 전환 정책이라는 데에 동의하고 있지만, 어느 정치 지도자도 도입은 고사하고 논의조차 하기를 두려워하는 것이 바로 탄소세다. 2015년 12월 파리기후협정이 체결되던 순간 당시 올랑드 프랑스 대통령은 탄소세 도입을 위한 국제적인 캠페인을 주도하겠다고 공언하였으나, 아직도 별 진전을 이루지 못하고 있다.

탄소세는 이름 그대로 탄소를 배출한 만큼 세금을 부과하여 에너지 가격구조를 바꾸는 것이다. 석탄, 석유와 같은 화석연료에 탄소세를 부과하여 가격을 인상하면, 자연히 신 재생에너지 수요가 늘어나고 화석연료는 퇴출될 것이다. 이렇게 가격 구조를 바꾸면 정부의 재정지원이 없어도 에너지 전환이 가능하다. 탄소세 도입을 통한 에너지 가격구조의 조정은 에너지 믹스Energy Mix2) 뿐만 아니라 사회전체의 생산 및 소비 패턴이 저탄소 패턴으로 바뀌게 하는 강력한 정책수단이지만, 어느 정치 지도자도 섣불리 손을 대지 못하는 것은 당연히 세금 증가에 대한 조세저항과 산업에 대한 타격, 산업경쟁력 저하 등의 우려 때문이다.

OECD는 이미 1990년대 초부터 생태세제개혁Ecological Tax Reform, ETR에 대해 다양한 연구와 논의를 계속해왔다. 탄소세 도입 시 가장 큰 불만은 세금 부담이 늘어난다는 것인 만큼, 이를 해소하기 위해 "탄소세 부담 증가분만큼의 소득세를 줄여주자."는 것이 생태세제개혁의 아이디어다. 이렇게 하면 탄소세를 도입하더라도 세금 부담 총량이 늘어나지 않는 만큼 조세저항의 소지가 없다는 것이다. 특히 에너지를 많이 사용하는 기업의 경우도 화석 에너지 사용에 따른 세금 부

담 증가분만큼 법인세를 줄여주기 때문에 굳이 반대할 명분이 없다.

그런데 같은 총량의 세금을 거두는 거라면 왜 굳이 이런 세제 개편을 하느냐고 의문이 들 수도 있다. 이유는 이렇게 세제를 개편하면 탄소배출을 줄이는 기업은 탄소세 부담이 줄어들게 되어, 화석연료 사용을 줄일 수 있는 인센티브가 생기기 때문이다. 이것은 기업뿐만이 아니라 개인 소비자들도 마찬가지다. 즉 생산패턴과 소비패턴이 저탄소패턴으로 바뀌게 되는 것이다

이중배당 효과(일석이조 효과)

생태세제개혁(이하 ETR) 논의와 관련해서 흥미로운 점은 소위 이중배당 효과Double Dividend 또는 우리말로 쉽게 '일석이조 효과' 가설이다. 탄소세를 부과하는 만큼 당연히 온실가스 배출이 줄어들 뿐만 아니라, 소득세(법인세)를 경감해주는 만큼 생산적인 경제 활동과 기업 활동이 늘어나서 경제성장과 고용이 증가한다는 뜻이다. ETR의 이러한 일석이조 효과가 사실이라면, 이거야 말로 온실가스를 줄이고 경제성장과 고용을 늘리는 일거양득 아닌가. 1993년 OECD 담당관으로 파리에 근무할 때 OECD 환경정책위원회에서 이러한 논의를 처음 접하고 이거야말로 기후위기를 해결할 강력한 정책수단이 될 수 있겠다는 영감을 받았다. 당시 서울의 관련 연구소들에 자료를 보내

고 건의를 하기도 했다.

　유럽에는 ETR과 같은 환경세제개혁/생태세제개혁을 주장하는 경제전문 연구집단의 층이 매우 두텁다. 이들은 탈탄소사회로의 전환과 경제의 환경 지속성을 확보하기 위해서는 현재 우리가 가지고 있는 소득세 기반의 조세 정책만으로는 불가능하며, 탄소배출을 조세 수입의 기반으로 바꾸어 나가는 개혁 작업이 필수적이라고 믿고 있다. 소득을 창출하는 활동이야말로 창조적이며 장려되어야 하지만, 탄소배출은 나쁜 것이니 페널티가 있어야 한다. 그런데 소득창출처럼 바람직한 활동에는 세금을 부과하고 탄소배출처럼 나쁜 행동에는 세금을 부과하지 않는 것은 잘못되었다는 것이다.

　우리가 부가가치를 창출하는 생산활동을 촉진하고 기후변화 방지를 원한다면, 당연히 소득에 대한 세금은 낮추고 탄소배출에 세금을 부과하는 것이 마땅하다. 즉 "소득 있는 곳에 세금 있다."가 아니라 "탄소 있는 곳에 세금 있다."로 전환이 필요하다. 탈탄소/탄소 중립을 지향한다면 탄소에 세금을 부과하는 것은 너무나도 상식적이고 당연한 얘기다.

　그런데 우리 사회에서 ETR은 생소한 주제다. 나는 우리나라의 세제 담당 최고위 공무원들로부터 ETR이나 이중배당 효과(일석이조 효과) 등을 처음 들어본다는 얘기를 여러 번 들었다. 이유는 ETR이 주로 유럽에서 논의되고, 미국에서는 거의 논의가 이루어지지 않고 있기 때문일 것이다. 우리나라의 담론 지형이 대부분 미국에 의존하고 있다 보니 생긴 일이다.

나의 녹색성장 동지인 폴 이킨스 교수 역시 ETR을 설파하는 리더 중 한 명이다. 나는 그가 초청한 세계환경세제회의^{Global Conference on} Environmental Taxation라는 대규모 학회에서 연설한 바 있는데, 당시 나는 ETR의 이중배당 효과(일석이조 효과)야말로 아시아태평양 국가의 기후 위기와 경제성장 간의 딜레마를 해결할 주요한 정책 수단이라고 믿으며, 이를 확산시키기 위해 앞장서겠다고 해서 열렬한 환호와 박수 갈채를 받았다.

녹색성장을 주도하기 시작한 2005년 이후에도 나는 ETR의 이중배당 효과야말로 기후변화대응과 경제성장 간의 딜레마를 해결할 묘안이라고 생각했다. 일부 전통 경제학자들은 이중배당 효과가 성립 불가능하다는 주장을 펼치기도 하지만, 우리가 관심을 가져야 할 점은 이중배당 효과를 극대화하기 위한 조건들을 검토 연구하는 일이라고 생각한다. 녹색성장이 가능하냐 아니냐에 대한 논쟁보다는 녹색성장을 극대화하기 위한 정책 수단을 발굴 시행하기 위한 연구가 더 시급하다. 그것이 바로 내가 얘기하는 기후경제학이다.

우리 사회 투자의 우선순위를 바꿀 탄소잠재가격

나는 ETR의 효과를 극대화할 수 있는 조건과 정책 수단들에 관심을 가지고, 과연 이러한 일석이조 효과가 개도국의 경우에도 발생할 수 있을지에 대해서 전문가들에게 연구용역을 주었다. 한국, 중국, 인도, 태국, 말레이시아, 캄보디아의 경우 ETR 도입 시 일석이조 효과가 가능한지 분석한 것인데, 연구 결과 개도국들의 경우에도 일석이조 효과가 가능함을 확인했다. 나의 이러한 시도에 대한 공로를 인정받아 세계환경세제회의의 설립자인 래리 크레이저Larry Kreiser 클리블랜드 대학 석좌교수 명의의 크레이저 상Kreiser Award을 받기도 했다.

이중배당(일석이조) 효과에 대한 구체적인 연구사례로는 ETR의 산업 경쟁력에 대한 영향을 분석한 유럽연합의 〈환경세제의 경쟁력 제고방안Competitiveness Effects of Environmental Tax Reforms, COMETR 연구사업(2004~2007)〉이 있다. 1994년부터 2002년까지 유럽 25개국의 ETR에 대해 분석한 이 연구사업은, ETR이 산업 경쟁력에 미치는 부정적 효과는 아주 미미한 반면 다양한 수준의 일석이조 효과가 관찰되었다고 보고했다. 특히 탄소세로 거두어들인 세금 수입을 기업이 부담해왔던 노동자의 사회보장비용 부담을 삭감하는 데에 지원한 경우에 일석이조 효과가 가장 컸다고 보고하였다.

한편 유럽연합의 〈환경세제의 경쟁력 제고방안〉 연구보다 앞서 독일은 1999년도부터 2004년도까지 5년 동안 탄소세를 도입하면서 기업이 부담하여야 할 노동자의 사회보장비용을 삭감하는 실험을 한 바 있다. 2005년 독일경제연구소^{German Institute for Economic Research}가 발표한 바에 따르면, 이 실험으로 2천만 톤의 이산화탄소 배출 감소와 25만 명의 고용증대 효과가 있다고 발표하였다. 나는 2005년 말 OECD 환경정책위원회에서 독일 대표가 이러한 이중배당(일석이조) 효과에 대해 긍정적으로 발표하는 것을 직접 청취하였다. 유럽연합이 2030년까지 55%의 온실가스 감축 목표치를 발표하는 배경에는 이와 같이 이미 오래 축적된 ETR과 같은 정책수단 활용에 대한 자신감도 전제되어 있을 것이다.

이미 유럽 각국은 정부뿐만 아니라 기업에서도 이산화탄소배출에 대해 톤당 50달러에서 200달러 등의 다양한 '탄소잠재가격^{Shadow Price of Carbon}'을 정부예산 집행, 사회간접자본 투자에 적용하고 있고, ETR을 두고 오랜 기간 사회적 논의가 이루어져 왔기 때문에 이중배당(일석이조) 효과에 대해 어느 정도 사회적 인식이 자리 잡고 있다.

투자 예비 타당성 검토에 탄소의 잠재가격 반영을

이에 비해 우리는 탄소잠재가격이라는 개념에 대해 아직도 막연하게 받아들이고 우리와 별로 관계가 없는 개념이라고 생각한다. 그러나 탄소잠재가격이나 탄소세는 우리 사회의 다양한 투자 결정에 엄청난 차이를 가져올 수 있다.

최근 다양한 국내 사회간접자본 투자 사업과 관련 예비타당성 조사[3]에서 GTX와 같은 몇몇 광역 교통망 투자가 비용-편익 분석에 기반한 경제성이 부족하여 심사를 통과하지 못하였다는 뉴스가 있었다. 그런데 이러한 예비타당성조사의 비용-편익 분석에 '공기 질'이나 '미세먼지 개선' 등의 환경효과가 일부 포함되지만, 잠재탄소가격은 반영되지 않고 있다. 만일 GTX와 같은 광역대중교통망 건설로 줄어들 자가용 운행감소와 이에 따른 이산화탄소 배출 감축량에 대해 유럽처럼 톤당 100달러에서 200달러의 높은 탄소잠재가격을 적용하고 이를 경제-사회 편익에 포함시켰다면, 예비타당성조사 결과가 크게 달라졌을 것이다. 탄소잠재가격의 적용은 이렇게 구체적으로 사회 인프라 건설과 투자에 엄청난 차이를 만들어낼 수 있다.

녹색성장이든 최근 새로이 거론되는 탄소중립이든 탈탄소사회로의 전환은 우리 경제, 산업, 에너지, 도시개발, 교통, 라이프스타일 등 전 분야에 걸친 전환을 의미하는 만큼, 먼저 사회적 합의의 도출이 있어야 최소한의 성과를 기대할 수 있다. 2000년에 출범하였던 대통령 직속 지속가능 발전위원회와 2009년 출범하였던 대통령 직속 녹색성장위원회가 이후 대통령이 바뀌면서 별다른 역할을 하지

---

3. 재정투자의 효율성을 높이기 위해 대규모 개발사업에 대해 우선순위와 적정 투자시기, 재원 조달방법 등 타당성을 검증하도록 하는 제도. 총 사업비 500억 원 이상, 국가재정지원 300억 원 이상의 신규사업을 대상으로 한다.

못했던 사례에서 보듯, 탈탄소사회 건설에 대한 장기적인 목표와 전략에 대한 공론화 과정, 그리고 이를 통한 국민적 공감대 형성이 전제되어야만 지속성이 담보될 수 있다.

　　이미 우리나라의 기후변화 추이는 세계 평균을 앞지르고 있으며, 이산화탄소의 농도도 세계평균보다 월등히 높다. 한반도 기후변화 감시소인 안면도에서 관측된 2020년도 이산화탄소 평균 농도는 420.4ppm으로 세계 평균 413.2ppm보다 7.2ppm이나 높다. 평균기온 상승도 세계 평균의 2배에 달한다는 보고가 있었다. 최근 폭염에 따른 태풍과 장마로 홍수 피해가 급증하고, 농작물 생육 여건과 수산물 어종이 급속히 바뀌는 등 기후변화가 우리의 생존을 위협하여도 우리 언론은 아직도 남의 일 이야기하듯 제3자적 관점에서 기후변화에 따른 현상이라는 보도 정도에 그치고 있다.

정부의 책임이 아닌 우리 모두의 책임

기후변화에 대한 대처에 정부의 선도적 역할이 필수적이기는 하지만, 그렇다고 정부 혼자 할 수 있는 일이 절대 아니며 정부만의 책임도 아니다. 탄소세 기반 세제개혁, 에너지 가격구조 조정, 에너지 믹스 개선, 저탄소 산업구조, 저탄소 교통체계의 구축 등 국민들의 정치적 지지 없이 정부 혼자 할 수 있는 일은 아무것도 없다. 미세먼지로 숨을 쉴 수 없는 상황에서도 정부는 디젤자동차와 석탄 발전을 제대로 규제하지 못하고 있지 않은가. 기후위기보다, 숨 막히는 공기보다 전기가격 인상을 더 걱정하는 언론, 소비자, 기업이 자신들의 단기적 이해관계를 이른바 '민생'이라는 말을 앞세워 호도할 때 정부가 할 수 있는 일은 별로 없다. 숨 쉬는 것보다 더 시급한 민생이 없을 텐데 말이다.

이런 상황에서 정부의 책임만 아무리 강조해도 해결책은 나오지 않는다. 진정한 해결책은 소비자 개개인이 전기나 석유 가격이 오르더라도 스스로 탄소가격을 지불할 용의를 표명하고 정부의 과감한 조치에 대해 정치적 지지를 보낼 때만 가능하다. 미세먼지 문제든 기후위기든 정부의 단호한 조치에 대해 반발하기보다는 스스로의 책임을 자각하고 협조적인 자세로 문제 해결에 동참하려는 다양한 분야의 이해 관계자들의 인식의 전환이 필요하다.

2018년에 폭염이 한반도를 휩쓸었을 때도 우리는 전기가격을 낮추어 서민들의 에어컨 전기료 부담을 덜어 주어야 한다는 사안을 두고 심각하게 논의했다. 하지만 정작 가격을 낮추어 전기를 더 쓰게 되면 이산화탄소 배출이 그만큼 증가한다는 점, 그러면 기후변화가 더 가속화되고 폭염이 더욱 악화될 것이라는 점에 대해서는 누구 하나 진지한 고민을 하지 않았다. 2020년 여름에도 강력한 태풍과 폭우로 인해 섬진강 둑이 무너져 피해가 컸다. 기후변화가 계속되면 앞으로 이런 홍수가 자주 반복될 것이라고 예측하지만 그뿐이다. 아직도 우리사회는 탈탄소사회 건설이 정부의 책임인양 방관하면서 소비자들과 기업, 언론이 어떤 역할을 하고 사회적 합의 도출을 위해 무엇을 해야 할지에 대한 진지한 고민은 부족하다.

기후변화에 대해 걱정하면서도 내가 내는 전기가격이 인상되면 안 된다는 인식을 가진 소비자와 기업이 있는 한 정부가 과감한 온실가스 감축 정책을 취할 수는 없다. 오히려 전기가격을 인상하더라도 적극적인 온실가스 감축 대책을 추진하라는 기업과 소비자 및 언론의 정치적 지지가 있을 때만 탈탄소 전환이 가능하다. 그런 점에서 최근 들어 기후위기 대처를 위해서라면 어느 정도 전기가격을 인상해도 좋다는 여론이 높아지고 있는 것은 긍정적이라 할 것이다.

지속가능개발목표:
경제개발과 환경보호, 사회발전의 균형

2015년 9월 제70차 UN 총회는 2016년부터 2030년까지 국제사회가 달성하여야 할 목표로 '지속가능개발목표^{Sustainable Development Goal, SDG}'를 채택하였다. 2000년도부터 2015년도까지 추진되었던 '새천년 개발목표^{Millennium Development Goal, MDG}'가 최빈국을 대상으로 세계의 빈곤을 절반으로 줄이겠다는 빈곤퇴치를 주요 목표로 내걸었던 데 비해, SDG는 선진국과 개도국을 포함한 모든 국가가 지속가능개발을 달성하도록 한다는 목표를 내걸었다.

단기적으로 국가총생산^{GDP}의 극대화에 중점을 둔 기존의 개발방식은 단기 총생산량과 경제 수익성의 극대화를 위해 인적자원^{Human Resource}과 천연자원^{Natural Resource}을 단순히 비용으로 보고 이 두 자원에 대한 지출, 즉 인건비와 생산자재 투입 비용을 최소화하는 방식의 경제개발 방식이다. 이에 비해 '지속가능개발^{Sustainable Development, SD}' 방식은 인적 자원과 천연자원을 비용으로만 보지 않고 육성하고 보호하여야 할 투자 대상으로 보고 장기적인 생산성 향상과 사회발전, 환경보호를 동시에 추구하는 균형발전 방식이라고 볼 수 있다.

어느 나라든 경제개발의 초기 단계에서는 재원 부족 등을 이유로 단기적인 경제 수익성 우선의 개발방식이 불가피할 수 있지만, 이제 우리나라만 해도 재원 부족이 이유가 되기는 어려운 상황이다. 결국 사회-환경 편익에 얼마나 가치를 부여할 것인지는 한 사회의 사회적 합의와 정치적 선택의 문제다. 내가 생각하는 SDG 달성을 위해 필요한 몇 가지 고려 사항들을 정리해본다.

① 사회-환경 편익의 경제적 가치 환산 방법론 개발

환경과 사회에 대한 투자를 비용으로 보면서 시장가격 위주로 운용되는 현행 경제개발 방식에 사회-환경 편익의 경제 가치를 체계적으로 반영하기 위한 표준화된 편익계산 방법론의 개발이 필요하다. 삶의 질과 환경의 질 개선에 보다 많은 투자가 이루어지기 위해서는 이러한 투자가 장기적으로 경제 생산성을 향상시키는 긍정적 효과를 가져온다는 것을 인정하고, 그것을 평가할 수 있는 방법론을 개발하고 적용해야 한다. 예를 들어 고속도로나 철도 건설에 대한 예비타당성 조사에서 단기 수익성이 아니라 미세먼지, 탄소배출, 교통혼잡비용 등 사회-환경 편익을 경제성 평가에 충분히 반영할 수 있도록 표준화된 편익 방법론의 개발과 체계적인 적용이 시급하다.

② 단기 경제목표와 장기 사회-환경목표의 시차를 보완해줄 정책 개발

일반적으로 경제 부문에 대한 투자는 성과가 단기간에 나타나지만, 교육, 복지, 의료, 환경 등에 대한 투자의 경제적 성과는 장기간에 걸쳐 나타난다. 심지어 교육 부문의 경우는 20년 이상이 걸리기도 한다. 그런 만큼 단기에 나타나는 경제 부문 성과와 장기에 나타나는 사회와 환경 부문 성과 간의 시간 간격(시차)을 보완해줄 정책들은 당연히 정부에 의해 주도될 수밖에 없다. 이러한 일은 시장의 역할이 아니다. 정부가 조세정책과 재정 지출의 효과적인 운영을 통해 경제 목표와 사회, 환경 목표 간의 균형적인 자원 배분에 노력하고, 단기 경제목표와 장기

사회-환경목표 간의 시차를 보안하여 주는 정책들을 효과적으로 시행할 때에만 경제, 사회, 환경 목표 간의 통합이 비로소 가능할 수 있다.

③ SDG 목표들 간의 긍정적인 상승효과를 최대화하기 위한 정책 수단 발굴

탈탄소 에너지 전환을 위해 재원을 투입할 경우 경제성장, 실업, 사회 갈등에 미치는 부정적인 효과와 고용 창출, 기술 혁신, 환경 편익 증진에 미치는 긍정적인 효과를 계측하는 한편, 부정적인 효과를 최소화하고 긍정적 효과를 최대화하기 위한 정책수단의 발굴이 필요하다. 또한 다양한 SDG 목표들 간의 상승효과[Synergy]와 상쇄효과[Trade-off]에 대해 충분한 연구와 분석이 요청된다.

④ SDG 목표 추진의 우선순위 분석

SDG의 다양한 목표들은 소기의 성과를 구현하는 데까지 소요되는 시간이 매우 다양한 만큼 단기, 중기, 장기 등 소요 시간을 고려한 이행 우선순위에 대한 분석과 연구가 필요하다. 제한된 재원으로 다양한 SDG 목표들을 동시에 추진할 수 없는 조건에서 각 국가와 경제·산업·사회의 발전 단계와 우선순위에 비추어 과연 어떤 목표들부터 추진하는 것이 정책성과를 최대화 할 수 있을지에 대한 분석과 정치적 합의가 필요하다.

⑤ 정부와 시장의 역할 재조정

SDG는 정부에 의해 추진되지만, 대다수 시장경제 국가들에 있어서 실질적인 재원 배분은 시장경제 기반의 민간경제 부문에 의해 주도되고 있다. 시장경제 국가에서 민간 부문의 역할은 압도적이지만, 환경보호, 사회발전과 같은 목표들에 대한 투자는 민간 부문의 역할이 아니다. 2018년 5월 카자흐스탄의 아스타나 경제포럼에 참석한 노벨 경제학상 수상자 폴 로머Paul Romer 교수가 "우리가 당면한 가장 큰 혼란은 시장과 정부 역할의 경계boundary에 대한 합의의 부재"라고 한 지적은 SDG 이행에 있어 우리가 당면한 어려움의 정곡을 찌르고 있다. 예를 들면 교육, 의료보험, 유아 돌봄 서비스를 미국처럼 자유시장에 맡겨야 할까 아니면 유럽처럼 정부가 주도하여야 할까? 신자유주의 패러다임의 영향으로 시장과 민간 기업의 역할이 압도적으로 강력해지고 비즈니스 프렌들리 정책을 우선시하는 대부분 나라에서 SDG를 달성하기 위해서는 시장과 공공부문의 역할 분담에 대한 고민과 사회적 합의의 재정립이 필요하다. 이번 코로나 사태에서 미국 의료부문의 지나친 상업성이 얼마나 커다란 희생을 초래했는지 생각해보라. 정부의 공공정책에 의해 환경과 사회 부문으로 자원을 분배하지 않는 한, 시장에 의해 자동적으로 재원이 사회, 환경 부문에 투입될 가능성은 별로 없다.

탈탄소 미래 인프라 구축:
녹색교통, 쓰레기 에너지 회수, 슈퍼그리드

교통체계의 탈탄소화: 녹색 대중교통체계로의 전환

탈탄소 미래 건설이라고 하면 막연하다고 생각하는 경우가 많은데, 녹색교통체계로의 전환을 떠올리면 그것이 얼마나 구체적이며 실질적인 문제인지 잘 알 수 있다. 우리나라의 교통부문 온실가스 배출량은 약 20% 수준으로 발전과 산업 다음으로 높은 비중을 차지하고 있으며, 교통부문 온실가스 배출의 약 94% 정도가 도로교통에서 나오고 있다.

한국교통연구원에 따르면 2018년 한 해 동안 차가 막혀 발생한 교통혼잡비용이 거의 68조원에 육박해 GDP의 3.6%에 달하며, 2017년 대비 13.7%가 늘었다고 한다. 미국 0.92%, 영국 0.36%, 독일 0.15%에 비해 턱없이 높다. 2012년에 30조원이었는데 6년 만에 2배 이상 늘어났다. GDP의 3.6%라니, 상상할 수 없이 어마어마한 수치다. 2021년 국방예산 52조원을 훨씬 상회하는 엄청난 손실인데, 문제는 여기서 그치지 않는다는 점이다.

　　교통체증은 불필요한 온실가스를 배출하면서 기후위기를 초래하고, 또한 미세먼지를 유발하여 공기의 질을 악화시켜 우리의 건강을 해친다. 그러나 한국교통연구원이 발표한 교통혼잡비용에는 기후위기가 악화시킨 피해규모와 짜증나도록 꽉 막힌 도로로 인해 저하된 삶의 질과 건강비용은 포함되지 않았다. 낭비된 휘발유와 노동력을 평균임금으로 계상한 금액일 뿐이다.

　　사람들 중에는 과연 자가용 없는 교통체계가 가능할까 의문을 가지는 경우도 있지만, 일본 도쿄의 경우 자가용을 몰고 출퇴근을 하는 경우는 아주 예외적이다. 일본은 철도, 지하철, 버스 등 대중교통 위주의 교통체계를 발전시켜 자가용의 사용 비중이 적고, 따라서 교통혼잡비용도 GDP의 0.4~0.6% 수준이다. 일본보다도 좁은 국토와 높은 인구밀도를 가진 우리야말로 자가용 위주가 아니라 지하철, 철도, 고속철도 등 저탄소 대중교통체계를 발전시키기에 적합한 여건을 가지고 있다. 우리나라는 기후변화가 아니어도 미세먼지를 줄이고 당장 안심하고 숨을 쉬기 위해서라도 자가용 위주의 현 교통체계를 고속철도, 경전철, 지하철, 철도, 버스 등을 중심으로 하는 대중교통체계로 전환하여야 한다.

바로 여기에 걸림돌이 되는 것이 녹색교통 인프라 재정투자에 대한 예비타당성조사다. 일부 언론에서는 경제성이 없는 경전철 사업 등에 대해 예산 낭비라고 비판하곤 하지만 이는 단기 경제 수익성만을 본 것으로, 자가용 사용 감소에 따른 탄소배출 감소, 미세먼지 저감, 교통혼잡비용 감소 등을 고려하지 않은 단편적인 시각이다.

그런 만큼 예비타당성조사에 탄소의 잠재가격을 적극 반영하여 기후편익을 높게 반영하여야 녹색 교통체계에 대한 투자가 활성화 될 수 있다. 예비타당성조사에 탄소잠재가격을 유럽연합 국가들처럼 톤당 100~200달러의 가격을 적용하면 철도, 지하철 등의 녹색교통체계의 구축이 가능해지고 매년 낭비되는 68조원에 달하는 교통혼잡비용의 발생을 줄일 수 있다.

우리는 당장 눈에 보이는 경전철 예산 투입에 대해서는 낭비라고 비난하면서 눈에 보이지 않는 GDP의 3.6%, 국방비보다도 많은 68조원에 상당하는 엄청난 교통혼잡비용에 대해서는 눈을 감고 있다. 그러한 상황은 당연하거나 불가피한 것이 아니다. 일본에서는 개인들이 장거리 여행에 자가용으로 고속도로를 달리는 경우는 거의 없다. 고속도로에는 화물운송 트럭들이 대부분이다. 일본이 할 수 있는 것을 우리가 못할 이유는 없다. 교통체증에서 해방되어 우리의 삶의 질이 향상되고, 안심하고 숨을 쉬고, 100프로 수입에 의존하는 에너지 안보와 지구의 기후위기에 대처하기 위해서도 자가용 위주의 교통체계를 녹색대중 교통체계로 전환하여야 한다.

지하철 편의성 개선: 에스컬레이터와 급행차량 운행 확충

대중교통 이용을 독려하고 자가용 사용을 감소시키려면 먼저 지하철의 이용 편의성부터 획기적으로 개선해야 한다. 물론 우리나라 지하철은 세계적으로도 우수한 수준이라고 평가되고 있지만, 개선하여야 할 점이 없는 것은 아니다.

최근 건설된 서울 지하철 노선은 에스컬레이터가 구비되어 있으나, 오래된 노선들의 경우 아직도 100개가 넘는 계단을 걸어서 오르내리는 구간이 많다. 서울 한복판의 광화문역, 강남역, 교대역, 고속터미널역, 사당역, 양재역 등 핵심 환승역도 마찬가지다.

에스컬레이터는 노약자에게만 필요한 게 아니다. 건강 계단이라고 써놓고 계단 이용을 강조하고 있는데, 지하철 계단은 러닝머신이 아니다. 전 세계를 뒤흔든 싸이의 〈강남 스타일〉의 성지 강남역 출구에 에스컬레이터가 부족하여 관광 온 외국 여행자 부부가 유모차를 맞잡고 40~60개가 넘는 계단을 힘겹게 오르는 것은 보기에 딱하다. 이러한 사정은 역시 관광객이 많이 찾는 명동역도 별반 다르지 않다. 관광 진흥 차원에서도 개선이 시급하다. 나는 일본 도쿄의 지하철 등 교통체계를 유심히 점검하였는데, 어느 곳이든 에스컬레이터가 완벽하게 구비되어 있었으며, 시내 지상 육교의 경우에도 승강기가 완벽하게 설치되어 있어 공항부터 시내 호텔까지 여행자용 가방을 끌고 가는 데 아무런 장애나 불편이 없었다. 그러니까 자가용을 끌고 나올 이유가 없는 것이다.

또 한 가지 개선점은 급행차량의 신설이다. 현재 서울의 경우 9호선에는 급행이 운행되고 있지만, 다른 노선으로도 더 확대하여야 한다. 예를 들어 일산에서 급행으로 경복궁까지 20분 만에, 고속터미널까지 30분 만에 주파할 수 있다면 통일로를 가득 메우고 있는 자가용 출퇴근 차량이 대폭 줄어들지 모른다. 서울 지하철의 전 노선에 급행차량이 운행된다면 이로 인해 줄어드는 탄소배출량과 미세먼지만 해도 엄청날 것이다.

이런 얘기를 하면, 우리 지하철이 적자가 얼만데 그런 소리를 하냐는 반론이 있을지도 모른다. 그러나 만약 지하철로 인해 줄어드는 온실가스 감축량을 톤당 200달러로 계산하면 지하철은 절대 적자가 아니다. 지하철에 에스컬레이터를 설치하여 자가용 사용이 줄어들고, 그에 따른 탄소배출 감소에 탄소의 잠재가격을 적용한다면 더 이상 적자라는 얘기는 나오지 않을 것이다.

탄소의 잠재가격은 보이지 않던 것을 새롭게 보여준다. 언제까지나 탄소잠재가격을 적용하지 않고 당장의 경제 수익성만을 계산하면서 교통체증, 미세먼지, 기후위기를 감당하고 살 것인지, 아니면 장기적인 삶의 질과 기후위기, 미세먼지를 줄이기 위해 탄소잠재가격을 적용할지는 우리 마음먹기에 달렸다.

　교통 부문을 주로 이야기했지만, 탄소잠재가격을 적용하면 건물 부문에서도 온실가스를 줄일 수 있는 여지가 많다. 창문과 지붕으로 유실되는 에너지를 줄이기 위해 단열만 강화하여도 건물 에너지 소비를 절반 이상으로 줄일 수 있다. 우리나라는 이미 우수한 단열자재와 창호를 생산하고 있지만, 에너지 가격이 워낙 싸기 때문에 건물의 단열에 투자가 이루어지지 않을 뿐이다. 요즘 투자할 곳이 없다고 하는데, 오래된 건물들의 에너지 효율 향상을 위해 리노베이션이나 재건축 사업에 대대적인 투자를 할 경우, 고용 창출, 고효율 단열재나 창호 생산 증가 등 탈탄소 투자 기회는 얼마든지 있다.

　탄소잠재가격을 적용하여 철도, 지하철, 광역 고속교통망 구축, 건물 에너지 효율향상 사업 등이 대대적으로 전개된다면, 경제성장뿐 아니라 고용도 창출하고 온실가스 배출과 미세먼지도 줄이는 일석삼조 효과를 누릴 수 있다. 이렇게 녹색 인프라 구축에 투자하여 이루어지는 성장이야말로 성장의 '사회적 질'과 '환경의 질'이 높은 녹색성장이라고 할 수 있다.

순환경제의 핵심, 쓰레기 에너지 회수 사업

탈탄소 산업의 핵심기술인 전기자동차용 2차 전지, 수소연료전지 발전, 태양전지, LNG 선박 건조 등의 탈탄소 신기술 시장은 이미 우리 기업들이 선도하고 있다.

그뿐만이 아니다. 자원순환경제 구축에 필수적인 친환경 소각로 기술에서도 다이옥신과 같은 공해 물질이 거의 나오지 않는 세계 최고 수준의 친환경 고효율 저온 열분해 방식의 소각로가 이미 우리 기업에 의해 개발, 운용되고 있다. 쓰레기로부터 에너지를 고효율로 생산하여 기후변화를 방지하고 세상을 바꿀 수 있는 첨단기술인데, 우리가 탈탄소 에너지 전환에 매진한다면 우리 기업들이 이를 뒷받침할 능력이 얼마든지 있음을 보여주는 사례다.

유럽연합에서도 쓰레기로부터 에너지를 회수하는 'Waste to Energy' 사업을 자원순환경제 구축과 기후변화 대응의 중요한 축으로 보고 적극적인 육성 정책을 펼치고 있다. 유럽에서는 이미 쓰레기 4톤이 석유 1톤, 석탄 1.6톤에 해당하는 재생에너지원이 되어 화석연료를 대체한다고 보고 이를 적극 지원하여 쓰레기 문제와 기후위기를 동시에 해결하고 있는데, 그중 독일, 덴마크, 오스트리아 등이 소각로 기술을 선도하고 있다. 일본도 1,182개에 달하는 소각로에서 전체 쓰레기의 80%를 소각하여 에너지를 생산하고 있다. 우리나라도 전체 에너지의 4% 정도를 쓰레기 소각으로부터 얻고 있으나, 일부 소각로에서 대기오염 문제가 발생하여 소각로에 대한 부정적인 인식이 강한 것은 안타까운 상황이다. 그러나 기후변화 환경단체와 전문가들도 이제는 친환경 소각이 쓰레기 문제의 궁극적인 해결 방안이라는 데 대체로 의견을 모으고 있는 것은 다행이다.

한편에서는 쓰레기 소각을 통한 에너지 회수 사업에 대해 부정적인 시각도 있다. 쓰레기의 재활용 비율을 제고하여 자원순환경제를 추구하는 것이 바람직하지, 소각로를 증설하는 것은 자원순환에 역행한다는 논리다. 물론 재활용 비율을 높이는 노력도 필요하다. 그러나 아무리 재활용 비율을 높여도 소각이 필요한 쓰레기 발생을 피할 수는 없다. 쓰레기 재활용 비율이 80%를 넘고 매립 비율이 전체 쓰레기의 4%에 불과한 스웨덴은 매년 80만 톤의 쓰레기를 노르웨이 등으로부터 수입, 소각하여 지역난방의 20%를 제공하고 25만 가구에 전기를 공급하고 있다.

유럽은 가장 적극적인 자원순환경제를 추구하면서 쓰레기 소각로를 재생에너지 발전 방안으로 간주하고 있다. 소각로가 혐오 시설이 아니라 도심 한가운데 있어도 아무런 거부감이 없도록 철저한 관리와 지원을 시행하고 있다. 친환경 소각로 기술이 널리 보급되어 유럽이나 일본처럼 소각로가 도시 한복판에 설치되고, 혐오시설이 아니라 코펜하겐의 아머바커Amer Bakke 스키장 겸용 소각장, 오스트리아를 대표하는 미술작가인 훈데르트 바서Hundertwasser의 예술작품으로 관광명소가 된 비엔나의 스피텔라우spitellau 소각로처럼 친환경 소각로가 우리 삶의 일부분이 되는 날 탈탄소 미래가 현실이 될 수 있다.

실크로드 슈퍼그리드

기후위기 대응을 위한 에너지 전환과 탈탄소 미래 건설의 시급성에도 불구하고 실제로는 재생에너지의 비중이 기대만큼 빠르게 승가하지 못하고 있다. 태양광 전기나 풍력을 대량 생산할 수 있는 나라들은 카자흐스탄이나 몽골 등 중앙아시아의 넓은 땅을 가진 나라들인 반면, 세계 경제에서 전력을 대량 소비하는 서울, 도쿄, 뉴욕, 런던, 파리 등 주요 대도시들은 재생에너지를 대량 생산할 수 있는 지역들로부터 멀리 떨어져 있다.

　우리나라만 해도 좁은 국토에서 태양광 패널과 풍력 발전기를 설치하다보니, 산림 훼손, 소음 공해, 현지 주민과의 갈등 등 다양한 부작용들이 나오고 있다. 이러한 사정에 따라 오래 전부터 다양한 슈퍼그리드 아이디어들이 제시되어왔다. 사하라사막에서 태양광 전기를 생산하여 유럽으로 보낸다든지, 최근에는 호주의 사막에서 전기를 생산하여 싱가포르로 보내는 프로젝트도 제안되었다. 《The Economist》지는 2017년 1월 14일 〈Rise of Super Grid〉라는 제목의 기사에서 초고전압 송전기술이 이제는 전기를 대륙에서 대륙으로 흐르도록 하고 있으며, 멀리 떨어진 사막에서 생산된 전기가 지구촌 주요 전기소비 중심지로 송전되는 새로운 시대가 열린다고 보도하였다.

소프트뱅크^{Soft Bank}의 손정의 회장도 오래전부터 몽골 평원에서 전기를 생산하여 중국, 한국, 일본으로 보낸다는 동북아 슈퍼그리드를 제안해왔다. 우리나라도 동북아 슈퍼그리드 참여 의사를 밝히고 있으나, 일본 정부가 해외로부터의 전기 수입 금지 규정을 개정하지 않겠다고 입장을 밝힘에 따라 손정의 회장의 거대한 동북아 슈퍼그리드 구상은 실현이 어렵게 되었다. 몽골로부터의 동북아 슈퍼그리드 연계가 어려워진 반면, 카자흐스탄 등 중앙아시아 평원으로부터 태양·풍력발전을 중국을 통해 도입하는 방안이 새로운 대안으로 떠오르고 있다. 중국정부는 이미 중국의 북서쪽 끝인 우루무치로부터 동쪽 연안의 상하이까지 세계 최고의 초고압 110만 볼트의 슈퍼그리드인 '파워 실크로드^{Power Silk Road}'를 완공한 바 있다.

중국은 2013년 카자흐스탄의 아스타나에서 일대일로 구상을 처음 발표할 정도로 중앙아시아와의 협력을 중시하고 있는 만큼, 중앙아시아로부터 태양·풍력 전기를 생산하여 중국과 한국까지 보내는 방안에 대해 긍정적으로 검토할 수 있을 것으로 보인다. 비록 일대일로에 대해서는 여러 가지 논란이 있으나, 태양광 전기와 풍력발전을 추진하여 상호 윈윈하는 슈퍼그리드처럼 일대일로의 녹색화를 검토할 수 있는 여지는 얼마든지 있다.

나는 2018년 5월 카자흐스탄의 수도 아스타나에서 열린 '아스타나 경제 포럼Astana Economic Forum'에서 카자흐스탄 등 중앙아시아 국가로부터 중국을 거쳐 우리나라로 태양·풍력 전기를 공급하는 실크로드 슈퍼그리드Silkroad Super Grid 구상을 제안하였다. 물론 슈퍼그리드 구상은 매우 정치적인 사안으로 실무자들이 쉽게 결정할 수 있는 사항은 아니다. 최근 어려워지고 있는 국제정치 상황으로 인해 슈퍼그리드 구상이 가까운 시일 내에 실현되기는 어려울 것이다. 날로 더 심각해지는 기후위기와 미세먼지, 대기오염이 정치적 결단을 촉진하는 계기가 되기를 기대한다.

대한민국의 미래발전전략:
탈탄소를 넘어
지속가능 선순환 발전 모델 선도를

탄소중립과 탈탄소 추세에 대해 국내 산업계와 언론에서 우려하는 목소리도 있지만, 역으로 생각하면 한국처럼 탈탄소 물결을 헤쳐 나가는 데 최적화된 역량을 갖추고 있는 나라도 없다. 2018년에 이미 세계에서 일곱 번째로 국민소득 3만 달러, 인구 5천만 명이 넘는 30-50 클럽 국가가 되고 G-7 회의에 지속적으로 초청을 받는 지금, 탈탄소경제 패러다임 전환에 더 이상 다른 선진국을 따라가는 피동적 추종자 대신 선도국가First Mover로 나서야 한다. 대중문화에서 한류가 지구촌을 휩쓸고 K-방역이 세계적 모범이 되고 있는 상황에서 탈탄소 전환을 우리가 선도하지 못할 이유가 없다.

앞에서 언급했듯이 한국 기업들이 탈탄소산업의 핵심 기술들을 선도하고 있는 만큼, 이미 세계 최고 수준의 IT 인프라와 반도체 기술을 주도하는 우리나라야말로 탈탄소 미래 건설의 필수적인 기술 경쟁력과 경제 역량을 갖추었다고 할 수 있다.

'고탄소 산업화의 우등생'이었던 우리가 '탈탄소 문명전환의 선도국'이 되지 못할 이유가 없다는 발상의 전환이 시급하다. 어차피 가야 할 길이라면 남들보다 한발 먼저 과감히 나서는 것이 화석연료 기반 산업의 레드오션에서 재생에너지 기반 탈탄소 산업의 블루오션을 선점하는 첩경일 수 있다.

물론 우리 미래를 설계하는 데 있어 탈탄소만으로는 부족하다. 최근 코로나 사태가 보여주었듯이 의료, 보건, 복지, 삶의 질, 저출생, 청년 실업, 빈부격차 해소, 사회 안전망 강화를 통한 사회발전도 동시에 해결하여야 한다. 이제 환경에 대한 투자가 경제를 성장시키는 녹색성장, 사람에 대한 투자가 경제를 성장시키는 포용성장을 동시에 추진하여, 환경, 복지, 경제, 즉 시장-사람-자연이 상호 선순환되는 지속가능 발전 모델을 우리가 주도하여야 한다.

환경과 삶의 질에 대한 투자

장기적으로 환경과 복지에 투자할 돈이 어디 있느냐고 생각할 수도 있지만, 적어도 우리에게 돈은 문제가 아니다. 시중에 넘쳐나는 부동자금이 갈 곳이 없어 부동산, 주식, 가상화폐 투기 열풍이 불고 있지 않은가. 교통혼잡비용으로만 매년 68조원, GDP의 3.6%가 날아가고 있지 않은가. 이렇게 넘쳐나는 돈이 부동산이나 가상화폐 투기가 아니라 환경과 삶의 질에 대한 투자로 흘러갈 수 있도록 하기 위해서는 현재의 경제운용 우선순위의 근본적인 전환이 필요하다.

이를 통해 탈탄소 전환에 대한 투자와 사회 안전망 강화에 대한 투자가 수요를 창출하여 단기적으로 경기회복을 강화할 뿐 아니라 장기적으로 녹색성장, 포용성장을 촉진하여 경제성장과 삶의 질 및 지속가능성을 제고하는 선순환 발전 구조의 창출을 시도하여야 한다. 국민소득 3~4만 달러대의 경제력이라면 얼마든지 시도할 수 있다.

사회 안전망 강화: 4차 산업혁명 선순환 구조의 핵심

극단적인 단기 경제성장 극대화 위주의 개발방식이 초래한 대표적인 사태가 바로 '저출산'이다. 아이를 낳고 키우는 일마저 비용으로 계산하면서 저출산이 대세가 되었다. 젊은 세대가 공무원 공채 시험에 몰려 수십 대 일의 경쟁률을 보이고 있는 현상은 고용 불안, 노후 불안이 얼마나 심각한지를 반증한다. 4차 산업혁명의 도래와 함께 4차 산업을 강화하는 것이 새로운 경제 돌파구가 될 수 있다는 긍정적인 면이 강조되고 있지만, 4차 산업혁명의 역동성이 초래할 고용 불안, 복지 불안, 노후 불안에 대한 대처 방안을 지금부터 고민해야 한다.

평생고용을 기반으로 했던 2차, 3차 산업혁명의 경험을 더 이상 적용하기 어려운 상황에서 4차 산업혁명으로의 원활한 이행을 위해서는 사회 안전망의 강화가 필수적이다. 고용과 노후 불안이 해소되어야 혁신에 대한 도전이 활성화되고 경제의 역동성을 살릴 수 있다. 사회안전망이 잘 짜여 있는 스웨덴, 핀란드 등 북유럽 국가들의 경제 혁신 지수가 꾸준히 상위에 평가되고 있는 것이 이를 증명한다.

물론 복지와 사회안전망 강화가 자동적으로 경제성 향상으로 이어지는 것은 아니다. 사회안전망과 복지 강화가 장기 경제성장률을 제고하도록 세심한 정책의 뒷받침이 필요하다. 이를 위해서는 우리 스스로 사회안전망-복지 강화에 대한 선입견을 바꾸어서 비용과 부담이 아니라 경제를 위한 장기 투자라고 생각해야 한다. 우리가 교육에 장기간 투자 하듯이 '삶의 질' '사회 안전망'에 대해서도 장기적 안목에서 적극적으로 투자를 할 때이다. 출산율 증가로 인구가 늘어나야 수요도 늘어나고 시장도 커질 것 아닌가. 선진국 중 우리의 사회복지 지출이 가장 낮은 수준이며, OECD는 이미 오래전부터 우리에게 사회복지 지출을 늘려야 한다고 권고하고 있다.

탄소가격 지불 시스템 구축과 모두의 책임의식

탄소가격을 무시한 생산-소비 체제는 더 이상 가능하지 않다. 생산-소비패턴에 탄소가격을 반영하는 체계적 노력을 지금부터 시작하여야 한다. 우리가 하지 않더라도 유럽 등 선진국들이 '탄소 국경조정관세'를 동원하여 강요할 것이다. 강요당하기보다 우리 스스로 주도하겠다는 발상의 전환이 필요하다. 에너지 전환에만 초점을 맞추는 것은 뿌리는 놔둔 채 가지만 치는 격이다. 탄소가격 도입을 통해 기존의 탄소가격을 배제한 고탄소 생산-소비 체제에서 탄소가격을 반영하는 탈탄소 생산-소비패턴으로의 전환이 탈탄소 문명건설의 시작이 되어야 한다.

이와 함께 탈탄소 전환이 정부의 책임이 아니라 탄소를 배출하며 생산된 제품과 서비스를 소비하고 있는 우리 모두의 책임이라는 인식의 전환이 전제되어야 한다. 우리 모두가 재생에너지 투자에 정치적 지지를 보내고 전기가격 인상 부담을 받아들일 때 비로소 탈탄소 전환이 가능하다. 탄소중립을 지향한다면 깨끗한 재생에너지에 보다 높은 가격을 지불할 용의가 있어야 한다.

우리 스스로 탄소배출을 줄이는 생활패턴의 변화를 수용하지 않으면서 정부만 비판한다고 기후위기가 해결되지는 않는다. 최근 우크라이나 사태로 에너지위기를 겪고 있는 유럽 국민들이 전기가격이 2~3배 상승했다고 정부의 재생에너지 대책을 비난하고 기후 대책을 포기하라고 하지 않는다. 이미 유럽의 전기가격은 우리보다 월등히 높음에도 불구하고 말이다. 유럽은 이와 같은 국민들의 정치적 지지를 바탕으로 탈탄소 전환을 주도하고 있다.

이미 앞에서 원론적으로 언급하였지만, 다시 한번 종합적으로 우리가 당장 실행할 수 있는, 구체적인 탈탄소 문명 선도국가First Mover 정책들을 제안한다.

① 예비타당성조사 시행령에 탄소잠재가격 반영부터

당장 탄소세 도입이 어려운 상황에서 차선책으로 정부 주도의 대형 인프라 사업과 대기업의 민간 투자 등 가능한 부분부터 점진적으로 탄소의 잠재가격을 반영하는 정책이 신속히 도입되어야 한다. 앞에서도 이미 언급했지만, 대형 투자사업의 예비타당성조사 시행령에 탄소 잠재가격을 반영하는 간단한 조치로 다양한 분야에서 저탄소 사회 인프라 기반 투자가 증진될 수 있다.

② 교통혼잡비용 50% 삭감 목표치 설정과 과감한 투자

지구를 위해서도 우리 자신을 위해서도 GDP의 3.6%나 되는 교통혼잡비용을 더 이상 방치할 수는 없다. 우리나라처럼 국토가 좁고 인구밀도가 높아서 녹색교통망 구축에 최적화된 나라가 교통혼잡비용이라는 막대한 낭비를 계속하는 것은 이해할 수 없는 일이다. 이제라도 교통 혼잡비용 50% 줄이기를 목표로 설정하고 과감한 투자 계획을 수립해야 한다.

　최근 전기 자동차가 각광을 받고 있지만, 사실 전기 자동차는 기후위기와 탈탄소의 해답이 아니다. 화석연료 전기를 사용하는 전기 자동차가 아니라 'B.M.W'가 해답이다. 버스(Bus), 지하철·전철(Metro)와 걷기(Walking) 말이다. 전기 자동차들이 교통체증으로 도로에 꽉 차서 꼼짝도 못하면서 탈탄소를 실현할 수는 없다. 기후위기 대응을 위한 탈탄소뿐만 아니라 우리 삶의 질 향상을 위해서도 자가용-고속도로 위주의 교통체계를 녹색교통체계로 전환하면 에너지 안보 개선, 국토 균형 발전, 고용 창출, 관광산업 증진 등의 긍정적 부수효과도 기대할 수 있다. 더구나 전 국토를 연결하는 대대적인 고속철도 공사와 대도시의 지하철 확대는 건설업 경기 부양, 고용 창출과 삶의 질 향상 효과도 기대할 수 있다.

　아울러 도심의 자가용 사용 억제와 대중교통 이용을 확산하기 위해서는 대도시 지하철에 에스컬레이터 설치를 확대하고 급행차량의 운행 확대와 지하철의 배차 간격도 더욱 줄여야 한다. 일부 지하철 노선의 경우 평일 러시아워에도 배차 간격이 길어 지옥철이라는 불평을 듣고 있다. 급행차량이 운행되지 않기 때문에 서울 외곽에서는 오히려 자가용을 몰고 나오는 것이 더욱 빠른 경우도 많다. 이래서는 탄소배출과 미세먼지 감소가 이루어질 수 없다. 지하철 급행차량 운행은 지하철 신설보다 훨씬 적은 비용으로 큰 효과를 낼 수 있는 방안이다. 이것은 서울만이 아니라 부산, 인천 등 다른 대도시의 경우도 마찬가지다.

더 이상 지하철과 철도를 경제 수익성으로만 평가하여 적자라고 보아서는 안 된다. 지하철의 환경 편익과 삶의 질 향상, 탄소와 미세먼지 감소 등의 사회 환경적 편익을 포함시키면 지하철은 엄청난 흑자라고 할 수 있다. 지하철을 바라보는 우리의 새로운 평가가 바로 새로운 정상상태에 대한 새로운 대응이다.

③ 점진적 생태세제개혁 시도

앞에서 설명한 생태세제개혁ETR의 점진적 도입을 통해 온실가스도 줄이고 성장도 촉진하는 일석이조 효과를 시도하기 위해 학계와 정부가 함께 검토를 시작해야 한다. "소득 있는 곳에 세금 있다."에서 "탄소 있는 곳에 세금 있다."라는 인식의 확산과 적용 방안의 발굴이 필요하다. 탄소세로 걷힌 세수만큼, 소득세와 법인세를 삭감하여 주는 생태세제개혁의 현실적인 도입 방안을 탈탄소 미래 전략의 과제로 추진할 필요가 있다.

④ 세상을 바꿀 수 있는 자발적 탄소가격 지불 시스템의 도입

에너지를 소비하는 개인과 기업이 재생에너지에 대해 차별화된 더 높은 가격을 자발적으로 지불하고 구매할 수 있는 제도의 도입이 시급하다. 이러한 제도를 자발적인 '재생에너지가격지불제도'라고 할 수도 있고, 자발적인 '탄소가격지불제도'라고 할 수도 있다. 이름을 어떻게 붙이더라도 내용은 같다.

기후변화를 걱정하는 개인과 기업 중에는 보다 높은 가격을 지불하더라도 탄소를 배출하지 않는 재생에너지 전기를 선택하여 사용하고 싶은 수요가 있을 수 있다. 특히 요즘 'RE 100'과 같은 기업 차원의 자발적인 재생에너지 사용 캠페인에 참여하는 기업들은 더 높은 가격을 지불하더라도 깨끗한 재생전기를 구매하려고 한다.

따라서 한국전력에서 재생에너지 전기를 차별화된 가격으로 소비자가 자발적으로 구매할 수 있는 선택지를 제공하는 시스템을 도입할 필요가 있다. 독일의 경우는 고속열차의 가격도 소비자의 자발적 선택에 따라 재생에너지 전기가격을 지불하고 싶은 승객은 더 높은 가격을 지불하고 승차권을 구매하도록 선택권을 주고 있다. 기후위기를 우려하는 시민들은 자발적으로 5~10유로씩 추가가격을 지불한다. 이렇게 지불된 재원은 태양광 또는 풍력전기를 구매하는 데 사용된다.

이러한 자발적이고 차별화된 재생에너지가격지불제도는 고속열차뿐 아니라 가정의 전기요금을 비롯해 다양한 제품과 서비스에 적용할 수 있다. 가령 탄소배출을 하지 않는 재생에너지 전기차로 배달된 택배에 더 높은 가격을 지불할 수 있는 선택지를 주면, 기후변화를 걱정하는 소비자들은 택배비를 조금 더 지불하더라도 재생에너지 전기차로 운송된 택배를 선택할 수 있다. 일반 가정에서도 매달

내는 아파트 전기요금에 자발적으로 자신이 선택하는 금액만큼 추가로 지불할 수 있는 시스템을 도입하면, 기후위기를 걱정하는 시민들부터 자발적인 사회운동으로 추가비용을 지불할 수 있게 되고 점차로 일반 시민들에게까지 확산될 수 있을 것이다.

위와 같은 개인의 선택에 더해 한전, 코레일, 택배 등 물류유통기업, 또 에너지 기업과 다양한 소비재 제조업체들이 힘을 합쳐 자발적인 탄소가격 지불 시스템을 만들고 소비자들에게 제공하는 노력이 필요하다. 물론 이렇게 지불된 재원이 재생에너지 구매에 투입되고 이를 소비자들에게 투명하게 보여주는 시스템도 디자인되어야 한다. 이에 대한 정부의 제도적·재정적 지원이 필요하다.

자발적 탄소가격 지불 운동으로 세상을 바꾸자

내가 자발적 재생에너지가격지불 또는 자발적 탄소가격지불제도가 세상을 바꿀 수 있다고 믿는 이유는 다음과 같다. 앞에서도 강조하였듯이 탈탄소경제 구축에 있어 시장가격에 탄소 비용을 반영하는 것이 시급하지만, 탄소세 도입이나 생태세제개혁과 같은 정책들이 시행되기에는 아직 사회적 합의 도출이 어려운 상황에서 우리가 취할 수 있는 유일한 선택지이기 때문이다.

나는 지난 30여 년간 수많은 환경운동을 지켜보았지만, 정부와 기업에 대한 비판과 구호만으로 기후위기에 대처하기에는 역부족이란 사실을 너무나 절감하고 있다. 그레타 툰베리와 같은 어린 학생이 등교를 거부하고 유엔 총회장에서 미국 대통령과 각국 정상들을 강하게 비판하고 질책하여도 하나도 바뀌는 것이 없다.

나는 이러한 상황에서 정부나 기업을 비판하기보다 기후위기를 걱정하는 우리 모두가 '나부터'라는 자세로 탄소가격을 지불하는 것이 백 번의 구호보다도 실질적인 효과가 있다고 믿는다. 나부터 탄소가격을 지불하고 우리 주변의 일반 소비자들도 동참하게 될 때 우리 사회의 소비와 생산패턴도 비로소 탈탄소로 전환될 수 있다. 정부가 탄소세를 도입할 때까지 막연히 기다리기보다 기후와 환경위기를 걱정하는 우리부터 먼저 시작하면 된다.

궁극적으로는 소비자와 기업 스스로 재생에너지 사용에 동참하고, 탄소가격을 자발적으로 지불할 용의를 가지며, 정부의 탄소중립 정책에 정치적 지지를 보내고, 정부가 선도적 정책들을 과감하게 추진할 때 비로소 탈탄소 미래와 지속가능한 경제-환경-사회 간의 선순환 구조가 가능할 것이다.

한류와 K-문화가 세계를 휩쓸고 있는 요즈음 대한민국이 자발적 탄소가격 지불제도 운동으로 탈탄소문명을 선도하고 K-브랜드의 지속가능 선순환 발전 모델이 지구촌을 기후위기에서 구하는 그날이 오기를 그려본다. 우리 모두가 같은 꿈을 꾼다면 꿈은 현실이 된다.

지구환경외교 30년에 붙이는
소회와 감사의 말

새로운 지구환경질서의 태동기에 나는 우연히 한국을 대표하여 '저탄소 국제경제 질서'를 구축하려는 유엔 기후변화협상의 일선에서 '고탄소 산업화'를 질주하던 한국의 입장을 대변하여야 했으며, 유엔의 실무국장으로 '탄소배출 저감'을 '경제성장'의 기회로 전환하기 위한 '녹색성장Green Growth이라는 새로운 패러다임을 주창하고 확산시키기 위해 노력하였다. 오존층을 파괴하는 프레온가스의 사용 규제로 직격탄을 맞게 된 반도체, 자동차 등 우리나라 주력 수출산업의 애로사항을 타개하기 위해 인연을 맺기 시작한 지구환경외교 일선에서

한국 외교관으로 20년 가까이, 유엔 사무국의 실무국장으로 10여 년
간 활동하였다.

주변에서 가끔 "어떻게 그런 선견지명이 있어서 일찍이 기후변
화 전문가가 되었는가?"라는 질문을 받을 때가 있다. 사실 무슨 선
견지명이 있어서 기후변화 관련 업무를 선택한 것은 아니다. 우리나
라를 위해 누군가는 꼭 해야 할 일인데, 관심 있는 사람들이 별로 없
는 것이 안타까워 나라도 그 관심을 떨쳐버릴 수 없었을 뿐이다. 여
러 나라, 다양한 부서를 순환 근무하는 외교부에 있으면서 기후변화
업무만 맡았던 것은 아니다. 다른 업무, 다른 부서에 있으면서도 꾸
준히 기후변화문제에 관심을 놓지 않았다. 그러다 보니 다양한 국제
연구소나 기관들에서 나를 전문가 자격으로 각종 회의와 워크숍에
초청해주었고, 나 스스로도 기후변화문제 자체에 대한 애착이 생길
수밖에 없었다. 자꾸 보면 알게 되고, 알게 되면 사랑하게 된다고, 보
면 볼수록 알면 알수록 기후변화문제에 대한 해답을 찾아보고 싶다
는 마음이 생겼다.

선진국과 개도국으로 양분된 지구환경외교에서 개도국으로 선
진국 협의체인 경제협력개발기구OECD에 가입한 우리나라가 설 땅을
찾기는 어려웠다. 더구나 유엔 다자외교의 초년병으로 1991년에야 유
엔 정회원국이 된 우리가 참고할 선례도 딱히 없었다. 최근 우리나라
의 국력이 상승하면서 많은 분야에서 우리 입장을 기존 국제질서의
틀에 반영해야 할 기회가 많아졌지만, 외교 협상 일선에서 우리 입장

을 관철하고 새로운 질서를 만들어나간 사례들을 보여주는 자료들은 여전히 부족하다.

유엔 협상에서 한국 대표로 우리 입장을 관철하였던 사례와 '녹색성장'이라는 새로운 패러다임을 제안해 기후변화와 같은 글로벌 어젠다에 한국의 리더십과 소프트파워를 발휘하였던 경험들이 그러한 자료 부족의 해소에 조금이나마 도움이 되기를 바란다. 내가 직접 부딪쳤던 수많은 협상 장면 중 시간이 충분히 지나 공개해도 무방하고, 너무 전문적이어서 지루하지 않고 흥미를 느낄 수 있는 대표적인 12개의 장면들을 정리해보았다.

아울러 유엔 실무국장으로 근무하던 당시에 추구하였던 '지속가능한 개발 목표'와 저탄소 정책들을 정리하여 지속가능한 경제-사회-환경 선순환 발전모델과 대한민국의 탈탄소 미래발전전략으로 정리하였다. '탈탄소 발전전략'이라는 주제 자체가 워낙 광범위하고 전문적이지만, 이 책에서는 일반 독자들을 대상으로 추진방향과 전략을 간략히 소개하는 수준에서 그칠 수밖에 없었음을 미리 양해를 구한다.

선진국-개도국으로 양분된 기후변화 협상에서 신흥 공업국의 입지를 확보하면서 헤쳐 나왔던 다양한 시도들이 다자외교 협상사례 연구의 소재가 될 수 있기를 기대하며, 가급적 협상 일선의 현장감을 살리려다 보니 철저히 나의 주관적 관점에서 서술된 점, 또한 전문적인 내용들을 일반 독자들에게 무난히 읽히도록 정리하는 과정에서 세세한 부분들이 생략된 점에 대해서도 양해를 바란다.

　뒤돌아보니 한국의 외교관과 유엔의 간부로 시도하였던 다양한 제도와 개념들이 지구환경외교 무대에서 아직도 살아 숨쉬고 있다. 지구환경외교에 대처하기 위해 1991년 외교부에 신설한 과학환경과는 지금은 '기후환경과학외교국'으로 확대되었으며, 최근 미세먼지 문제로 주목을 받고 있는 동북아 환경협력을 위해 1993년도에 발족시킨 동북아 6개국 정부 간 공식 환경협의체도 현재까지 착실히 운영되면서 동북아 지역 환경협력의 기본 틀로 작동하고 있다.

　'공공소유기술 이전'이라는 아이디어를 제안한 덕분에 2000년도 기후변화에 관한 정부 간 패널IPCC 기술이전 보고서 작성에 주저자로 참여하였으며, 이러한 공로로 2007년 IPCC가 앨 고어와 함께 노벨평화상을 수상했을 때 노벨평화상의 개인 사본을 수령하기도 하였다.

　2005년 3월 개최된 아시아태평양 환경·개발 각료회의에서 우여곡절 끝에 유엔 체제 내에서 처음으로 공식 채택된 '녹색성장'은 이제는 세계은행, OECD 등 국제기구들에 의해 계승 발전되고 있으며, 서울에 녹색성장 전문기구인 '글로벌 녹색성장기구'가 설립되고 세계 많은 국가들이 자신들의 국가발전 전략으로 수용하고 있다.

　이처럼 '고탄소 경제'에서 '저탄소 경제'로의 지구환경질서 형성 과정에서 길 없는 길을 줄타기 하듯 아슬아슬하게 지나온 나의 발자취들이 지금 우리 눈앞에 도도히 몰려오는 '탈탄소, 탄소중립, Net

Zero 2050'이라는 새로운 국제경제질서로의 전환에 대처하는 이들에게 1990년대 초에 참고할 선례가 없어 막막했던 심정을 대물림 하지 않는 데 일조하기를 기대한다. 날로 상승하는 우리의 경제력과 전세계를 휩쓰는 한류의 소프트파워에 걸맞게 탄소중립의 새로운 국제질서 형성에 주도적으로 참여하여 '탄소중립미래'를 선도하는 당당한 대한민국을 만드는 데에 나의 경험이 조금이나마 참고가 된다면 큰 위안이 되겠다.

우연히 들이선 환경외교의 길에서 열정적으로 일할 수 있는 의미를 찾은 것에 감사하며, 그 과정에서 만났던 많은 지구촌 친구들이 떠오른다. 나와 같은 열정과 비전을 공유하며 국적과 나이를 불문하고 뜻을 함께했던 동지들이기도 하다. 또한 환경외교의 길을 헤쳐 나오는 동안 소중한 분들로부터 다양한 은혜를 입었다. 여기서 그에 대한 감사의 말을 남긴다.

우리 스스로 3총사라고 부르며 서로 동지처럼 의지하면서 기후변화 논의의 진전을 열망했던 말레이지아의 차우 콕 키Chow Kok Kee와 필리핀의 버나디타스 데 뮬러Bernaditas de Muller는 이미 고인이 되었다. 차우는 1990년대 말과 2000년대 어려웠던 기후변화협상 당시 과학기술부속기구 의장으로 험난했던 '청정개발체제CDM' 운영방식의 합의 도출에 큰 업적을 남겼으나 2009년 8월 심장마비로 돌연 세상을 떠났다. 버나디타스는 태풍이나 가뭄 등 기후변화의 피해로 가장 많이 고통받고 있는 개도국의 이해를 대변하다 필리핀 대표단에서 밀려나 수단, 볼리비아 등의 대표 자격으로 합류해 사비를 털어가며 기후변화 회의에 참가하는 등 온갖 고초를 겪다 2018년 12월에 역시 눈을 감았다. 이들이 염원했던 강력하고 법적 구속력이 있는 기후변화체제는 아직도 요원하다. 오늘날 기후변화위기가 더욱 심화되고 팬데믹 전염병 사태까지 지구촌을 강타하고 있는 상황이 안타까울 뿐이다.

워싱톤 D.C.에 '청정대기정책센터Center for Clean Air Policy'를 설립하여 기후변화문제에 냉담한 미국에서 드물게 기후변화문제 연구와 해결책 제시의 선봉에 섰던 네드 헬름Ned Helme 역시 내가 제안한 공공소유기술 이전 방안, 개도국 주도 탄소배출권 사업, 국제등록부 등의 아이디어를 적극 지원하면서 나를 자신이 주관하는 많은 회의에 출장비를 제공하며 초청하여 주었다. 지금도 수시로 연락하며 동료이자 친구로 지내고 있다. 멕시코의 페르난도 투델라Fernando Tudela역시 잊을 수 없는 친구다. 멕시코와 한국은 개도국이면서 OECD 회원국이 되었다는 같은 입장을 갖고 있는데 그걸 계기로 서로 의지하며 절친이 되었다.

나를 '녹색성장 동지'라고 부르며 의기투합하였던 영국 유니버시티 칼리지 런던의 폴 이킨스Paul Ekins 교수, 물심양면으로 나의 녹색성장 사업을 지원해주었던 빈두 로하니Bindu Lohani 아시아개발은행 부총재, 소비패턴 문제를 걱정하며 10만 달러의 재원을 지원해 세미나를 열도록 해준 노르웨이 환경장관 자문관 폴 호프세쓰Paul Hofseth, 스웨덴 환경부의 울프 오토슨Wolf Ottosson 등 지구환경 외교의 긴 여정에서 뜻을 같이한 친구들이 고맙다.

아울러 내가 UN 아시아태평양 경제사회위원회ESCAP의 환경국장으로 근무할 당시 녹색성장의 비전을 마음껏 펼칠 수 있도록 무조건적인 신임과 재량권을 주고, 내가 기후변화대사로 한국에 나가 있던 2년 동안이나 ESCAP의 환경국장 자리를 공석으로 두었다가 다시 채용해준 노린 헤이저Noeleen Heyzer ESCAP 사무총장에게도 감사한 마음을 밝힌다.

무엇보다도 결정적인 시기에 지구환경외교 일선에서 마음껏 기량을 발휘할 수 있도록 기후변화대사로 발탁하고 적극 성원해주신 한승수 총리님과 유엔 사무총장의 기후변화 수석 자문관 기회를 주었던 반기문 유엔 사무총장님께 이 기회를 빌어 글로 다 표현할 수 없을 만큼의 존경과 감사를 표한다.

2022년 6월 정내권

기후변화대사 정내권의
대한민국 탈탄소 미래전략

기후담판

정내권 지음

초판1쇄 2022년 7월 15일 발행

ISBN 979-11-5706-906-4 (03340)

만든 사람들

책임편집	진용주
디자인	이미경
마케팅	김성현 김예린
인쇄	천광인쇄사

펴낸이	김현종
펴낸곳	㈜메디치미디어
경영지원	전선정 김유라
등록일	2008년 8월 20일 제300-2008-76호
주소	서울시 중구 중림로7길 4, 3층
전화	02-735-3308
팩스	02-735-3309
이메일	medici@medicimedia.co.kr
페이스북	facebook.com/medicimedia
인스타그램	@medicimedia
홈페이지	www.medicimedia.co.kr

이 책을 읽는 당신이 궁금합니다.

 카메라를 켜고 QR코드를 스캔해 주세요.
답해주시는 분들 중 추첨을 통해
소정의 선물을 드립니다.